北京师范大学教育学部博士后流动工作站阶段性成果

宁夏自然科学基金项目：基于多模态数据的智能化学习资源适应性反馈机制研究（项目编号2022AAC03311）资助

现代教育技术与应用

吴向文　李兆义　主编

柳立言　副主编

南开大学出版社

天　津

图书在版编目(CIP)数据

现代教育技术与应用 / 吴向文,李兆义主编;柳立言副主编. — 天津:南开大学出版社,2024.11.

ISBN 978-7-310-06619-3

Ⅰ.G40-057

中国国家版本馆 CIP 数据核字第 2024PB9267 号

现代教育技术与应用
XIANDAI JIAOYU JISHU YU YINGYONG

南开大学出版社出版发行

出版人:刘文华

地址:天津市南开区卫津路 94 号　　邮政编码:300071

营销部电话:(022)23508339　营销部传真:(022)23508542

https://nkup.nankai.edu.cn

天津泰宇印务有限公司印刷　全国各地新华书店经销

2024 年 11 月第 1 版　　2024 年 11 月第 1 次印刷

260×185 毫米　16 开本　16 印张　367 千字

定价:66.00 元

如遇图书印装质量问题,请与本社营销部联系调换,电话:(022)23508339

前　言

在信息化浪潮席卷全球的今天，教育领域正经历着前所未有的变革。随着信息技术的飞速发展，现代教育技术已成为推动教育现代化、促进教育公平、提升教育质量的重要力量。作为师范大学师范专业《现代教育技术》公共课的教材，《现代教育技术与应用》旨在为广大师范生提供一本系统、全面、实用的学习指南，帮助他们掌握现代教育技术的基本理论、技能和方法，为未来的教育事业奠定坚实的基础。

本书的编写基于以下几个核心理念：一是理论与实践相结合，既注重理论知识的阐述，又强调实践技能的培养；二是前瞻性与实用性并重，既关注教育技术的前沿动态，又注重解决教育实际问题；三是注重创新与融合，鼓励师范生在教育实践中不断探索新的教学方法和手段，实现信息技术与教育教学的深度融合。

在内容安排上，本书共分为六章，涵盖了现代教育技术的各个方面。第一章"现代教育技术概论"主要介绍了教育技术的基本概念、发展历程和现实价值，帮助读者建立对现代教育技术的整体认识。第二章"现代教育技术的理论基础"深入剖析了学习理论、教学理论、视听传播理论和系统科学理论等现代教育技术的理论基础，为后续的学习和实践提供理论支撑。第三章"教学媒体与数字化教学环境"详细介绍了教学媒体的概念、功能、特性和选用原则，以及数字化教学环境的构成、关键角色和数字化教学空间、学习平台等，使读者能够充分了解并应用现代教学媒体和环境。第四章"数字化教学资源的获取与处理"则聚焦于数字化教学资源的开发、获取和处理方法，帮助读者掌握数字化教学资源的基本技能。第五章"多媒体教学课件的设计与开发"则进一步深入，详细讲解了多媒体课件的设计原则、开发流程、制作技巧和评价方法，以及移动时代课件（如H5 课件）和微课的设计与制作，使读者能够设计出高质量的多媒体教学课件。第六章"信息化教学系统设计"则是本书的重点和难点，它涵盖了信息化教学模式、教学系统设计概述、信息化教学系统设计及其方案的撰写与案例等内容，旨在帮助读者掌握信息化教学系统设计的全过程和方法。

在编写过程中，我们力求语言简洁明了、内容生动有趣、案例贴近实际，使读者能够在轻松愉快的氛围中学习现代教育技术。同时，我们也注重与读者的互动和交流，鼓励读者在阅读过程中积极思考、勇于实践，不断提升自己的数字素养与技能。

当然，由于现代教育技术发展迅速，本书所涵盖的内容可能无法完全覆盖所有前沿技术和最新动态。因此，我们鼓励读者在学习的过程中不断关注教育技术的新发展、新趋势，积极探索和实践新的教学方法和手段。同时，我们也欢迎广大读者对本书提出宝贵的意见和建议，以便我们不断完善和更新教材内容。

最后，我要感谢李兆义、柳立言、韩艳艳、牛舜君、孙平平、冯静、马思博、龙安然、李宇、孙久宁等参与本书编写、审阅和校对工作的老师和同学们，是他们的辛勤付出和无私奉献才使得本书得以顺利出版。本书还得到以下课题的资助和支持：1. 宁夏回族自治区一流课程：现代教育技术（ylkc2020-001-61）；2. 宁夏师范学院本科教学项目：闽宁师范院校《现代教育技术》公共课虚拟教研室（NJXNJYS2402）；3. 横向课题：中宁县"互联网+教育"成果示范、推广、应用项目（2023HXFW005）；4. 横向课题：乡村教育振兴公益项目（信息科技）：模式创新与实践效果研究及推广应用（2024HXFW009）；5. 宁夏高等学校一流学科教育学建设项目（NXYLXK2021B10）；6. 宁夏回族自治区重点研发计划项目：基于"互联网+"的闽宁教育协作技术开发与应用研究（2023BEG03064）。

　　同时，我也要感谢广大读者对本书的信任和支持，希望本书能够成为你们学习现代教育技术的好帮手，让我们一起携手共进，共同推动教育技术的创新与发展，为构建更加公平、优质、高效的教育体系而不懈努力！另外，由于作者水平有限，书中不当之处，敬请批评指正！

编者

目　录

第一章 现代教育技术概论

随着科技的不断进步和教育的深入发展，现代教育技术已经成为推动教育领域创新和变革的重要力量。现代教育技术作为信息技术与教育深度融合的产物，不仅极大地丰富了教学资源，提高了教学效率，还为学生的学习提供了更多样化、个性化的学习体验。本章将从多个维度阐述现代教育技术的内涵和外延，为深入学习和应用现代教育技术奠定坚实的理论基础。

第一节 现代教育技术的基本概念

为了准确理解现代教育技术的概念，我们首先需要清晰地界定教育、技术以及教育技术的定义，然后以此为基础，进一步阐释和明确现代教育技术的具体含义。

一、教育、技术及教育技术

（一）教育

教育，有广义和狭义之分。广义的教育泛指一切有目的地影响人的身心发展的社会实践活动。狭义的教育是指专门组织的教育，即学校教育，它不仅包括全日制的学校教育，也包括半日制的、业余的学校教育、函授教育、刊授教育、广播学校和电视学校的教育等。它是根据一定的社会现实和未来的需要，遵循年轻一代身心发展的规律，有目的、有计划、有组织、系统地引导受教育者获得知识技能、陶冶思想品德、发展智力和体力的一种活动，以便把受教育者培养成为适应一定社会（或一定阶级）需要和促进社会发展的人。

（二）技术

技术是一个历史范畴，随着社会的发展其内涵也在不断地演变。技术是提高人类能力的重要手段，在某种意义上来说也是人类使用符号的能力。技术不仅影响人们的思想观念及认识，还直接影响学科的发展。

（三）教育技术

美国的教育技术起步早、发展快。美国对教育技术的概念有不同版本的界定，其中"AECT1994 定义"在我国影响较大。

1. AECT1994 定义

AECT（Association for Educational Communications and Technology，教育传播与技术协会）在 1994 年给出的教育技术定义的英文原文如下：Instructional technology is the theory and practice of design，development，utilization，management and evaluation of process and resources for learning。国内通常将上述定义翻译为：教育技术是关于学习过程和学习资源设计、开发、利用、管理和评价的理论与实践。

由此可见，教育技术学以教育学、心理学和信息技术等相关学科为基础，逐步形成和发展了相关的理论、方法。研究者既用先进的理论和方法指导教与学的实践，又在实践的基础上发展了教育技术理论。AECT1994 定义的结构如图 1.1 所示。

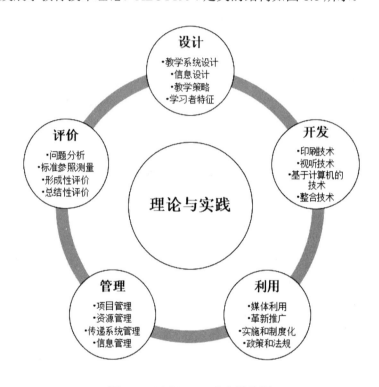

图 1.1　AECT1994 定义结构图

AECT1994 定义的内涵主要体现在以下几个方面：

（1）一个目标。一个目标是指为了促进学习，强调学习的结果。阐明学习是目的，教是促进学的一种手段。

（2）两个对象。两个对象是指与学习有关的学习过程和学习资源。学习过程是为了达到特定目的的一系列操作或者活动，以及研究新的知识、掌握新的技能的认知过程。学习资源是指支持学习的资源，主要是探讨和研究最适合人类学习的环境和达到各种条件的途径。

（3）五大范畴。设计、开发、利用、管理、评价是教育技术理论研究与应用的五个基本领域，每个领域都有其独特的功能和范围。

（4）两种性质。教育技术既可用于实践领域，又可用于理论领域。实践领域的教育技术是指在现代教育思想、理论的指导下，主要运用现代技术开展教育活动，以实现教育过程最优化的方法；在理论领域中"教育技术学"是教育技术的基础。

（5）定义启示。AECT1994 定义强调理论与现实并重。从定义不难发现，教育技术的核心方法是系统方法，与学习相关的过程是教育技术研究的重要对象，学习资源是改善与优化学习过程的重要条件。

2. AECT2005 定义

2004 年 8 月，AECT 定义与术语委员会席芭芭拉·西尔斯提出了新的教育技术定义，并于 2005 年 5 月正式公布。定义的英文原文如下：Educational technology is the study and ethical practice of facilitating learning an improving performance by creating，using，managing appropriate technological process and resources。国内通常将上述定义翻译为：教育技术是通过创造、利用、管理适当的技术性过程和资源，从而促进学习与改善绩效的研究和符合道德规范的实践。

AECT2005 定义与 AECT1994 定义相比，主要有以下六个方面的变化：

（1）界定的概念名称是"教育技术"（Educational Technology），而不是"教学技术"（Instructional Technology）。

（2）教育技术涉及两大领域："研究"和"符合道德规范的实践"。

（3）教育技术有双重目的："促进学习"和"改善绩效"。由此可看出，随着教育事业的发展，教育技术的目的已经从"为了学习"变为"促进学习"，而不是"控制或强迫学习"，并进一步扩展到学习之外的"绩效"改善方面，从对学校教育与企事业人员培训的双重考虑扩展到对教学效果、企业效益与教育投入等多种因素的整体评价。

（4）教育技术有三大范畴："创造""利用"和"管理"。

（5）教育技术有两大对象："过程"和"资源"。新界定的"过程"和"资源"之前有一个限定词"Appropriate Technological"，表明是适当的技术性的过程与资源，这与 AECT1994 定义的"学习过程"与"学习资源"有一定的区别。

（6）教育技术的主要特征在于其技术性，具体表现为：一是教育技术研究的重点是适当的技术性过程与技术性资源；二是技术实践的"符合道德规范"性、技术工具与方法运用的先进性，技术使用效果的高绩效性。

3. AECT2017 定义

AECT 于 2017 年 12 月发布了最新版的教育技术定义，其定义的英文原文如下：Educational technology is the study and ethical application of theory，research and best practices to advance knowledge as well as mediate and improve learning and performance through the strategic design，management and implementation of learning and instructional processes and resources。国内通常将上述定义翻译为：教育技术是通过对学与教的过程和资源进行策略设计、管理和实施，从而提升知识水平、调节和促进学习与提升绩效的关于理论、调查和最佳方案的研究及符合伦理的应用。

通过对 2017 年定义中关键术语的解析可以看出，该定义蕴含了教育技术研究的形态、范畴、对象、内容和目标五个核心要点，具体如下：

（1）研究形态：研究与符合伦理的应用。

（2）研究范畴：理论、调查与最佳方案。

（3）研究对象：学与教的过程与资源。

（4）研究内容：策略设计、管理与实施。

（5）研究目标：提升知识水平、调节和促进学习与提升绩效。

4. 我国对教育技术的定义

关于教育技术的定义，我国许多学者也有不同的看法。顾明远先生指出，教育技术是人类在教育活动中所采用的一切技术手段的总和，包括物化形态的技术和智能形态的技术两大类。尹俊华认为，教育技术有广义和狭义之分。广义的教育技术就是"教育中的技术"，即人类在教育活动中所采用的一切技术手段和方法的总和。它分为有形（物化形态）和无形（智能形态）两大类。物化形态的技术指的是凝固和体现在有形的物体中的科学知识，它包括从黑板、粉笔等传统教具到电子计算机等一切可用于教育的器材、设施、设备及相应的软件等；智能形态的技术指的是那些以抽象形式表现出来的，以功能形式作用于教育实践的科学知识，如系统方法等。狭义的教育技术指的是在解决教育、教学问题中所运用的媒体技术和系统技术。何克抗等认为，教育技术是人类在教育教学活动过程中所运用的一切物质工具、方法技能和知识经验的综合体，它分为有形（物化形态）技术和无形（观念形态）技术两大类。

二、电化教育

我国现代教育技术的发展起始于 20 世纪 20 年代，在发展之初其又被称为电化教育。电化教育是我国本土化术语，其被正式使用始于 1936 年。当时电化教育活动中使用的幻灯、电影等媒体比原始口耳之学以及后来的印刷媒体，在传播方式上跃进了一大步，这已属于现代教育技术的范畴，但还不是完整意义上的现代教育技术，只是现代教育技术发展的初级阶段。

南国农先生在其主编的教材《电化教育学》（第 2 版）中，将电化教育的概念描述为："电化教育就是运用现代教育媒体，并与传统教育媒体恰当结合，传递教育信息，以实现教育最优化"。

电化教育发展分为 1949 年以前、1950—1960 年、1970—1980 年和 1990 年以后四个阶段：

（一）1949 年以前，电化教育只是在少数几个城市和学校开展，并未得到大面积推行，但是电化教育却承担着唤醒全民族抗战救亡的重任。

（二）1950—1960 年，电化教育事业得到初步发展。城市中小学和高等院校开始运用幻灯、录音、电影技术，并开始制作电教教材；有些市、县、区成立了专门的电教机构。

（三）1970—1980 年，电化教育重新起步，并取得了令世人瞩目的成就，其中包括：建立了健全的电化教育机构，完善了电化教育工作人员队伍，广播电视教育和卫星电视教育得以迅速发展，并在高等学校开办了电化教育专业等。

（四）1990 年以后，电化教育得到进一步发展，其组织结构更加完整，并形成了完整的学科体系。其中，涌现出萧树滋、南国农等诸多电化教育专家，创办了《电化教育研究》《中国电化教育》等专业性杂志，出版了《电化教育学》等一批经典教材，电化教育学理论体系也得以建构起来。

三、现代教育技术

现代教育技术与教育技术并没有本质的区别。现代教育技术只是在教育技术前面加了"现代"二字，其目的是要更多地探索与现代信息技术有关的课题，吸收现代科技成果和系统思维方法，使教育技术更具有时代发展的特色。

我国著名学者李克东教授对现代教育技术的定义为："现代教育技术，就是运用现代教育理论和现代信息技术，通过对教与学的过程和资源的设计、开发、利用、评价和管理，以实现教学优化的理论与实践。"

四、相关概念辨析

（一）教育技术与电化教育

电化教育是我国特有的名词，"教育技术"这一名称来源于国外。在我国，教育技术是由电化教育改名而来，从这个意义上来讲，这两个概念在我国所指称的是同一件事情，因此，可以说教育技术与电化教育是相同的。但若从教育技术与电化教育所应用的对象来看，教育技术包括所有技术与方法的总和；而电化教育则指的是现代教育媒体及其运用。

还需要说明的是，教育技术绝非仅指用于教育的媒体和手段，而是指人类教育活动中所采用的一切技术和方法的总和。教育技术可以分为有形的（或称物化形态的）和无形的（或称智能形态的）两大类。由于教育技术中的物化技术和教学媒体有关，因此，其又称为媒体技术，它包括硬件技术和软件技术。硬件技术是指对设备和工具的使用、维护和开发技术；软件技术是指对相应软件的使用、管理、评价和设计、开发技术。

教育实践证明，仅仅重视有形技术而忽视无形技术的做法，不能使教育发生根本性的变化，教育技术的发展需要两种意义的技术紧密结合。由于智能技术在教育技术发展的过程中曾一度被忽视，所以美国教育技术史专家塞特勒在他的教育技术史专著中指出："技术的重点在于工作技能的提高和工作的组织，而不是工具和机器"。

（二）教育技术与教育技术学

教育技术学是专门研究教育技术现象及其规律的一门新兴的综合性应用学科，是教育学一级学科下的二级学科。教育技术学综合了多门相关学科的理论，特别是因信息技术的发展而建立的新观念、新理论，形成了本学科的基础理论体系，不断推动着本学科的持续发展。

顾明远教授主编的《教育大辞典》中对教育技术学有明确的定义："教育技术学是以教育科学的教育理论、学习理论、传播理论和系统科学理论为基础，依据教学过程的客观性、可测量性和可控制性，应用现代科学技术成果和系统科学的观点和方法，在既定的目标前提下探求提高教学效果的技术手段和教学过程优化的理论、规律与方法，是一门新兴的边缘学科。基本内容为：教学中应用的技术手段，即各种教学媒体（软件与硬件）及其理论、设计、制作技术、开发应用；研究教学过程及其管理过程优化的系统方法，其核心内容是教学设计、实施与控制和评价技术。"这个定义对学科的目的、任务、理论基础、概念特点、对象、范畴、发展历史、研究方法等方面做了明确的阐述。

教育技术学是教育技术发展到一定阶段后才形成的学科。"教育技术学"与"教育技术"是有明显区别的。教育技术是教育中所应用的一切技术手段和方法的总称；而教育技术学是有关教育中应用教育技术的理论。

（三）教育技术与现代教育技术

现代教育技术是教育技术的组成部分，属于教育技术的下位概念。现代教育技术与教育技术的区别也就体现了"现代"一词。教育技术是一个外延很广的概念，从远古的口耳相传之术到近现代的粉笔、黑板，直到当代的多媒体、互联网，乃至未来的虚拟现实，都属于教育技术，而现代教育技术通常是指上述教育技术领域中，相对于传统教育技术（粉笔、黑板等）而言，所运用的电子技术、信息技术等现代教育媒体（如幻灯、投影、录音录像、计算机和互联网等）及其相应的应用方法、策略、技巧和经验等。从物化形态的角度来讲：现代信息技术的教育应用在现阶段主要以多媒体技术和网络技术应用为核心，主要为了形成以多媒体和网络技术为基础的信息化教学环境和信息化资源环境；从智能形态的角度来讲，现代教育技术的应用要以先进的教育思想和教学理论为指导，主要为了提高教育质量，实现教育过程最优化。

现代教育技术具有如下特征：

1. 现代教育技术以先进的教育思想和教育理论为指导。

2. 现代教育技术以信息技术为手段，要真正发挥信息技术的优势。

3. 现代教育技术的研究对象是教与学的过程和资源，并以优化教与学过程和教与学资源为目标。因此，现代教育技术既要重视"教"，又要重视"学"的"过程"和对"资源"的研究与开发。

4. 现代教育技术以系统科学方法作为方法论基础。

5. 现代教育技术的工作内容包括对教与学的过程和资源的设计、开发、利用、管理和评价。

（四）信息化教育与教育信息化

教育信息化概念的提出与20世纪90年代"信息高速公路"的兴建密切相关。1993年9月美国克林顿政府正式提出"国家信息基础设施"的建设计划，俗称"信息高速公路"，其主要内容为发展以因特网为核心的综合化信息服务体系和推进信息技术在社会各领域的广泛应用，特别是把信息技术在教育中的应用作为实施面向21世纪教育改革的重要途径，教育信息化概念由此产生。

教育信息化是指在教育领域全面深入地运用以多媒体计算机和网络通信技术为基础的现代信息技术，促进教育改革和教育现代化，使之适应信息化社会对教育发展的新要求的过程。教育信息化涉及社会生活、生产劳动、经济科技、文化各个方面，是一项极其复杂的系统工程，包括从宏观教育规划、决策、教育管理、学习资源环境、师资培养、课程培训、教育科研的信息化，到微观的学习模式、教学评价模式的信息化等教育系统的所有环节。

教育信息化的目的是推动教育现代化的进程，实现对创新人才的培养。因此，教育信息化的过程实质是促进教育思想、教育观念发生转变的过程，也是以信息的观点对教育系统进行重新认识、重新分析，有效地利用信息技术，实现创新人才培养的过程。

所谓信息化教育就是在现代教育思想、理论的指导下，主要运用现代信息技术，开发教育资源，优化教育过程的新教育。信息化教育是现代教育思想理论与现代信息技术相结合的产物，教育信息化的结果，电化教育发展的新阶段，以及信息时代的电化教育。

第二节 现代教育技术的发展

技术与教育的双向赋能为教育变革带来了无限的可能性，加快了塑造未来教育形态的进程。随着技术的进步，教育技术不断地发展，现代教育技术也经历了漫长的过程。对现代教育技术的发展脉络进行梳理，更能够熟练地运用技术解决教育教学过程中的问题，从而更好地理解技术与教育之间的关系，促进教育与社会的同频发展。

一、国外教育技术的产生与演变

学习任何一门学科，都要先搞清楚它的发展历史。"教育技术"作为教育学的二级学科，其发展历程还是相对年轻的。作为现代教育技术起源地的美国，对世界教育技术发展的影响最为广泛。

美国教育技术的发展脉络清晰完整，在世界上影响也最大。其他国家（如日本、英国、加拿大等）均以美国的教育技术理论为借鉴，因此美国教育技术的发展历史可作为研究国外教育技术发展历史的典型代表。美国教育技术的形成分为三条脉络：一是由早期的个别化教学，经历程序教学，最后发展为计算机辅助教学；二是发端于直观教学，经历视觉教学运动、视听教学运动，最终形成的媒体教学技术；三是由经验性的教学系统方法发展过渡形成教学系统方法，进而形成教学系统开发和设计，如图1.2所示。

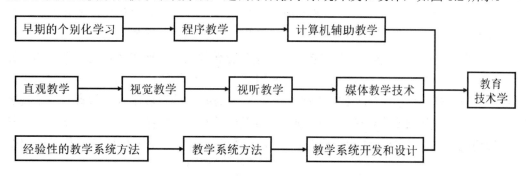

图1.2 美国教育技术的历史演化进程

本书将以美国教育技术的发展历史为例，根据直观教学、视觉教学、视听教学、视听传播、教育技术和智能化教学为主线进行介绍。

（一）直观教学阶段（17世纪中叶—19世纪末）

这一阶段的特点是强调"感觉是一切知识的源泉"，注重图片、模型、书本、黑板、粉笔等媒体的结合，让学生能够直接观察和感受学习内容，以提升学习效果，确立了直观性教学原则。

（二）视觉教学阶段（20世纪20—30年代）

19世纪90年代幻灯片用于教育领域，从此揭开了现代教育技术的序幕。之后，无声电影、留声机、无线电广播应用于教育领域，现代教育技术开始了最早期的发展。1922年美国成立了视觉教育协会（The Visual Instruction Association of America）。1923年7月美国教育协会成立了"视觉教育部"，学校开始将"视觉教育"列为正式课程。视觉教学的倡导者主张在学校教学中组合运用各种视觉教材，将抽象的概念做具体化的呈现。可见，这个阶段主要利用视觉媒体，如幻灯、投影仪、电影等，来传递教学信息。这些媒体能够呈现生动、形象的画面，吸引学生的注意力，增强教学效果。

（三）视听教学阶段（20世纪30—50年代）

20世纪20年代末，美国华纳兄弟发明了有声电影，并在30年代初应用于教育。20世纪40年代，各种录音（包括钢丝录音、唱片录音、磁带录音）媒体也进一步被引入教育领域，使现代教育技术的发展进入了一个新的阶段。1946年，美国视听教育家伊嘉·戴尔（Edgar Dale）撰写了专著《视听教学法》，提出了早期视听教育理论——经验之塔（Cone of Experience），对视听媒体在教学中的重要性和作用进行了分析和论证，为现代教育技术的进一步发展奠定了理论基础。1947年，美国的视觉教育协会正式改名为视听教育协会（The Visual-Audio Instruction Association），标志着现代教育技术已进入对具有视、听双重特性的媒体进行研究的新阶段。可见，这个阶段开始引入听觉媒体，如录音、广播等，与视觉媒体相结合，形成视听结合的教学方式。视听教学能够同时刺激学生的视觉和听觉感官，提高信息接收的效率和准确性。

（四）视听传播阶段（20世纪50—60年代）

20世纪50年代是现代教育技术迅速发展的阶段。在这一时期，自动教学机器、程序教学迅速兴起并风靡一时，教育电视迅速发展并由实验阶段进入教学实用阶段，有力地推动了现代教育技术的发展。与此同时，拉斯韦尔、香农等人的传播理论开始影响教育领域，出现了教育传播，从原来的只把教育媒介作为教育传播的一个重要因素，扩大为研究教师（传播者）、学生（受传者）和整个教育传播过程。现代教育技术理论的研究也逐步深入，更加注重对各种媒体的综合利用和对学习过程的研究。1963年2月，美国教育协会的"视听教学部"改名为"视听传播"，教育技术的发展由视听教育转向了视听传播。视听传播从根本上改变了视听领域的实践范畴和理论框架，即由仅仅重视对教具教材的使用，转为充分关注教学信息怎样从传播者经由各种渠道传递给受传者的整个过程。

（五）教育技术阶段（20世纪70年代—21世纪初）

从20世纪70年代开始，电视、录像、卫星广播电视系统、计算机辅助教学系统等被引入教育，使现代教育技术进入了系统发展阶段。同时，信息论、系统论、控制论的观点和方法被广泛用于现代教育技术，教育系统设计理论也成为教育技术的主要内容，使现代教育技术的学科建设更加科学、严密。由于教育技术实践领域的扩大及教育技术理论的不断成熟，视听教育这个名称已不能完全涵盖其研究范畴和实践领域。1970年6月25日，美国的视听教育协会正式改名为教育传播与技术协会，首次提出了教育技术的概念。

20世纪90年代以后，计算机技术、多媒体技术、网络技术、通信技术、虚拟技术、智能技术、数字广播电视技术、虚拟技术、智能技术等现代信息技术日益发展成熟，标志着现代教育技术进入了网络发展阶段。基于互联网的远程多媒体传输系统是一个教育适应性很强、服务范围很广的开放教育体系，它将使教育的全民化、终身化、多样化自主化、全球化成为可能。20 世纪 90 年代以后，建构主义学习理论被引入现代教育技术领域，对现代教育技术理论与实践产生了重要影响。

（六）智能化教学阶段（21 世纪初至今）

21 世纪初，尤其是 2010 年以来，随着人工智能、大数据等技术的不断发展，国外教育技术也开始向智能化教学阶段迈进。这一阶段的教育技术通过智能算法和数据分析，为教师提供更精准的教学支持和建议，同时为学生提供个性化的学习资源和路径规划。虚拟现实（VR）和增强现实（AR）技术为学生带来沉浸式学习体验，使知识更加直观易懂。这些智能化教学手段的应用，不仅提升了学生的学习兴趣和动力，也极大地提高了教学质量和效率。

二、我国教育技术的产生与发展

教育技术作为一个新兴的研究领域，在美国开始于视觉教育运动，在我国开始于电化教育。我国教育技术萌芽于 20 世纪 20 年代，起步于 30 年代，至今已走过 90 多年的历程。我国教育技术的发展可分为以下四个阶段。

（一）萌芽阶段（20 世纪 20—40 年代中期）

1919 年，幻灯、电影、无线电广播等教学方式开始被应用于教育领域中，揭开了我国电化教育的序幕。1932 年，中国教育电影协会在南京成立，这是我国第一个电化教育组织。1935 年，江苏镇江民众教育馆将该馆的大会堂改名为"电化教学讲映场"，这是我国最早使用"电化教学"这个名词。1936 年，教育界人士在讨论当时推行的电影、播音教育定名时，提出了"电化教育"这个名词，此后，这个名词被普遍采用。1945 年，苏州国立教育学院成立电化教育系，开办了我国最早的电化教育专业。20 世纪 20 年代至 40 年代，我国部分地区的高校开始设置电化教育专业。我国的电化教育于 20 世纪 20 年代诞生，30 年代进入课堂，正式起步，其发源地和早期活动地分别是上海和江苏。

（二）初期发展阶段（20 世纪 40 年代后期—60 年代中期）

我国于 1949 年 11 月成立了电化教育处，负责领导全国的电化教育工作。1958 年前后，我国掀起了教育改革运动，推动了高等学校和中小学校电化教育活动的有效开展。自 1960 年起，上海、北京、沈阳、哈尔滨、广州等地相继开办电视大学。在这段时间内，幻灯、录音、电影等教学方式开始进入城市中小学校和高等院校。20 世纪 50 年代初期至 60 年代中期，我国电化教育事业发展进入活跃期，取得了不菲的成绩，并形成了规模效应，培养了一支由教师、技术人员组成的专业化电化教育队伍。

（三）重新起步与快速发展阶段（20 世纪 70 年代末—90 年代）

党的十一届三中全会召开以后，我国的电化教育事业重新起步，并得到了迅速发展。1978 年，教育部决定设立电化教育局和中央电教馆，作为指导全国电化教育工作的中心。1979 年我国开始建立各级电化教育机构，扩大电化教育工作队伍。

在学科建设方面，从 1978 年开始，国内几所高等院校着手开设电化教育专业；从

1983 年起，北京师范大学、华南师范大学、华东师范大学三所高校分别创办了四年制本科电化教育专业。在理论研究方面，构建了以"七论"（本质论、功能论、发展论、媒体论、过程论、方法论、管理论）为基础的学科体系和理论内容研究框架。初步实现了由小电教到大电教的观念转变，形成了以课堂播放教学法、远距离播放教学法、程序教学法、微型教学法等为内容的电化教学方法体系。20 世纪 80 年代后期，为了适应改革开放对人才的需求，党中央和国务院决定建立面向全国招生的中央广播电视大学。

1979 年，在邓小平同志的直接关怀下，我国创办了中国中央广播电视大学，随后各省、市、自治区都兴建了广播电视大学。1981 年，我国拥有了自己的计算机辅助教学系统和辅助教学管理系统。1986 年，中国教育电视台（CETV）创建，我国开始实施卫星电视教育。1987 年，作为国家"七五"重点攻关项目，我国有计划、有组织地开发了一批"中华学习机"教育软件。

总体来说，在这一阶段我国电化教育事业发展迅速，无论是从组织机构、人员队伍，还是从学科建设、软硬件建设来看，这一阶段都为我国电化教育事业的发展奠定了坚实的基础。但是，限于当时的历史环境、理论水平和技术条件，这一阶段也有其不足之处：一是太偏重于硬件投资和建设，忽视了软件建设和人才培养；二是在理论研究上，对于教育技术的三大技术（媒体技术、媒体传播技术和教学系统设计技术），基本停留在对媒体技术的研究上，对于媒体传播技术和教学系统设计技术涉足不多。

（四）深入发展阶段（20 世纪 90 年代至今）

20 世纪 90 年代中期，我国的信息高速公路——"中国教育与科研计算机网络"初步开通，我国教育网络化、智能化、虚拟化的程度日益提高，并对教学手段、教学方法和教学模式产生了深远的影响。

20 世纪 90 年代，随着科学技术（尤其是多媒体技术、网络通信技术和信息技术）的飞速发展，以及教育技术相关理论的研究和实践领域的拓展，教育技术步入深入发展阶段。其主要表现为三项技术（现代通信技术、多媒体技术、网络技术）和两种新理论（认知主义学习理论和建构主义学习理论）进入我国教育技术领域，对教育技术理论和实践产生了重大影响，使我国教育技术有了一个质和量的飞跃发展。

21 世纪初以来，伴随着第四次工业革命的推进，我国教育技术的发展几乎与西方最发达国家同步进入到智能化教学阶段。人工智能技术的应用使得教学更加智能化。通过智能算法和数据分析，教育平台可以根据学生的学习进度、兴趣和需求，提供个性化的学习资源和路径规划；人工智能可以自动评估学生的学习成果，减轻教师的工作负担。通过智能评分系统，可以快速准确地给出学生的作业和考试成绩，并提供详细的反馈和建议，这有助于教师及时了解学生的学习情况，并进行针对性的教学指导。VR 和 AR 技术为教育带来了全新的体验，学生可以通过 VR 和 AR 设备进入虚拟的学习场景，获得更加直观、生动的学习体验。在线教育平台得到了快速发展，这些平台提供了丰富的在线课程和学习资源，使得学生可以随时随地进行学习。此外，人工智能技术还可以应用于学校和教育机构的管理中。总之，在人工智能时代，现代教育技术正在向更加智能化、个性化、高效化的方向发展。这些技术的发展将为教育带来深刻的变革，使教育更加符合时代的需求和人们的期望。

第三节 现代教育技术的重要价值

随着信息时代的到来，现代教育技术作为教育领域的重要变革力量，已经深入到教育教学的各个环节。它不仅极大地丰富了教学手段，提高了教学效率，而且在培养创新人才、推动教育公平、构建终身教育体系等方面展现出巨大的现实价值。

一、优化教学资源配置，提高教学效率

现代教育技术通过数字化、网络化等手段，实现了教学资源的优化配置和高效利用，它打破了传统教育的时空限制，使得优质的教育资源得以在全球范围内共享。同时，现代教育技术还通过多媒体教学、在线课堂等形式，丰富了教学手段，提高了学生的学习兴趣和积极性。这些都有助于提高教学效率，使教育更加高效、便捷。

二、丰富教学手段与资源，提升学习体验

现代教育技术为教师提供了丰富多样的教学手段和资源。教师可以通过网络资源库获取大量优质的教学素材，如课件、教案、试题等，从而丰富教学内容。同时，教师还可以利用在线教育平台，如 MOOC（Massive Open Online Courses，大规模开放在线课程）等，进行远程教学和辅导，突破时间和空间的限制，为学生提供更加灵活多样的学习方式。

三、培养创新人才，推动教育改革

现代教育技术注重培养学生的创新能力和实践能力，通过项目式学习、探究式学习等方式，激发学生的创新思维和创造力。同时，现代教育技术的发展推动了教育改革的步伐。通过引入新的教学理念和方法，如翻转课堂、混合式教学等，打破了传统的教学模式，提高了教学效果。同时，现代教育技术还促进了教育创新，如虚拟现实（VR）技术在教育领域的应用，为学生提供了更加沉浸式的学习体验。

四、促进教育公平，缩小教育差距

现代教育技术通过远程教育、在线教育等形式，打破了地域、经济等因素对教育的限制，使得更多的学生能够接受到优质的教育资源。这有助于缩小城乡、区域之间的教育差距，促进教育公平。同时，现代教育技术还为特殊群体提供了更多的学习机会和途径，如为残疾人提供无障碍学习支持等。

五、构建终身教育体系，满足个性化学习需求

现代教育技术为构建终身教育体系提供了有力支持。它使得学习不再受年龄、职业等因素的限制，人们可以根据自己的需求和兴趣随时随地进行学习。同时，现代教育技术还通过大数据、人工智能等技术手段，为学习者提供个性化的学习资源和路径规划，满足不同学习者的个性化需求。

第二章　现代教育技术的理论基础

现代教育技术作为推动教育创新与发展的重要力量，其理论基础是理解其本质、特点和应用的关键。本章通过探讨现代教育技术的理论基础，帮助读者全面理解现代教育技术的重要性和作用，为进一步探索和实践现代教育技术奠定坚实的理论基石。本章主要探讨与现代教育技术最直接、最密切的学习理论、教学理论、视听传播理论以及系统科学理论。

第一节　学习理论

学习理论是阐明学习如何产生、有哪些规律、是什么样的过程，以及如何才能进行有效的学习等问题。学生是学习的主体，任何教育技术的目的都是促进学生的学习，因此研究人类学习过程的心理机制的学习理论，显然对教育技术的发展起着重要的指导作用。从 20 世纪至今，学习理论经历了行为主义、认知主义、人本主义、建构主义和联通主义等不同发展阶段，各种学习理论的差异在于对学习本质的不同理解。以下将对这五大学习理论进行介绍。

一、行为主义学习理论

行为主义学习理论产生于 20 世纪 20 年代的美国，并从 20 年代起到 60 年代一直作为主导地位的心理学派而存在，截至 20 世纪中叶，行为主义都一直占据主导地位。行为主义学习理论以桑代克为先导，以巴浦洛夫为代表，之后斯金纳（B.F.Skinner）又对行为主义进行了总结和发展。行为主义学习理论的核心观点是：学习是通过强化和反馈建立刺激与反应的联结，从而使学习者产生预期的行为。以下将对行为主义学习理论的主要代表人物的观点进行介绍。

（一）桑代克的联结主义学习理论

爱德华·李·桑代克（Edward Lee Thorndike，1874—1949 年）是美国心理学家、动物心理学的开创者、心理学联结主义的建立者和教育心理学体系的创始人。他提出了一系列学习的定律，包括练习律和效果律等。

桑代克的实验对象是一只可以自由活动的饿猫。他把猫放入笼子，然后在笼子外面放上猫可以看见的鱼、肉等食物。笼子中有一个特殊的装置，猫只要一踏中笼中的踏板，就可以打开笼子的门出来吃到食物。一开始猫被放进去以后，在笼子里上蹿下跳。它无意中触动了机关，于是就非常自然地出来吃到了食物。桑代克记录了猫逃出笼子所用的时间，然后把它放进去，再次进行尝试。随着实验次数的增多，猫从笼子里逃出来所用的时间在不断缩短。到最后，猫几乎是一被放进笼子就去启动机关，即猫学会了开门这个动作。通过这个实验，桑代克认为所谓的学习就是动物（包括人）通过不断地尝试形成刺激—反应联结，从而不断减少错误的过程。他将自己的观点称为"试误说"。

桑代克根据自己的实验研究得出了三条主要的学习定律：

1. 准备定律。在进入某种学习活动之前，如果学习者做好了与相应的学习活动相关的预备性反应（包括生理的和心理的），就能比较自如地掌握学习的内容。

2. 练习定律。对于学习者已形成的某种刺激与反应的联结，在实践中正确地重复反应会有效地增强这种联结。另外，桑代克也非常重视练习中的反馈，他认为简单机械的重复不会带来学习的进步，告诉学习者练习的结果是正确的或错误的，有利于学习者在学习中不断纠正自己的学习内容。

3. 效果定律。学习者在学习过程中所得到的各种正的或负的反馈意见会加强或减弱学习者在头脑中已经形成的某种联结。效果定律是最重要的学习定律。桑代克认为学习者学习了某种知识以后，即在一定的结果和反应之间建立了联结。

（二）巴浦洛夫的经典条件反射理论

俄国著名的生理学家伊万·彼得罗维奇·巴甫洛夫（Ivan Petrovich Pavlov，1849—1936 年）以狗作为实验对象，提出了广为人知的条件反射理论。巴甫洛夫的经典条件反射实验如图 2.1 所示。

图 2.1　巴浦洛夫经典条件反射

1. 保持与消退。教学中，有时教师及时的表扬会促进学生暂时形成某种良好的行为。但如果过了一段时间，当学生在日常生活中表现出良好的行为习惯而没有再得到教师的表扬时，这一行为很有可能会随着时间的推移而逐渐消退。

2. 分化与泛化。在一定的条件反射形成之后，有机体对与条件反射物相类似的其他刺激也做出一定的反应的现象叫作泛化。而分化则是有机体对条件刺激物的反应进一步精确化，就是强化和保持对目标刺激物的反应，而对非条件刺激物的反应逐渐消退。

（三）斯金纳的操作性条件反射理论

继桑代克之后，美国又一位著名的行为主义心理学家伯尔赫斯·弗雷德里克·斯金纳（Burrhus Frederic Skinner，1904—1990 年）用白鼠作为实验对象，进一步发展了桑代克的刺激—反应学说，提出了著名的操作性条件反射理论。

与桑代克相类似的是斯金纳也专门为实验设计了一个学习装置——"斯金纳箱"，箱子内部有一个操纵杆，当饥饿的小白鼠按动操纵杆后，就可以吃到一颗食丸。斯金纳把小白鼠的这种行为称为操作性条件反射或工具性条件反射。斯金纳与桑代克研究的主要区别在于，桑代克侧重于研究学习的刺激—反应联结，而斯金纳则在桑代克研究的基础上进一步探讨小白鼠乐此不疲地按操纵杆的原因——每次按动操纵杆都会吃到食丸。斯金纳把这种会进一步激发有机体采取某种行为的过程称为强化，凡是能增强有机体反应行为的事件或刺激叫作强化物，导致行为发生概率下降的刺激叫作惩罚。斯金纳迷箱实验如图 2.2 所示。

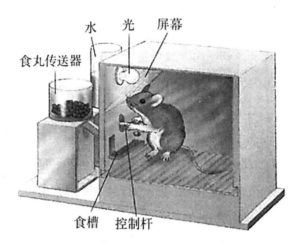

图 2.2 斯金纳迷箱实验

斯金纳通过实验观察发现，不同的强化方式会引发小白鼠不同的行为反应，其中连续强化引发小白鼠按动操纵杆的行为最易形成，但这种强化形成的行为反应也容易消退。而间隔强化比连续强化具有更高的反应率和更低的消退率。斯金纳在对动物研究的基础上，把有关成果运用到人类的学习活动中，主张在操作性条件反射和积极强化原理的基础上设计程序化教学，"把教材内容细分成很多的小单元，并按照这些单元的逻辑关系顺序排列起来，构成由易到难的许多层次或步骤，让学生循序渐进，依次进行学习"。在教学过程中，教师要积极应对学生做出的每一个反应，并对学生的正确反应予以正确的强化。

斯金纳按照强化方式实施以后学习者的行为反应，将强化分为正强化和负强化两种方式。正强化是指学习者在受到强化刺激以后，增大了某种学习行为发生的概率。负强化是指教师消除学习者讨厌的某种刺激以后，学习者的某种正确行为发生的概率增大。

作为一种早期的学习理论，行为主义在解释学习是刺激与反应的联结中做出了突出贡献，但也存在不足之处，因为它所关注的只是学习过程中外部行为的变化，忽略了学习首先是一个内部建构的过程，在行为主义研究中只强调行为却不考虑人的意识问题，且把人的思维都看作由"刺激—反应"间的联结形成。由此引起了认知主义理论学派的不满，从而导致了行为主义学习理论的发展。

二、认知主义学习理论

20 世纪 60 年代，由于行为主义的观点无法清楚地解释更复杂的学习问题，因此随着布鲁纳、奥苏贝尔等一批认知心理学家的大量创造性工作，认知主义学习理论在心理学中逐步占据了主导地位。认知主义学习理论的代表人物有布鲁纳、奥苏贝尔、加涅等，该理论源于格式塔心理学派，这个学派认为学习是人们通过感觉、知觉得到的，是由人脑的主观组织作用实现的，并提出学习是依靠顿悟，而不是依靠尝试与错误来实现的观点。该理论关于"学习"的观点：学习是一种心理现象，否定刺激与反应的联系是直接的、机械的。

认知主义学习理论基本观点如下：

（一）学习不是刺激与反应的直接联结，而是知识的重新组织。学习是认知结构的组织与再组织，其公式是 S-A-T-R（S 代表刺激，A 代表同化，T 代表主体的认知结构，R 代表反应）。客体刺激（S）只有被主体同化（A）于认知结构（T）之中，才能引起对刺激的行为反应（R），即学习才能发生。

（二）学习不是通过尝试错误来实现的，而是突然领悟和理解的过程，即顿悟。柯勒是早期认知学习理论的代表之一。柯勒认为，学习并非简单的刺激—反应联结，而是通过对学习情景中事物关系的理解构成一种完形而实现的，即通过有目的的了解和顿悟而组织起来的一种完形，也就是说学习是知觉的重新组织和构造完形的过程。柯勒主张学习是一种突然的领悟和理解，也是对情景全局的完形知觉，遵循从整体到局部的规律。学习是经过"突变"学会的，这种经验变化的过程不是盲目渐进的尝试与发现错误的过程，而是凭智力与意义理解由不能到能的突然领悟和理解的过程，即顿悟的过程。

（三）学习是信息加工的过程。在认知主义学习理论学派看来，学习过程是对信息的接受和使用的过程，学习个体本身作用于环境，人的大脑的活动过程可以转化为具体的信息加工过程。随着计算机技术的发展，以西蒙（H.A.Sion）为代表的一些学者开始研究运用计算机模拟的方法来模拟人类解决问题的过程，即可用计算机处理信息的过程来模拟人的心理过程，用计算机程序解释和理解人的学习行为也就是借助计算机及计算机语言来描述人类信息加工的过程。

（四）学习是凭智力与理解，绝非盲目的尝试。认识事物首先要认识它的整体，若整体理解有问题，就很难实现学习任务。外在的强化并不是学习产生的必要因素，在没有外界强化的条件下也会出现学习。认知主义学习理论重视对智能的培养和对内部心理机制的研究。

三、人本主义学习理论

20 世纪 50 年代至 60 年代，人本主义在美国兴起，70 年代至 80 年代迅速发展。该学派的主要代表人物是亚伯拉罕·马斯洛（Abraham Maslow，1908—1970 年）和卡尔·罗杰斯（Carl Rogers，1902—1987 年）。人本学派强调人的尊严、价值、创造力和自我实现，把人的本性的自我实现归结为潜能的发挥，而潜能是一种类似本能的性质。人本主义最大的贡献是看到了人的心理与人的本质的一致性，主张心理学必须从人的本性出发研究人的心理。

（一）马斯洛的需要层次理论

马斯洛把需要分成生理需要、安全需要、情感和归属需要、尊重需要及自我实现需要五类，依次由较低层次到较高层次排列。在自我实现需要之后，还有自我超越需要，但自我超越需要通常不作为马斯洛需要层次理论中必要的层次，而是被合并至自我实现需要当中。马斯洛需要层次理论模型如图2.3所示。

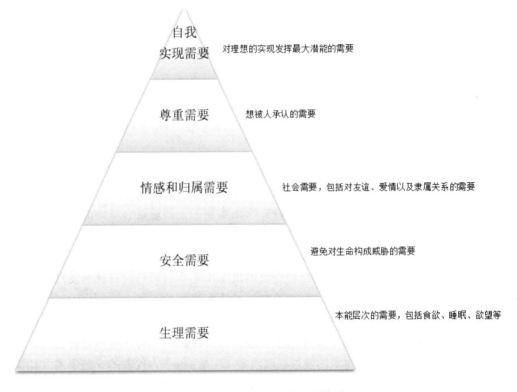

图2.3　马斯洛需要层次理论模型

（二）罗杰斯的自由学习理论

对于有意义的学习，罗杰斯认为主要具有以下四个特征：

1. 全神贯注：整个人的认知和情感均投入到学习活动之中。

2. 自动自发：学习者由于内在的愿望主动去探索、发现和了解事件的意义。

3. 全面发展：学习者的行为、态度、人格等获得全面发展。

4. 自我评估：学习者自己评估自己的学习需求和学习目标是否完成等。

因此，学习能对学习者产生意义，并能纳入学习者的经验系统之中。

罗杰斯认为，促进学生学习的关键不在于教师的教学技巧、专业知识、课程计划、视听辅导材料、演示和讲解、丰富的书籍等（虽然这中间的每一个因素有时候均可作为重要的教学资料），而在于特定的心理气氛因素，这些心理气氛因素存在于"促进者"与"学习者"的人际关系之中。那么，促进学习的心理气氛因素有哪些呢？罗杰斯认为，这种心理气氛与心理治疗领域中的心理气氛因素是一致的：真实或真诚，即学习的促进者表现真我，没有任何矫饰、虚伪和防御；尊重、关心和接纳，即学习的促进者尊重学习者的情感和意见，关心学习者的方方面面，接纳作为个体的学习者的价值观念和情感表现；移情性理解，即学习的促进者能了解学习者的内在反应和学习过程。

四、建构主义学习理论

20 世纪 90 年代，建构主义学习理论开始兴起，成为学习理论中的重中之重。它的哲学根源可追溯到古代的苏格拉底（前 469—前 399 年）、柏拉图（前 427—前 347 年）和康德（1724—1804 年），近代的建构主义代表人物则有杜威（J. Dewey，1859—1952年）、皮亚杰（J. Piaget，1896—1980 年）等。建构主义学习理论核心内容可以概括为：以学生为中心，强调学生对知识的主动探索和主动发现，以达到对所学知识的主动建构。建构主义学习理论认为学习是建构内部心理表征的过程，学习者并不是把知识从外界搬进记忆中，而是以已有的经验为基础，通过与外部世界的相互作用来获得建构新知识的过程。人们对事物的理解不仅依赖于事物的本身，还依赖个人原有的知识经验、背景；不同的人，原有经验不同，对同一事物的理解也不同，建构的意义自然也不同。

德国的一则关于鱼和青蛙的童话可以帮助我们更好地理解建构主义学习理论的含义。故事说的是，在一个小池塘里住着鱼和青蛙，它们俩是好朋友。它们听说外面的世界好精彩，想出去看看。鱼因不能离开水而生活，只好让青蛙自己走了。某天，青蛙回来了，鱼迫不及待地向它询问外面的情况。青蛙告诉鱼，外面有很多新奇有趣的东西。"比如说牛吧，"青蛙说："这真是一种奇怪的动物，它的身体很大，头上长着两个弯弯的犄角，以吃青草为生，身上有着黑白相间的斑块，长着四只粗壮的腿，还有红色的大乳房"。鱼惊叫道："哇，好怪哟！"同时脑海里即刻勾画出它心目中的"牛"的形象：一个大大的鱼身子，头上长着两个犄角，嘴里吃着青草……如图 2.4 所示。

鱼脑中的牛形象（我们姑且称之为"鱼牛"）显然是错误的，但对于鱼来说却有其道理，因为它从本体出发，将从青蛙那里新得到的关于牛的部分信息与自己头脑中已有的知识结合，构建出了"鱼牛"形象。这体现了建构主义的一个重要理念：理解依赖于个体经验，即由于人们对于世界的经验各不相同，因此对于世界的看法也必然各不相同。知识是个体与外部环境交互作用的结果，人们对事物的理解与个体的先前经验有关，因而对知识正误的判断只能是相对的。知识不是通过教师传授得到的，而是学习者在与情景的交互作用过程中自行建构的，因而学生应该处于中心地位，教师是学习的帮促者。因而建构主义的学习理论强调"知识建构"。

图 2.4 "鱼牛传说"中的"鱼牛"

（一）基本观点

1. 知识观。建构主义学习理论认为，知识不是对现实的纯粹客观的反映，而是人们对客观世界的一种解释、假设或假说，并随着人们认识程度的深入而不断地变革、深化，出现新的解释和假设。在解决问题时，需要针对具体问题的情境对原有知识进行再加工和再创造。另外，尽管语言赋予了知识一定的外在形式，并且获得了较为普遍的认同，但这并不意味着学习者对这种知识有同样的理解。因为对知识的理解，还需要个体基于自己的知识经验进行建构，同时取决于特定情境下的学习历程。

2. 学习观。建构主义学习理论认为，学习是获取知识的过程，知识不是通过教师传授得到的，而是学习者在一定的情境，即社会文化背景下，借助其他人（包括教师和学习伙伴）的帮助，利用必要的学习资料，通过意义建构的方式而获得的。建构主义学习理论认为"情境""协作""会话"和"意义建构"是学习环境中的四大要素或四大属性。

3. 教学观。教师在教学中不能无视学习者已有的知识经验，不能简单、强硬地从外部对学习者实施知识的"填灌"，而应该把学习者原有的知识经验作为新知识的生长点，引导学习者从原有的知识经验中主动建构新的知识经验。教学不是对知识的传递，而是对知识的处理和转换。教师与学生、学生与学生之间，需要共同针对某些问题进行探索，并在探索的过程中相互交流和质疑。

（二）主要观点

1. 学习是一种建构的过程。知识来自人们与环境的交互作用。知识的获得是学习个体与外部环境交互作用的结果，人们对事物的理解与其先前的经验有关，因而对知识的正误判断是相对的，而不是绝对的。学习者在形成自己对知识的内部表述时，不断对其进行修改和完善，以形成新的表述，因而这一内部表述是一个开放的体系。

2. 学习是一种活动的过程。学习过程并非是一种被动的接受过程，在知识的传递过程中，学习者是一个极活跃的因素。知识的传递者不仅肩负着"传"的使命，还肩负着调动学习者积极性的使命。学习的发展是依靠人的经验为基础的，由于每个学习者对现实世界都有自己的经验解释，因而不同的学习者对知识的理解会不完全一样，从而导致有的学习者在学习中所获得的信息与真实世界不相吻合。此时，只有通过社会"协商"，经过一定时间的磨合之后才可能达成共识。

3. 学习必须处于真实的情境中。学习发生的最佳情境不应是简单抽象的，相反，只有在真实世界的情境中才能使学习变得更为有效。学习不仅仅要让学生懂得某些知识，而且要让学生能真正运用所学知识去解决现实生活中的问题。

（三）建构主义学习理论对学习的基本解释

1. 以学生为中心。学生是认知的主体，也是知识意义的主动建构者。学习者在整个学习过程中扮演着重要的角色，处于主导地位；而教师在整个学习活动中处于从属地位，起辅导、引导、支撑、激励的作用。

2. 强调学习是外部环境与认知主体内部心理相互作用的结果，提出同化—顺应认知发展过程。同化和顺应是人们与外部环境相互作用时内部心理发生的两个基本过程。同化是指个体把外界刺激所提供的信息整合到原有认知结构中的过程，同化的结果在数量上扩展了认知结构。顺应是指个体的认知结构因外部刺激的影响而发生改变的过程，顺应的完成重组了认知结构，即形成了新的认知结构。

3. 强调学习环境对形成意义建构的重要作用，提出情境、协作、会话和意义建构是建构主义学习理论关于学习环境的四大要素：

（1）情境：学习环境中的情境必须有利于学生对所学内容的意义建构。

（2）协作：发生在学习过程中的学生与教师之间、学生与媒体之间、学生与学生之间的友好、平等的支援和帮助。一般认为学生与周围环境的交互作用对知识意义的建构起着关键性的作用。

（3）会话：主要是指在个人自主学习的基础上，小组学习成员之间的讨论与商榷。

（4）意义建构：是学习过程的最终目标，所要建构的意义是指事物的性质、规律，以及事物之间的内在联系。

4. 强调对学习环境的设计，认为学习环境是学生进行自由探索和自主学习的场所。在学习环境中学生可以利用各种工具和信息资源（如文字材料、音像资料、多媒体课件，网络教学资源等）来达到自己的学习目标。

建构主义学习理论的教学方式是以学生为中心，发挥教师的组织、指导、帮助和促进作用，利用情境、协作、会话等学习环境充分发挥学生的主动性、积极性和首创精神，帮助促进同化、顺应两个认知过程的发生和完成，最终达到学生对所学新知识的意义建构。

（四）建构主义学习理论关于教学的实现途径

建构主义学习理论中学习者以自己的理解方式建构知识意义的途径，主要有以下几种：

1. 支架式建构：是指当建构新材料 A 时，先有同性质的材料 B 的知识，将有助于对材料 A 的学习。

2. 抛锚式建构：是指当建构新材料 A 时，先呈现一组概念，从而有助于对材料 A 的学习。

3. 导引式建构：是指为了建构新材料 A，可以选用一种材料 B 的学习来引入对材料 A 的学习，使材料 A 的意义在材料 B 的基础上更易理解。

（五）建构主义学习理论对教育的影响

关于学习方法，建构主义学习理论既强调学习者的认知主体作用，又注重教师的指导作用。认为教师是意义建构的帮助者、促进者，而不是知识的传播者与灌输者，学生是信息加工的主体，是真正意义上的主动建构者，而不是外部刺激的被动接受者和被灌输的对象，因此提倡在教师指导下以学习者为中心的学习。

1. 学生要成为意义建构的主动建构者，就要求学生在学习过程中从以下几个方面发挥主体作用：

（1）要用探索法、发现法去建构知识的意义。

（2）在建构意义过程中要求学生主动去搜集并分析有关的信息和资料，对所学习的问题要提出各种假设并努力加以验证。

（3）要把当前学习内容所反映的事物尽量和自己已经知道的事物相联系，并对这种联系认真地思考。联系与思考是意义建构的关键。

2. 教师要成为学生建构意义的帮助者，就要求教师在教学过程中从以下几个方面发挥指导作用：

（1）激发学生的学习兴趣，帮助学生形成学习动机。

（2）通过创设符合教学内容要求的情境和提示新旧知识之间联系的线索，帮助学生建构当前所学知识的意义。

（3）尽可能组织协作学习（开展讨论与交流），并对协作学习过程进行引导，使之朝有利于意义建构的方向发展。引导的方法包括：提出适当的问题以引起学生的思考和讨论；在讨论中设法把问题一步步引向深入，从而加深学生对所学内容的理解；启发诱导学生自己去发现规律、纠正错误的认识等。

五、联通主义学习理论

由乔治·西蒙斯（George Siemens）2005 年提出的联通主义学习理论是 Web 2.0 社会媒体等技术发展以及知识更新速度日益加剧背景下催生出的重要学习理论，由于契合当时的时代特征和知识特性而受到了国际社会的普遍关注。联通主义学习理论的核心代表除众所周知的乔治·西蒙斯外，还有他的重要搭档斯蒂芬·道恩斯（Stephen Downes）。

（一）联通主义的八条原则

西蒙斯提出联通主义的八条原则如下：

1. 学习和知识体现在多样化观点之中（换言之，存在于信息网络中而不是仅集中于一个地方）。

2. 学习是把特定节点或信息源连接起来的过程。

3. 学习可能存在于不是人的事物中（比如一个组织或数据库，因此西蒙斯说个人学习和社会学习组成一个大的学习网络）。

4. 知晓更多知识的能力比已经掌握的知识更加重要（学习不仅仅是为了获得内容，

还是为了培养认识世界和与世界交互的能力）。

5. 必须发展和维护连接才能促进持续学习。

6. 能挖掘不同领域、观点和概念之间的连接是一种核心技能。

7. 与时俱进（准确、最新的知识）是一切联通主义学习活动的目的。

8. 决策是一个学习过程。

（二）联通主义的知识观

按照联通主义理论，我们处在网络时代，信息节点之间的连接（比如网络）构成了知识。知识存在于一种动态的网络中，时刻在被创造、修改和传播。道恩斯认为除了传统意义上的定量知识和定性知识之外，还存在第三种类型的知识，也就是分布式知识，这也正是联通主义理论想要强调和解释的知识类型。知识是分布在信息网络之中的，以各种各样的数字化形式存储着。

（三）联通主义的学习观

学习是搭建连接，这不是一个比喻。一个人或某件东西在学习时，实际上是把网络中两个节点（Node）或实体（Entity）连接起来。连接指的是一个自然事件，不是比喻或"暗箱"。具体而言，如果一个实体的状态变化能引起另一个实体的状态变化，那么两者之间便有连接。学习是所有网络都在做的事情，即：①网络节点（相互连接实体）的增加或减少；②节点之间连接的增加或减少或加强或减弱；③节点或连接的特性发生变化。①和②说的是"可塑性"（Plasticity）或"神经可塑性"（Neuroplasticity），即大脑神经元有时增加，有时减少，神经元之间可能发生连接和断开连接。第③点讲的是连接强度的变化。比如，因为神经元激活函数变化，不同能量输入模式可能导致神经元发出不同序列信号。

（四）联通主义的教学观

技术的发展以及网络普及应用的指数型增长，伴随着 Web 2.0 工具的应用和移动环境的介入，使教育结构、教育组织都出现了新的变化。人们通过现实生活中的人际关系映射，在虚拟空间中建立的关系网络，不仅能够提供专业的知识和资源，也可以产生各种不同身份的学习指导者。联通主义理论认为，学习是发生在共同体之中的，其本质就是学习者和共同体中其他成员之间的对话。而这也体现出群体中的所有成员之间都是平等的，并不区分教师和学生的角色。在不同的知识领域中，教师也可以成为学习者，教师和学生的身份不是一成不变的。

然而，这并不意味着学习活动再也不需要指导者的参与。专业指导者的参与能够帮助学习者明确需要搜集的信息内容以及信息来源，从而更快地找到信息，并完成信息的筛选和过滤工作。同时，学习同伴之间还能够通过一系列交互活动进行专业知识的沟通，一起构建知识体系，形成对学习内容和资源的正确理解。与传统学习所不同的是，专业指导者及学习同伴的选择对于学习者来说是可控的，他们对个人学习活动能够产生的影响也是可控的。教师需要适应角色的转变，学会只充当一个学习指导者的角色，不能过分参与到学生的学习活动当中；需要充分利用社会环境、关系网络、群体氛围、同伴互动等学习活动要素辅助学习者的自主学习，构建他们个人的自主学习环境。

第二节 教学理论

"教"与"学"毕竟是两个不同的研究对象，利用教育技术的观念、思想解决教育问题，除有正确的学习观外，还必须遵循教学的客观规律，这是教学理论研究的重要内容。教学理论是从教学实践中总结并抽象出来的科学知识体系，它来自教学实践又指导教学实践，同样是教育技术的重要理论基础。下面对教育技术发展有重要影响的几种教学理论做简要介绍。

一、赞可夫的发展教学理论

赞可夫（1901—1977年）的发展教学理论在20世纪70年代的苏联的教学改革中得到实施，其"发展教学论"包括教学原则、教学大纲、教学法等各个方面，其中以教学原则最为重要。他认为教学原则决定教学大纲的内容和结构，也决定教学法的典型属性，赞可夫一边做实验，一边在理论总结的基础上提出了体现其主导思想的五条"新教学原则"。赞可夫的实验教学的主导思想是，以最好的教学效果来达到学生最理想的发展水平。体现这一主导思想，并指导各科教学工作的五条教学原则是：以高难度进行教学的原则（引导学生克服障碍和积极努力）、以高速度进行教学的原则（克服传统教学中的单调重复）、理论知识起主导作用的原则（认为传统教学片面地强调了感性认识）、使学生理解学习过程的原则（教会学生怎样学习）、使全班学生包括学习困难学生都得到发展的原则（克服高难度、高速度教学对部分学习困难学生的忽视）。

二、布鲁纳的"结构-发现"教学理论

布鲁纳在20世纪50年代末提出了"结构-发现"教学理论，其主要思想有：①学习一门学科最重要的是要掌握它的基本结构；②任何学科都能够用正确的方式，有效地教给任何发展阶段的任何儿童；③要学得好，就必须采取发现法。发现学习的教学模式和保障措施如下。

（一）发现学习的教学模式

1. 带着问题观察具体事实。

2. 建立假设。

3. 形成抽象概念。组织讨论和求证，以形成结论，提炼一般性原理或规律。

4. 把原理应用到新的情景中去。运用于实际并接受检验和评价的过程，就是运用知识分析问题和解决问题的过程。

（二）发现学习的保障措施

1. 以掌握学科基本结构为内容，精选教材。

2. 教师讲基本原理，引导学生去探索，并诱发和保持学生探索的积极性。

3. 保持师生的协作关系。

布鲁纳的"结构—发现"教学理论过分强调教材的基本结构和学习者的主观能动性，

而忽视教学环境和学习者自身条件等因素对学习的影响，由于教材难度的提高，再加上"发现法"的倡导，使部分学生学习的困难加大，教学费时太多。

三、巴班斯基的教学过程最优化理论

苏联教育科学院院士巴班斯基引进系统论的观点来指导教学论的研究，提出了"教学过程最优化"理论。他指出"教学过程最优化是在全面考虑教学规律、原则、现代教学的形式和方法、该教学系统的特征以及内外部条件的基础上，为了使过程从既定标准看来发挥最有效的（即最优的）作用而组织的控制"。他认为应该把教学看成一个系统，通过系统的整体与部分、部分与部分，以及整个系统与环境之间的相互关系和相互作用中衡量教学，根据既定的标准实现问题的最优化处理，设计出最优化的教学程序，达到最好的教学效果。评价教学过程最优化的基本标准：一是效果与质量标准，即每个学生在教学、教育和发展三个方面都达到在该时期内实际可能达到的水平（但不得低于规定的及格水平）；二是时间标准，即学生和教师都遵守规定的课堂教学和家庭作业的时间定额。最优化是相对的，是在某学校、某班的具体条件下所能达到的最好效果。

巴班斯基提出了十条基本的教学原则：①方向性；②科学性和实践性；③系统性和连贯性；④可接受性；⑤激发动机；⑥自觉性、积极性、独立性；⑦各种方法有机结合；⑧各种教学形式最优结合；⑨为教学创造最佳条件；⑩巩固性和效用性。

四、布鲁姆的教育目标分类理论

美国教育研究中心的本杰明·布鲁姆（Benjamin Bloom，1913—1999年）教授受到行为主义和认知心理学的影响，在20世纪50年代，他领导一个委员会对教育目标进行了系统的分类研究，将教育目标分为认知、情感和动作技能三个领域，并从实现各领域的最终目标出发，确定了一个细化目标的程序。

（一）认知领域教育目标

在20世纪50年代，本杰明·布鲁姆提出一个教育目标分类框架，即布鲁姆分类法。这个框架把思维学习分为六个层次，自低到高依次是记忆、理解、应用、分析、评价、创新，如图2.5所示。

（二）情感领域教育目标

情感领域的教育目标依据价值内化的程度分为接受、反应、形成价值观念、组织价值观念系统、价值体系个性化五级。

（三）动作技能领域教育目标

布鲁姆本人并没有编写出动作技能领域的目标分类，这个领域出现了好几种分类法，目前尚无公认的最好的分类，这里介绍伊丽莎白·辛普森（Elizbeth Simpson）的分类。他把动作技能领域的教育目标分为知觉、定向、有指导的反应、机械动作、复杂的外显反应、适应、创新七个层次。动作技能的各个层次也均有各自的一般目标，这些目标可以用一些特殊的学习结果和行动加以表示。

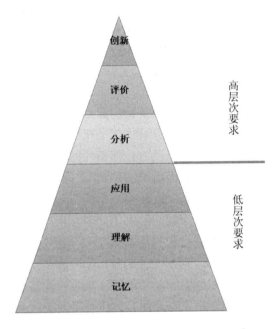

图 2.5　布鲁姆认知目标分类

五、程序教学理论

所谓程序教学，是指将各门学科的知识按其中的内在逻辑联系分解为一系列的知识项目，这些知识项目之间前后衔接，逐渐加深，然后让学生按照知识项目的顺序逐个学习每一项知识。针对每个知识项目的学习，教师及时给予反馈和强化，使学生最终能够掌握所学的知识，从而达到预定的教学目的。可见，精心设置知识项目序列和强化程序是程序教学成功的关键所在。

程序教学有以下原则：

（一）积极反应原则。在一个程序教学过程中，教师必须使学生始终处于一种积极学习的状态。也就是说，在教学中使学生产生一个反应，然后给予强化或鼓励，以巩固这个反应，并促使学生做进一步反应。

（二）小步子原则。程序教学中所用的教材将内容按步骤分解，前一步的学习为后一步的学习做铺垫，后一步学习在前一步学习后进行。由于两个步骤之间的难度相差很小，所以学习者很容易掌握所学内容，并建立自信。

（三）即时反馈原则。程序教学特别强调即时反馈，即让学生立即知道自己的答案是否正确，这是树立信心、保持好的行为的有效措施。一个学生对第一步（学习的前一个问题）能做出正确的反应（回答），教师便可立即呈示第二步（第二个问题）。这种呈示本身便是一种反馈，告诉学生已经掌握了第一步，可以展开第二步的学习了。

（四）自定步调原则。程序教学允许学习者按个人情况来确定掌握材料的速度。这与传统教学在课堂传授中一般以"中等"水平的学习者为参照点的教学法不同。传统教学法使掌握快的学生被拖住，而掌握慢的学生又跟不上，致使班级学生之间学习水平的差距越来越大。程序教学法相对比较"合理"，每个学生可以按照自己最适宜的速度进行学习。由于学生有自己的思考时间，因此学习变得较容易。程序教学的设计当然要依据教材内部的逻辑关系，既要保证学习者在学习中把错误率降到最低限度，又要使每一个问题（每一小步）都能体现教材的逻辑价值。

第三节　视听传播理论

传播是自然界和人类社会普遍存在的信息交流的社会现象。传播理论探讨信息传播活动的共同规律。教育传播是由教育者按照一定的要求，以视听教学理论为基础，选定合适的信息内容，通过有效的媒体通道，把知识、技能、思想、观念等传递给特定的教育对象的一种活动，是教育者和受教育者之间的信息交流活动。它的目的是促进学习者的全面发展，培养社会所需的各种人才。与其他传播活动相比，教育传播具有以下特点：

（1）明确的目的性。教育传播是以培养人才为目的的活动。

（2）内容的严格规定性。教育传播的内容是按照教学计划和教学大纲的要求严格规定的。

（3）受众的特定性。这意味着教育内容的传播针对特定的学习群体。

（4）媒体和传播通道的多样性。在教育传播中，教育者既可以充分发挥口语和形体语言的作用，又可以借助板书、模型、幻灯、电视等媒体；既可以是面对面的交流，又可以是远距离的传播。

以下将对视听教学基本理论"经验之塔"和典型的传播模式进行介绍。

一、"经验之塔"理论

1946 年，美国教育技术专家戴尔在他的《视听教学法》一书中，阐述了录音、广播等视听教学手段怎样在教学中使用，以及会产生怎样的教学效果等一系列问题，总结出一系列视听教学方法，提出了相关的教学理论，这就是视听教学理论。由于戴尔把人类获取知识的各种途径和方法概括为一个"经验之塔"进行系统描述，因此人们又将这一理论称为"经验之塔"理论。

戴尔将人类学习的经验分为做的经验、观察的经验和抽象的经验三大类，并按抽象程度分为十个层次：①有目的的直接经验；②设计的经验；③参与活动（表演）；④观摩示范；⑤见习、旅行；⑥参观展览；⑦电影、电视；⑧广播、录音、照片、幻灯；⑨视觉符号；⑩语言符号，如图 2.6 所示。

（一）基本思想

1. 有目的的直接经验。戴尔认为经验之塔的最底层是直接的经验，即直接与真实事物本身接触的经验，这是最丰富的具体经验，可通过对事物的看、听、尝、嗅、做所取得。

2. 设计的经验。这是"真实的改编"，这种改编，可以使人们对"真实"更容易理解，如制作模型，尽管模型与原物相比，其大小和复杂程度有所不同，但通过制作模型，可以产生比用实物教学更好的效果。

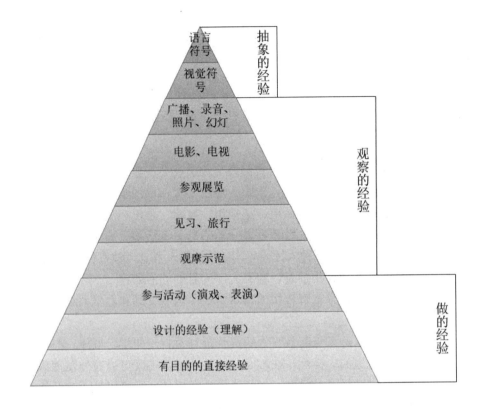

图 2.6　戴尔的经验之塔

3. 参与活动。通过演戏、表演，感受那些在正常情形下无法获得的感情上和观念上的体验。

以上三个方面的经验，都包含亲自的活动，在这三种方式中，学习者不仅是活动的旁观者，还是活动的参与者。

4. 观摩示范。通过看别人怎么做，使学生知道是如何做的，以后自己就可以动手模仿着去做。

5. 见习、旅行。见习、旅行的主要目的是观察课堂上看不到的各种真实事物和景象。

6. 参观展览。通过观察展览中陈列的材料取得观察的经验。

7. 电影、电视。电影和电视屏幕上的事物是实际事物的代表，而不是它本身。通过看电影、电视，得到的是替代的经验。

8. 广播、录音、照片、幻灯。广播、录音、照片和幻灯提供的内容更加抽象了。照片和幻灯缺乏电影和电视画面的动感，广播和录音则缺少视觉映像，但它们给学习者提供的是视听刺激，故仍属于"观察"的学习经验。

9. 视觉符号。视觉符号主要指表达一定含义的图形、模拟图形等抽象符号。

10. 语言符号。语言符号包括口头语言和书面语言（即文字符号）两种，是一种纯粹的抽象。

（二）理论要点

1. 经验之塔底层的经验。经验之塔底层的经验是最直接、具体的，学习时最容易理解，也便于记忆。经验之塔越往上越趋于抽象，但并不是说，获取任何经验都必须经过从底层到顶层的阶梯，也并不是说下一层的经验比上一层的经验更有用，划分层次是为了说明各种经验具体与抽象的程度。

2. 学习方法。教育应从具体经验入手，逐步上升到抽象。有效的学习方法，应该给学生丰富的具体经验。只让学生记住许多普通法则和概念，而没有具体经验做支柱，是教育上的最大失败。

3. 教育升华。教育不能满足于仅获取一些具体经验，而必须向抽象化和普遍化方向发展，从而上升到理论，发展思维，形成概念。概念是进行思维、探求知识的工具，可以指导进一步的实践。

4. 替代经验。位于经验之塔中层的视听教具，比语言、视听符号更能为学生提供较具体的和易于理解的经验，即替代经验。它能冲破时空的限制，弥补学生直接经验的不足，且易于培养学生的观察能力。

5. 形成科学的抽象。在学校中，应使用各种教育媒体，以使教育更为具体，从而形成科学的抽象。把具体的直接经验看得过重，使教育过于具体化，而忽视达到普通化的理解是危险的。但当今的教育还远远没有达到应有的具体程度，因此加强视听教育是完全有必要的。

"经验之塔"理论所阐述的是经验抽象程度的关系，符合人类认识事物由具体到抽象、由感性到理性、由个别到一般的认识规律。而位于经验之塔中部的广播、录音、照片、幻灯、电影、电视等介于做的经验与抽象经验之间，既能为学生学习提供必要的感性材料，容易理解，容易记忆，又便于借助于解说或教师的提示、概括、总结，从具体的画面上升到抽象的概念、定理，形成规律，是有效的学习手段。因此，"经验之塔"理论不仅是视听教育传播理论的基础，也是现代教育技术的重要理论之一。

二、拉斯韦尔传播模型

1948 年，美国政治学家、传播学四大奠基人之一的哈罗德·拉斯韦尔（Harold lasswell，1902—1978）发表了《社会传播的结构与功能》（"The Structure and Function of Communication in Society"）。在这篇文章中，拉斯韦尔明确提出了传播过程及其五个基本构成要素，即谁（who）、说什么（say what）、通过什么渠道（in which channel）、对谁（to whom）、取得什么效果（with what effect），称为"5W"模式，如图 2.7 所示。这个模式简明而清晰，是传播过程模式中的经典。后来的很多学者都对此进行过各种修订、补充和发展，但大都保留了它的本质特点。这一模式还奠定了传播学研究的五大基本内容，即控制研究、内容分析、媒介分析，受众分析以及效果分析。

这五个基本构成要素各有其自身的特点，具体如下：

（1）"谁"是指传播者，在传播过程中担负着信息收集、加工和传递的任务。传播者既可以是单个的人，也可以是集体或专门的机构。

（2）"说什么"是指传播的信息，它是由一组有意义的符号组成的信息组合。符号包括语言符号和非语言符号。

（3）"通过什么渠道"是指信息传递必须经过某种中介或借助某种物质载体。它既可以是诸如信件、电话等人际交往的媒介，也可以是报纸、广播、电视等大众传播媒介。

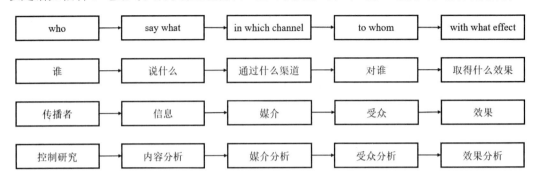

图 2.7　拉斯韦尔的"5W"传播模式

（4）"对谁"是指受传者或受众。受众是所有受传者（如读者、听众、观众等）的总称，是传播的最终对象。

（5）"取得什么效果"是指信息到达受众后，在受众认知、情感、行为各层面所引起的反应。它是检验传播活动是否成功的重要尺度。

拉斯韦尔于 1932 年提出并经过 16 年修正、补充而形成的"5W"传播模式，第一次将传播活动明确表述为五个环节和要素构成的过程，奠定了传播学研究的范围和基本内容，为人们理解传播过程的结构和特性提供了具体的出发点。拉斯韦尔的功绩在于，他通过这个"5W"传播模式正确地指明了传播学研究的主攻方向，使传播学界的主力军在近半个世纪里，把主要精力用在考察、研究传播过程的基本要素上，取得了巨大成果，为整个传播科学的长足发展奠定了深厚、扎实的基础。

三、香农—韦弗传播模式

20 世纪 40 年代，数学家香农出于对电报通信问题的兴趣，提出了一个关于通信过程的数学模型。此数学模型最初是单向直线式的，不久，他与韦弗合作改进了模型，添加了反馈系统，如图 2.8 所示，改进后的模型后来被称为香农—韦弗传播模式，在技术应用中获得了巨大成功。

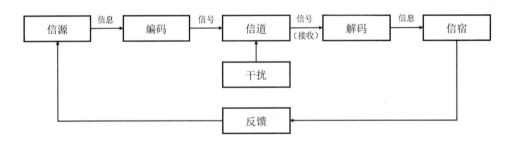

图 2.8　香农—韦弗传播模式

香农—韦弗传播模式把传播过程分成七个组成要素，即信源、编码、信道、解码、信宿、反馈、干扰。他们认为，传播的过程是信源（即传播者）把要提供的信息经过编码，即转变为某种符号，如声音、文字、图片、图像等，通过一种或多种媒体传出。信宿即受播者，对经过编码的信息符号进行解码，即解释信息符号的意义，最后被受播者所接受利用。受播者收到信息后，必然在生理、心理上产生反应，并通过各种形式给传播者反馈信息。此外，在传播过程中还存在干扰信号，干扰信号可以对信源、编码、信道、解码、信宿等部分产生影响。

香农—韦弗传播模式的最大贡献是在传播过程中引入了"反馈原理"。应用这一模式可以用来解释教学过程。

首先，香农—韦弗模式指出了教学系统的构成要素。信源就是教师，信宿就是学生，第三个要素是信息即教学内容，信道是指第四个要素即通道与媒体。

其次，香农—韦弗模式说明了师生之间信息传播的过程。图 2.8 中的"编码""信道""解码""干扰""反馈"以及箭头符号，是用来描述这一过程的。为了便于理解，下面分成几个环节来具体说明：

（一）编码。教学信息是存在于人脑中的意识，这种状态的信息是无法被传递的，必须转换成符号，如语言、文字、声音、图像等，才能被传送出去让对方接受。在运用符号表达信息内容时，需要对符号加以编排和组合，这就是"编码"的意思。在图 2.8 中，来自信源的信息经过编码转换成信号，在教学过程中就是教师把要传递的教学信息经过编码转换成文字、语言符号等。

（二）记录、储存、传送。教师经过编码将信息转换成符号系列，然后通过记录、储存并传送给学生，这就是图中的信道（即通道与媒体）传送信号的环节。教学过程中经常发生这样的现象，即由于主观和客观上的种种原因，学生没有听到（或听不清楚）、没有看到（或看不清楚）教师传送过来的符号，这就是图 2.8 中所示信道所受的"干扰"。干扰是影响教学效果的因素之一，教师讲话声音过低，教师身体遮住学生的视线，转移学生注意力的一些事件，学生思想开小差等，都可以说是干扰。

（三）感受、译码。教师传送给学生的符号，首先要由学生通过自己的感觉器官感受并接收，然后通过头脑的加工，"译出"符号表达的信息内容，在头脑中形成新的认识，这才能说获得了信息。在图 2.8 中，信号通过译码转换成信息被信宿所获得，就是指这一环节。

（四）反馈。"反馈"是控制论的基本概念之一，是指系统将输送出去的信息作用于被控对象后将产生的结果反馈送回信源，并对信息的再输出产生影响作用的过程。

在教学过程中，学生感受和译码后将其（学习的）结果（通过提问、测试或学生的表情等反应）反馈给教师，教师根据反馈的信息，调整信息传递的速度、方法，也可通过认可、表扬、指正等方式指导学生顺利地获得信息。反馈这一环节，现在被普遍认为是教学过程中不可缺少的，没有反馈，就不能算作一个完整的教学过程。

四、贝罗的传播模式

贝罗（D.Berlo）的传播模式综合了哲学、心理学、语言学、人类学、大众传播学、行为科学等新理论，用于解释在传播过程中的各个不同要素。这一模式把传播过程分解为四个基本素，即信源、信息、通道和受播者，如图 2.9 所示。

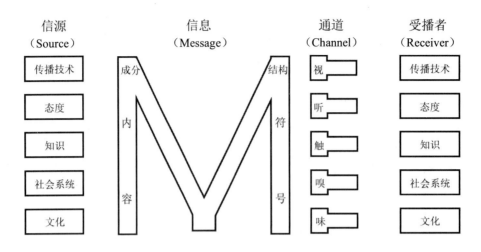

图 2.9　贝罗传播模式（SMCR 模式）

（一）信源

信源的研究包括以下因素：

1. 传播技术。信源不论以哪种方式传播，都必须讲究传播的技巧（即传播技术），才能保持信息本身的真实性和趣味性，如语言清晰和说话的技巧、文字写作的技巧等。

2. 态度，如传播者是否喜爱传播的主题，是否有明确的传播目的，对受播者是否有足够的了解等。

3. 知识，如传播者对传播的内容是否彻底了解，是否有丰富的知识等。

4. 社会系统，如传播者在社会中的地位、影响与威信等。

5. 文化，如传播者的学历、经历和文化背景等。

（二）受播者

信源与受播者虽然在传播过程的两端，但是在传播过程中，信源即传播者可以变为受播者，受播者也可以变为传播者即信源。所以影响受播者的因素与传播者相同，也包括传播技术、态度、知识、社会系统与文化诸项。

（三）信息

影响信息的因素有以下几项：

1. 符号，包括语言、文字、图像与音乐等。

2. 内容，指为达到某种传播目的而选取的材料，包括信息的要素与结构。

3. 处理，指传播者对符号和内容所做的种种决定。

（四）通道

通道是指传播信息的各种工具，如各种感觉器官，载送信息的声、光、空气、电波、报纸、杂志、广播、电影、电视、电话、唱片、图画、图表等。在传播过程中，信息的内容、符号及处理方式，均会影响通道的选择。

贝罗的传播模式比较适合用于研究和解释教学传播系统的要素与结构，如 S—M—C—R 相当于教师—课业—手段—学生。还可以用其揭示的条件为依据，联系实际传播场合及要素的具体情况，预测教育传播的效果，发现存在的问题。

第四节　系统科学理论

　　系统科学是研究系统的一般模式、结构和规律的学问，是在系统论、信息论和控制论的基础上形成的，也是信息时代高科技发展下的认识世界和改造世界的方法论，被广泛应用于各领域和学科。根据一般系统论创始人路德维希·冯·贝塔朗菲（Ludwig Von Bertalanffy，1901—1972）的定义，系统是"相互作用的诸要素的复合体"，或是"处于一定相互联系中、与环境发生关系的各个组成部分的整体"。中国著名科学家钱学森这样定义系统：由相互作用和相互依赖的若干组成部分合成的具有特定功能的有机整体，而且这个系统本身又是它所从属的一个更大系统的组成部分。

　　系统中相互作用着的部分或成分就是要素，要素是系统最基本的单位，也是系统存在的基础和实际载体。系统是由要素以及要素之间的关系组成的，不同的要素构成不同的系统，相同的要素也可以因为要素之间的关系不同而构成不同的系统。

　　系统科学方法简称系统方法，指的是按照事物本身的系统性，把对象放在系统的形式中加以考察的一种科学方法。在宏观世界和微观世界中，从基本粒子到宇宙，从细胞到人类社会，从动植物到社会组织，无一不是系统的存在方式。系统方法具有整体性、综合性、最优化的特点。

一、系统科学的基本方法

　　系统科学方法是按事物本身的系统性，把研究对象作为一个具有一定组织结构和功能的整体来加以考察的方法。该方法是从系统与要素之间、要素与要素之间、系统与外部环境之间的相互联系、相互制约、相互作用的关系中综合地研究对象的一种方法，也是系统科学基本原理和基本观念在认识和解决实际问题中的应用。使用系统科学方法的基本步骤如下：

　　（一）从需求分析中确定问题，没有需求也就没有问题，系统方法都是从需求分析开始的，需求分析是对现状和预期结果之间的差异分析。

　　（二）确定解决问题的方案，根据所提出的问题和要达到的目标，提出解决问题的方案。一般情况下会提出多种方案，如果一种方案不能有效解决问题，就马上采取第二种方案。

　　（三）从多种可能的解决方案中选择解决问题的策略。

　　（四）实施问题求解的策略，这个步骤是实施策略阶段。

　　（五）确定实施的效率，在实施过程中收集信息（包括过程信息和产出信息），并把这些信息与确定的目标相比较，给以评价和修正，确定实施的效率。

二、系统科学的基本理论

　　控制论、信息论和系统论是 20 世纪 40 年代先后创立并获得迅猛发展的三门系统理论的分支学科。虽然距离它们的提出仅过了不到一个世纪，但它们在系统科学领域中已是资深的元老，合称"老三论"，如图 2.10 所示。

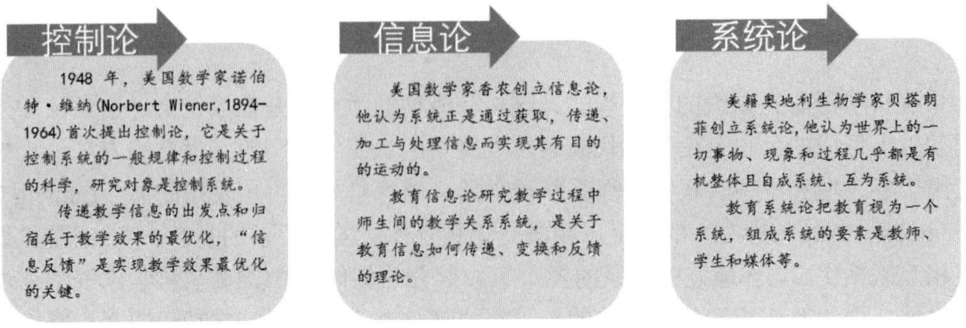

控制论

1948 年，美国数学家诺伯特·维纳(Norbert Wiener, 1894-1964)首次提出控制论，它是关于控制系统的一般规律和控制过程的科学，研究对象是控制系统。

传递教学信息的出发点和归宿在于教学效果的最优化，"信息反馈"是实现教学效果最优化的关键。

信息论

美国数学家香农创立信息论，他认为系统正是通过获取、传递、加工与处理信息而实现其有目的的运动的。

教育信息论研究教学过程中师生间的教学关系系统，是关于教育信息如何传递、变换和反馈的理论。

系统论

美籍奥地利生物学家贝塔朗菲创立系统论，他认为世界上的一切事物、现象和过程几乎都是有机整体且自成系统、互为系统。

教育系统论把教育视为一个系统，组成系统的要素是教师、学生和媒体等。

图 2.10　系统科学基本理论之"老三论"

耗散结构论、协同论、突变论是 20 世纪 70 年代以来陆续创立并获得极快发展的三门系统理论的分支学科。它们虽然发展时间不长，却已是系统科学领域中"年少有为"的成员，故合称"新三论"，如图 2.11 所示。

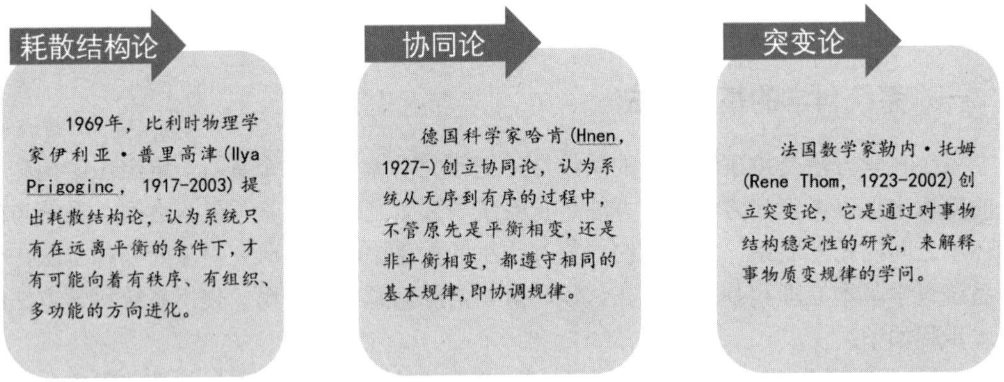

耗散结构论

1969年，比利时物理学家伊利亚·普里高津(Ilya Prigoginc，1917-2003)提出耗散结构论，认为系统只有在远离平衡的条件下，才有可能向着有秩序、有组织、多功能的方向进化。

协同论

德国科学家哈肯(Hnen, 1927-)创立协同论，认为系统从无序到有序的过程中，不管原先是平衡相变，还是非平衡相变，都遵守相同的基本规律，即协调规律。

突变论

法国数学家勒内·托姆(Rene Thom, 1923-2002)创立突变论，它是通过对事物结构稳定性的研究，来解释事物质变规律的学问。

图 2.11　系统科学基本理论之"新三论"

第三章 教学媒体与数字化教学环境

在数字社会中，人们迫切需要新型的数字服务方式和更加开放的学习环境。随着教育数字化转型的不断推进，学校的数字化教学环境也发生了重大变化。数字化教学环境对促进教育公平、提高教学质量、构建学习型社会等方面都有非常重要的意义，数字时代的师生对此要有深刻的认识，要自觉参与数字化教学环境的建设，并加以充分利用。

第一节 教学媒体

教学媒体作为现代教育技术的核心组成部分，是教育教学中不可或缺的重要工具。教学媒体指的是在教学过程中用于储存、处理和传递教学信息的物质载体或技术手段，其目的在于优化教学过程，提高教学效果。随着科技的进步，教学媒体的形式和功能不断丰富和发展，从传统的黑板、教科书到现代的多媒体投影、网络教学，它们都在为教育教学的创新与发展提供强有力的支持。

一、教学媒体的概念

（一）媒体与教学媒体

1. 媒体

信息是抽象的，它必须借助于一定的媒体才能传播并被接收者（受众）接受。媒体一词来源于拉丁语"Media"，音译为媒介，是指在信息传递过程中，从信源（传播者）到信宿（受传者）之间承载并传递信息的载体或工具。媒体有两层含义：一是存储和传递信息的物体实体，如教科书、报纸、磁带、光盘、计算机硬盘、闪存卡以及相关的设备；二是非实物的、承载信息的载体，如文字、图形、图像、声音、动画、视频等。习惯上将媒体分为硬件和软件两大类。硬件是指存储、传递信息的机器和设备，如照相机、投影机、计算机等；软件是指能存储与传递信息的纸、光盘和硬盘等。硬件与软件相辅相成，缺一不可，只有配套使用才能保证信息的有效存储、传递与处理。

2. 教学媒体

在教学与学习活动过程中所使用的一切媒体都被称为教学媒体。教学媒体是承载和传播教学信息的载体，以传递教学信息为最终目的，用于教学信息从信源到学习者之间的传递，如图3.1所示。

图 3.1 教学媒体的作用

教学媒体有两层含义：一是教学媒体所存储与传递的信息以教学为目的，其特定对象为教师或学生，教学媒体的选取取决于教学目标；二是教学媒体由能用于教与学活动过程中的媒体发展而来。媒体要发展成为教学媒体必须具备两个基本要素：一是要用于存储与传递以教学为目的的信息；二是要能用于教与学的活动过程，方便教师与学生在教学过程中使用，同时价格要合理，具有较高的性价比。

（二）信息化教学媒体

信息化教学媒体有两层含义：一是指信息时代开发的标志性教学媒体，二是指教育信息化实践中主要使用的教学媒体。

信息化教学媒体是信息时代开发的标志性教学媒体。随着科技的发展，媒体的发展已经经历了几个历史阶段。人们公认的有口语媒体阶段、文字媒体阶段、印刷媒体阶段和电子媒体阶段。近年来，又有人将电子媒体阶段划分为视听媒体阶段和网络媒体阶段。视听媒体指的是广播和电视媒体，网络媒体是信息时代开发的标志性媒体。所以，信息化教学媒体也可以说是网络媒体。教学媒体的发展会引起教育的根本变革，所以，教育进入网络媒体阶段即是进入一个信息化教育的新阶段。

信息化教学媒体是指在信息化教育实践中主要使用的教学媒体。当媒体发展到一个新的阶段时，不是说上一个阶段的媒体就没有用了。如在文字媒体阶段，口语媒体还在使用，任何一个新阶段都是将本阶段发展起来的新媒体与以往几个阶段的媒体重叠使用或组合使用。当前，教师在教育信息化的实践中，除应重视网络教学媒体外，还应重视使用或开发视听教学媒体，如教育信息资源投影教学软件、录音教学软件、电视教学软件和多媒体教学软件等。同时，还需重视开发与使用由视听媒体与网络媒体的硬件组成的信息化教学环境，如智慧教室、语言实验室、微格教室、数字图书馆等。

（三）教学媒体分类

当前，媒体纷繁复杂，不同的媒体按照不同的分类标准可能会有好多种所属。以下按照不同的标准对教学媒体进行分类。

1. 按媒体作用于学习者的感知器官可分为四类

（1）视觉媒体：视觉媒体是指传递的信息主要作用于人的视觉器官的媒体，主要有幻灯机、无声电影、投影器（仪）、数码照相机、视频展示台等设备以及相应的教学软件。

（2）听觉媒体：听觉媒体是指传递的信息主要作用于人的听觉器官的媒体，主要有广播收音机、录音机、扩音机、激光唱片、MP3 播放器、随身听等设备以及相应的教学软件。

（3）视听觉媒体：视听觉媒体是指传递的信息同时作用于人的听觉器官和视觉器官

的媒体，主要有电影、电视机、录像机、摄像机、VCD、DVD、闭路电视系统、广播电视系统、卫星电视系统等设备以及相应的教学软件。

（4）交互多媒体：交互多媒体是指除了能处理和提供声、图、文等多种信息形式之外，还能与用户形成互动的媒体，主要有程序教学机器、多媒体计算机、交互式白板等设备以及相应的教学软件。

2. 按教学媒体的物理性质可分为四类

（1）光学投影教学媒体：主要通过光学投影技术展示图片和文字，如幻灯机、投影仪等。

（2）电声教学媒体：以声音为主要传播方式，如电唱机、扩音机、收音机等。

（3）电视教学媒体：以视频为主要传播方式，如电视机、录像机、DVD 等。

（4）计算机教学媒体：包括计算机硬件和计算机软件，如计算机课件、在线学习平台等。

3. 按教学组织形式可分为四类

（1）课堂展示媒体：用于课堂上的演示和展示，如投影、录像、电子白板等。

（2）个别化学习媒体：支持学生个别化、自主学习，如印刷品、录音带、在线课程等。

（3）小组教学媒体：适用于小组讨论和协作学习，如图片、投影、白板等。

（4）远程教育媒体：支持远程教育和在线学习，如广播电视、计算机网络等。

这种分类方法为教师在不同的教学形式、教学规模下选择相应的教学媒体提供了有效的指导，教师可以根据自己的教学活动、学生数量来合理地选择媒体，从而争取获得最佳的教学效果与效率。

4. 按媒体的历史发展可分为两类

（1）传统教学媒体。它通常指教学中常用的教科书、黑板、粉笔、挂图、标本、模型、实验演示装置等。若扩大一点范围，那么教师本人，包括教师的语言、表情、手势、体态、板书、板画等也属于传统教学媒体。

（2）现代教学媒体。相对于传统教学媒体来说，现代教学媒体是指近一个世纪以来利用科技成果发展起来并引入教育领域的电子媒体，在我国也称为电化教育媒体，主要包括幻灯、投影、录音、电影、电视、录像、计算机和网络等教学媒体，以及由它们组合成的教学媒体系统，如语言实验室、多媒体综合教室、计算机网络教室、视听阅览室、微格教学训练系统、闭路电视系统、校园计算机网络系统等。

二、教学媒体的教学功能和特性

在教学过程中分析和研究各种教学媒体的教学功能和特性，我们才能在编制与运用教学媒体时，根据所需扬长避短，综合使用。

（一）教学媒体的功能

不同的教学媒体具有不同的功能，其一般功能有以下几种：

1. 传递信息

教学媒体是教育信息传播的中介，任何教学媒体都有呈现刺激、提供信息的功能，只是不同的媒体所传递信息的性质和呈现刺激的时间有所不同。

2. 存储信息

教学媒体具有存储教学信息的功能，只是不同的媒体存储信息的形式可能有所不同，如文字、图像、音频、视频、动画等形式。

3. 控制学习

在教学传播过程中，各种教学媒体都有要求学生做出积极反应并保持注意的功能，同时具有控制学习环境的功能，只是控制的程度有所不同。

（二）教学媒体的主要特性

媒体的特性是我们选择媒体和进行媒体优化组合的重要依据。不同媒体具有不同的特性，应用于教学会产生不同的效果。"媒体是人体器官的延伸"，如印刷品、摄像机是眼睛视觉的延伸，无线电广播是耳朵听觉的延伸，电影、电视是眼睛与耳朵视听觉的延伸，电子计算机是大脑的延伸。除此之外，教学媒体还有以下六个共同特性：

1. 传播性

传播性是媒体的重要属性，"媒体的传播性应包括信息的传播速度、传播范围、传播能力等，只是不同媒体的传播性有所不同"。

2. 表现性

表现性是指教学媒体表现事物信息的能力。信息是事物运动形态与规律的表征，即表现事物的空间特性、时间特性、运动特性。空间特性是指事物的形状、大小、方位、组成（包括质地、色调、空间结构和声音等）；时间特性是指事物出现的先后顺序、持续时间、出现频率和节奏的变化等；运动特性是指事物的运动形式、空间位移、形状的变化等。

3. 固定性

信息本身是抽象的，可以用具体的信息符号表征抽象的信息，而这些信息符号，如语言符号、文字符号、图形符号、图像符号和声音符号等经过处理后得到的视频、音频信号等，都是可以记录和存储的。

4. 重复性

教学媒体的重复性是指固定在载体上的信息符号可以人为地重复表现，即媒体可以根据需要，在特定的时间、地点多次使用。

5. 可控性

可控性是指媒体的使用者对其操纵控制的难易程度。

6. 参与性

参与性是指在应用媒体教学时学习者参与学习的机会。参与可分为行为参与和感情参与，电影、电视、广播有较强的表现力与感染力，容易引起学习者情感上的反应和注意兴趣，激发学生感情的参与。

三、教学媒体的教育使用

（一）教学媒体的教学作用

教学媒体在教学中的作用包括以下几个方面：

1. 通过教学媒体展示教学内容，增强学生的感性认识，使抽象的语言、文字、符号的意义更加明确，抽象事物的概念更加清楚。

2. 合理使用教学媒体，可为学生创设优化的学习环境，使教学活动更具趣味性，提高学习效率，加深学生对学习内容的印象。

3. 教学媒体可以改变过去因教师或地域文化发展水平的不同而造成的教学质量的差异，使学生获得相同的教学信息，为进一步学习和发展打下良好的基础。

4. 教学媒体，特别是信息化教学媒体，主要是用声音、画面等直观的方式呈现教学信息；特技效果、艺术手法及交互活动的运用，使学生获得了更加丰富的感知。新颖的学习形式不仅能够激发学生的好奇心和求知欲，而且能增加感知深度，提升学习效果。

5. 教学媒体，特别是教学软件，在内容的组织和呈现方式上都是经过精心设计的，可以反复推敲、认真研究，使已有的教学原则、认知规律、教与学的经验和理论得到充分的运用，讲究方式、方法、效率和效果，从而使最佳的教与学成为可能。

6. 教学媒体的特点是具有灵活性和适应性。无论是小组还是个人，都可以打破时间、空间的限制，随时随地开展教与学。

（二）教学媒体的应用时机

现代教育技术已广泛应用于课堂教学之中。在应用教学媒体时要从教学的实际需要和教学目的出发，要做到既不滥用，也不因噎废食而全然不用，宜"巧"不宜"多"。

1. 把握教学要点。在应用教学媒体时，要有针对性地选择需要学生掌握的教学要点，使教学达到最佳效果。

2. 把握"精彩"之处。教学媒体要用在"精彩"之处，以及激发学生学习兴趣、突出重点、破解难点的地方。

3. 在利用教学媒体辅助教学时，应巧妙地将抽象知识转化为具体事物，增强学生的感性认识，这样教者容易，学生也学得轻松，提高了教学效率。

4. 把握学生发展中的"最近发展区"。

5. 把握学生的求知欲。

6. 鼓励学生克服畏难心理，增强信心。

（三）使用教学媒体应注意的问题

根据教学目标和教学对象的特点，通过教学设计，合理选择和运用现代教学媒体，并与传统教学手段结合，师生共同参与教学全过程，这是使用现代教育技术的常规模式。教学媒体如果运用不当，不但不能达到预期效果，甚至可能产生相反的作用，违背了使用教学媒体的初衷，所以运用教学媒体的过程中要注意以下问题：

1. 避免以辅代主，本末倒置

在教学活动中，学生是主体，教师起主导作用，教学媒体只是教学的辅助手段，而教学内容才是教学的核心。因此要根据教学内容来决定是否使用教学媒体，明确要将教学媒体用在什么地方，达到什么目的。只有这样才能有的放矢，与教学内容、教学目的保持一致。

2. 避免以演示代替交流，分散学生注意力

在运用教学媒体时，教师一定不能轻视对教学过程的控制、学习结果的评价和反馈，

要合理使用教学媒体。单纯地演示课件，可能会使学生出现虽然看了很多、听了很多，但是不知道要学什么的情况，从而产生教学的负效果。其实，多媒体辅助教学作为一种现代化的教学手段，是用来提高课堂教学效率，突破重点、难点，解决一些传统教学不易解决的问题的。教师应该凭自身丰富的教学经验和生动的讲解，通过师生间的情绪感染，来调动学生学习的积极性，并使学生能够自觉地参与教学当中去。有时教师也可事先准备一些实物，根据现场学生的反应灵活使用。

3. 避免以单向信息传递为主，忽视学生的思考过程

教育必须始终把学生思维能力的培养作为重要目标。教学媒体的运用是为了更好地促进学生的学习，不能把师生的双向活动变成单方面的讲解，使学生变成"看客"，从而剥夺了学生探索、分析、思考的时间，忽视了师生之间的相互交流和相互促进。

总之，运用现代教学媒体确实有诸多优势，但只有与传统教学方式有效结合才能优化课堂教学模式、提高教学效率和教学质量。媒体不能替代师生的感情交流、教师的言传身教等，因此在选用教学媒体时我们一定要慎重，绝不能忽视教师的作用。

四、教学媒体的选用原则

英国学者安东尼·贝茨（Antony Bates）认为：媒体一般是灵活的、可替换的，关键是在给定的条件下采用何种媒体更合适。每种媒体都有其独特的内在规律，必须正确地加以利用，媒体再好，使用不当也不会有好的效果。世上没有万能的媒体，所有媒体都有优点与局限，应扬长避短地综合加以运用。对某个具体的教学目标来说，还是存在最佳媒体的选用问题的。教学媒体的选用要关注以下几个要素：

（一）媒体选用比率

媒体之所以能够用在教学活动中，完全是由它们本身所具有的特性和教学功能决定的。因此，选用教学媒体的基本原则就是看它们所具有的特性和教学功能对于帮助完成教学目标有多大潜力。

在选用教学媒体的时候，既要掌握基本原则，又要考虑以下几个要点：

1. 教学设计中的要素对选用媒体的影响，如教学目标、教学内容及教学对象等对选用教学媒体都会提出不同的要求。

2. 使用条件的限制。

3. 充分发挥媒体的教学功能等。

总之，媒体选用比率（P）=媒体产生的功效（V）/付出的代价（C）。

从媒体选用比率中可以得到启示：媒体的设计和制作，不要单纯地追求降低成本，也不要片面追求功效，而应以提高它们之间的比值为目标。

（二）共同经验范围

教学过程是一种信息传播活动，老师和学生同时进入一种共同的传播活动空间，针对共同兴趣的信息或符号进行沟通活动。但是要使双方能够互相沟通思想，则必须把沟通建立在双方共同的经验范围内，如图3.2所示。

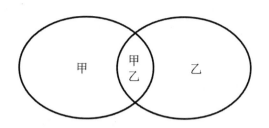

图3.2　共同经验范围模式

图3.2中两个圆圈内各代表甲与乙的生活经验，其重叠的地方就是他们可以互相沟通的地方。因此，视听媒体的设计就是要以提供这种情境来展示共同的经验为目的。

这里的共同经验包含两层意思：一是教育者和受教育者在学习环境中互相作用的共同经验；二是受教育者彼此之间通过媒体来获得的共同经验，即一种经验为多数人所共有。这样不仅可以使教育者与受教育者之间有效地进行思想交流，也有助于小组集体学习，班级共同学习。

（三）抽象层次原理

根据戴尔的"经验之塔"理论，媒体可按其传递信息的具体性和抽象性，分为不同层次。媒体传递信息的具体和抽象程度必须符合学生的实际水平（年龄、发育状况等），而每个层次都包含具体成分和抽象成分两部分，具体成分作为思考线索，以此为基础来思考抽象部分。两种成分比例是依学生水平而有所改变的，也就是应依学生水平而选用不同的媒体。

第二节　数字化教学环境

现代信息技术对教育发展具有革命性影响，各级各类学校不断丰富数字教育场景，推动数字技术与传统教育融合发展，创新教育理念、方法、形态，让数字技术为教育赋能。数字化教学环境是学校教育数字化和教育现代化的重要标志，学校教学环境建设的重要组成部分，也是推动学校教育教学改革、促进教育数字化发展的必要条件。

一、数字化教学环境的概念

教学环境是教学活动四周的一切事物，是指影响学校教育活动的各种情况和条件的总和，包括显性环境和隐性环境两部分。显性环境主要指学校教学活动的场所，包括各种教学场所（教室、运动场、图书馆、会议礼堂、宿舍、食堂等）、教学用具（实验仪器设备、运动器材、教学媒体等），以及教室内外等物理设施；隐性环境则包括教育理念、教学氛围、校园文化、人际交往氛围、师资力量及心理适应能力等。

数字化教学环境是指运用现代教育理论和现代数字技术所创建的教学环境，是数字化教学活动开展过程中赖以持续的情况与条件，包含在数字技术条件下直接或间接影响教师"教"和学生"学"的所有条件和因素。根据教育应用的地理范围将数字化环境分为教室层次（智慧教室、多媒体网络机房、多媒体语言实验室、课程录播室和虚拟仿真室等）、校园层次（计算机局域网、数字校园、智慧校园）、教育城域网层次和 Internet 层次四种类型。

二、数字化教学环境的构成

数字化教学环境是一个庞大复杂的系统，通常认为由数字化教学硬件环境、数字化教学软件环境、数字化教学资源、数字化教学人文环境和数字化教学队伍五大要素组成。[①]

（一）数字化教学硬件环境

数字化教学硬件环境是开展现代教育技术的前提和基础，如多媒体教室、电子阅览室、语言实验室、校园网、移动校园网、智慧校园等。与传统教学硬件环境相比，数字化教学硬件环境具有智能化、虚拟化、网络化、数字化、集成化和泛在化等特征。

（二）数字化教学软件环境

数字化教学软件环境主要包括各种教学系统平台、数字化教学管理环境及标准规范、数字化教学安全保障体系和数字化教学工具系统等。

（三）数字化教学资源

数字化教学资源是指以数字信号形式存在或出现并可供学生使用的数字资源，数字化教学环境下教育优势的发挥必须有丰富多样的数字化教学资源的支持。本书第四章将对数字化教学资源的建设进行专门阐述。

（四）数字化教学人文环境

数字化教学人文环境主要包括现代教育思想、理念和意识，教育数字化政策与法规、数字化教学氛围、数字化学习气氛、数字化学习文化与道德等。

（五）数字化教学队伍

数字化教学队伍是数字化教学环境中的核心要素，是数字化教学研究开发、应用推广、服务管理、实际应用等各种工作的中坚力量。数字化教学队伍由数字化教学领导与管理队伍、数字化教师队伍和数字化教学支持队伍组成。

三、数字化教学环境的关键角色——校园网

校园网是指在学校范围内，把分布在不同地点的多台计算机利用网络设备、通信媒质连接，按照网络协议相互通信，以为全校师生在教学、科研、办公、管理和综合信息服务等工作中提供共享软件、硬件和数据资源为目标的计算机网络。它是学校数字化环境建设中一项重要的基础设施，也是衡量学校教育现代化的重要指标。

（一）校园网络系统的基本组成

校园网络系统由硬件系统和软件系统两部分组成。目前，校园网络系统一般采用"主干加分支"的结构，校园网网络拓扑结构如图 3.3 所示。

---

① 李志河. 现代教育技术（第三版）[M]. 北京：清华大学出版社，2020（1）：115~138.

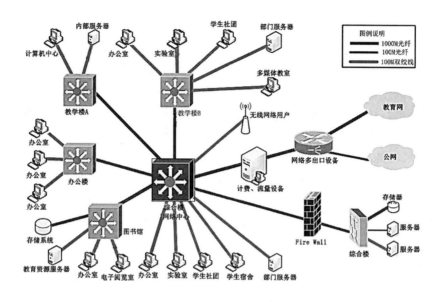

图 3.3　校园网网络拓扑结构图

1. 硬件系统。校园网的硬件系统通常由服务器、工作站、磁盘阵列、网络互联设备和网络传输介质等几部分构成。

（1）服务器是指一种能为客户端计算机管理资源并为用户提供各种服务的高性能计算机。服务器与通用计算机的构成类似，但是由于服务器需要提供可靠的服务，因此在处理能力、稳定性、可靠性、安全性、可扩展性、可管理性等方面服务器的性能较高。根据服务器在网络中所提供的服务不同可分为文件服务器、数据库服务器、Web 服务器、打印服务器、邮件服务器、网页服务器、FTP 服务器、域名服务器、应用程序服务器、教育资源服务器等。上述服务器可以安装在同一台物理服务器上，也可以分别安装在多台物理服务器上。

（2）工作站是指连接到服务器的终端机，即网络服务的一台客户机，它能够完成用户交给的特定任务，如计算机辅助设计工作站、办公自动化工作站、图像处理工作站、打印机专用工作站等。工作站一般通过网卡连接网络，并需要安装相应的程序与网络协议才可以访问网络资源。

（3）磁盘阵列是指把多块独立的硬盘（物理硬盘）按不同的方式组合成的容量巨大的磁盘组（逻辑硬盘），可提升整个磁盘系统的效能。对用户来说，组成的磁盘组就像一个硬盘，可以对其进行分区、格式化等操作；不同的是，磁盘阵列的存储速度要比单个硬盘高很多，而且可以提供自动数据备份。磁盘阵列有三种：外接式磁盘阵列柜、内接式磁盘阵列卡和利用软件来仿真。

（4）网络互联设备是指将不同的网络连接起来，以构成更大规模的网络系统，实现网络间的数据通信、资源共享和协同工作等，常用的网络互联设备有交换机、路由器、网关、中继器、防火墙、集线器等。

（5）网络传输介质是指在网络中传输数据、连接各网络站点的载体。常用的传输介质分为有线传输介质和无线传输介质两大类。有线传输介质主要有双绞线、同轴电缆和光纤；无线传输介质有无线电波、微波、红外线、激光等。不同的传输介质，其特性也各不相同。

2. 软件系统。校园网的软件系统包括网络操作系统和网络应用管理软件。

（1）网络操作系统是网络用户和计算机网络的接口，它除了要完成一般操作系统的任务，还要管理与计算机网络有关的硬件资源（如网卡、路由器、网关等）和软件资源（如网络管理软件、网络通信软件、网络协议软件等），允许设备与其他设备进行通信。目前，应用比较广泛的网络操作系统主要有 Windows Server 系列、NetWare、UNIX、Linux 等。

（2）网络应用管理软件是指能够完成网络管理功能的各类网络管理应用软件，如数据库软件、各类工具软件、OA 系统、人事管理系统、财务管理系统、教务管理系统、网络教学平台、后勤管理系统、图书管理系统、资产管理系统、数字教学资源系统、心理健康测试系统等。

（二）校园网的应用

校园网的应用主要体现在以下几个方面：

1. 信息发布。利用校园网向人们展示学校发展的历史沿革、最新动态、新闻、教学、科研、校园文化、招生等信息，同时也可以发布学校的重要事件、会议通知、各种公文，也可以利用校园网进行会议直播。

2. 教学应用。教学应用是校园网的主要功能，主要体现在：一是资源共享，师生可以利用校园网上丰富的多媒体素材、多媒体 CAI 课件、教案资源、流媒体文件、扩展资源和数据资源进行教学、学习和研究，同时，还可以进行交流和辅导，共享知识宝库；二是网络教学，利用校园网可以完成网络备课、网络授课、网络课程学习、网上练习、在线考试、虚拟实验、教学评价、作业提交与批改、辅导答疑等任务，也可以通过 Internet 邀请国外、校外专家学者异地讲学，学生在校内实时收听、收看，实现网上虚拟教学；三是信息交流，利用校园网的电子邮件、智能化搜索引擎、文件传输、视频点播、WIKI、远程教学、BBS 服务等进行信息的传输和交流，开阔视野和扩大知识面。

3. 管理应用。校园网为学校在人事、教务、科研、资产、财务、后勤管理等方面，提供一个先进的分布式管理系统，为各类管理人员及时地收集、统计、分析学校的各种信息提供了便利，极大地提高了办公效率，减少了工作量。除网络教学管理外，校园网的管理应用还包括：网上行政办公（如公文发布、浏览、批阅、文件收发等）、招生管理、学籍管理（如学生信息管理、班级信息管理等）、教务管理（如网上排课、学生选课管理、学生成绩管理、教室综合管理等）、教师管理、档案管理、图书资料管理（如图书期刊检索管理、图书期刊借阅管理、电子期刊管理、电子图书管理等）、资产管理、计费管理、后期服务管理和校园一卡通管理等。

4. 科研应用。利用校园网的软件资源、硬件资源及学术信息资源库，给科研人员提供一个与校内外或国外同行信息交流、合作研究的平台。

第三节　数字化教学空间

一、多媒体综合教室

多媒体综合教室是根据现代教育教学的需要，将多媒体计算机、多媒体投影机、视频展示台、中央控制系统、交互式电子白板、电动屏幕、录像机、影碟机、调音台、功放、话筒、音箱等现代教学媒体结合在一起，以利于教师与学生运用现代教育媒体开展教与学活动的场所。

（一）多媒体综合教室的类型

多媒体综合教室依据其规格大小、质量高低、教学功能差异的不同，可分为以下几种类型：

1. 简易型。简易型多媒体教室是在普通教室内装配交互式电子白板或多媒体计算机、多媒体投影机、中央控制器、视频展示台、话筒、功放、音箱和银幕等常用的现代教学媒体的场所。简易型多媒体综合教室可以使用计算机辅助教学。

2. 标准型。标准型多媒体综合教室包括图像、声音和控制三个系统，主要由多媒体计算机、多媒体投影机、视频展示台、多媒体控制平台、电动投影屏幕、录像机、影碟机、话筒、调音台、功放和音箱等设备组成，如图 3.4 所示，各种教学媒体的使用均可通过控制系统加以控制。

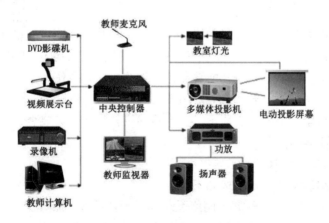

图 3.4　标准型多媒体综合教室

3. 多功能型。多功能型多媒体综合教室在标准型配置基础上增加了摄录像系统（在教室配备 2～3 部带云台的摄像机，用于拍摄师生的教学活动过程，并进行记录和存储）和学习信息反应分析系统（通过学生座位上的应答器来实时收集和分析学生的学习反应信息，使教师能及时、全面地了解学生的学习情况）。

4. 学科专业型。学科专业型多媒体综合教室在简易型或标准型配置的基础上增加了某种学科教学特殊需要的一些设备，如生物课教学需要的彩色显微摄像装置等，这样就构成了某一学科专用的多媒体教室。

（二）多媒体综合教室的基本功能

一个多媒体综合教室应该具备以下基本功能：

1. 连接校园网或 Internet，教师在教学过程中可以方便地浏览网络资源，实现网络联机教学，优化教学过程。

2. 提供交互式电子白板，创建交互环境，鼓励学生积极参与课堂教学。

3. 课堂演示教学。教师在课堂中利用多媒体教室演示各类多媒体教学课件，开展计算机辅助教学。

4. 播放录像、DVD、EVD 等视频教学资料。

5. 利用视频展台展示实物、模型、图片、文字等资料，提升视觉体验。

6. 能以高清晰、大屏幕的一体机显示计算机信息和各种视频信号。

7. 用高保真音响系统播放各种声音信号。

（三）多媒体综合教室的操作使用

目前各个学校的多媒体综合教室虽然配置不尽相同，生产厂家各异，但操作大致相同。

1. 多媒体综合教室的开启步骤。打开台柜→开启总控电源→展开屏幕→启动计算机→启动投影仪→信号切换→调试声音设备。

2. 多媒体综合教室的关闭步骤。关闭投影仪→收屏幕→关闭电脑→关闭扩音设备→关电源→锁柜门。

二、多媒体网络教室

多媒体网络教室又称计算机网络机房，是一种基于计算机的局域网，能综合传播和处理多媒体信息（如文字、图形、图像、音频、视频、动画等），使多种信息建立联系的、交互性的计算机网络教学系统，能够支持学生的自主、合作、探究性学习活动的信息化教学环境。根据学生机、教师机等网络设备的布局，可以分为普通教室型、U 字型、小组协作型和综合型，如图 3.5 所示。多媒体网络教室具有集成性、交互性、数字化、网络化、在线教学等特点。

（一）多媒体网络教室的基本组成

多媒体网络教室的基本组成如下：

1. 计算机网络系统。计算机网络系统包括硬件系统（服务器、学生机、教师机、交换机、网线、打印机、扫描仪等）和软件系统（网络操作系统、网络教学控制系统、教学软件、学科资料库、素材库及工具软件等）两部分。为了便于利用互联网上的资源，多媒体网络教室应接入校园网和 Internet。教师通过教师机的多媒体控制软件来控制教学进程，组织教学活动。

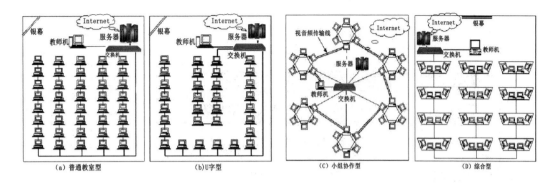

图 3.5　多媒体网络教室

2. 多媒体教室系统。多媒体网络教室应配备多媒体投影机、交互式电子白板、视频展示台、话筒、功放、音响等，提供多媒体教室的功能，方便教师对教学内容进行演示和呈现，供学生观看，如图 3.6 所示。

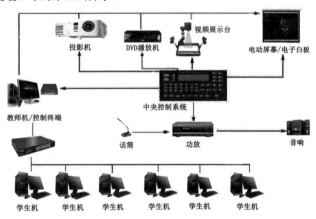

图 3.6　多媒体网络教室

3. 网络教学控制系统。网络教学控制系统包括控制面板和电子教室（广播软件）。控制面板能够控制各媒体设备之间的切换；电子教室能够实现教学演示、视频广播和集体讨论等教学功能。网络教学控制系统可分为纯硬件型、纯软件型和软硬结合型三类。

4. 教学信息资源系统。教学信息资源系统主要包括辅助备课资源库（如多媒体教学资料库）、学科资源库、素材库、网络教学管理系统（如网络学习平台、网络考试系统）和工具软件等。

（二）多媒体网络教室的功能

多媒体网络教室的功能包括教师机功能和学生机功能，主要通过教师机的控制系统来实现，图 3.7 是某公司研制的电子教室软件系统的界面。

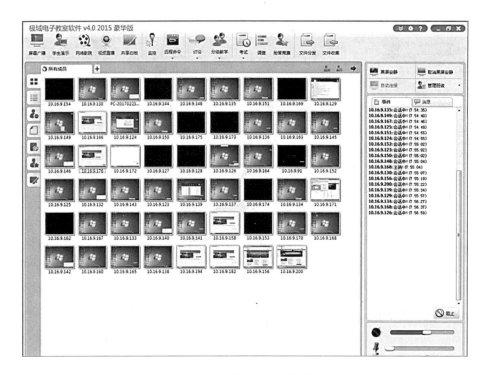

图 3.7 电子教室软件系统界面

1. 教师机功能。教师机的功能主要包括教学功能、在线考试功能、管理功能、设置功能等。

（1）教学功能。教学功能包括教学演示、电子教鞭、多屏查看、下发文件、收取作业、电子点名、个别辅导、学生示范、锁定学生、警告学生、教师讲评、视频广播、屏幕查看、电子抢答、语音广播、远程命令、师生通话、集体讨论、分组讨论、视频点播、实时直播、发送通知、邀请学生、文件服务、控制举手等。

（2）在线考试功能。在线考试功能包括制作试卷、查看试卷、网络考试、增减时间、考试监控、收取试卷、终止考试、发送答案、讲评试卷、成绩统计、导出成绩、口语考试等。

（3）管理功能。管理功能包括群组管理、座位安排、修改编号、学生考勤、在线统计、运行日志、远程键盘、远程关机、远程重启、远程开机等。

（4）设置功能。设置功能包括网页限制、程序限制、系统限制、权限设置、性能设置等。

2. 学生机功能。学生机功能主要包括学生举手、提交作业、协同操作等。

除以上主要功能外，多媒体网络教室还应具备一些扩展功能，如电子图书信息等。

三、微格教学系统

微格教学，又称"微型教学""微观教学""小型教学"，由在美国加利福尼亚州斯坦福大学任教的德怀特·艾伦（Dwight Allen）教授等人所创立，并将其定义为"一个有控制的实习系统，它使师范生有可能集中解决某一特定的教学行为，或在有控制的条件下学习"。20 世纪 80 年代，微格教学开始传入国内。对微格教学概念的界定，我们引用孟宪恺教授的定义："微格教学是一个有控制的实践系统，它使师范生和教师有可能集中解决某一特定的教学行为，或在有控制的条件下进行学习。它是建立在教育教学理论、视听理论和技术基础上，系统训练教师教学技能的方法。"

（一）微格教学系统的组成

微格教学系统主要由主控室、微格教室和观摩室三个部分组成，如图 3.8 所示。最简单的微格教学系统由主控室和多间微格教室组成，目前新建的微格教学系统大多都是集微格教学、视音频编辑、存储、点播、现场录播为一体的数字化网络系统。

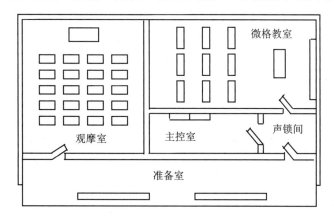

图 3.8 微格教学系统的组成

1. 主控室。主控室的主要设备包括多媒体计算机、主控机、摄像头、大容量存储器、DVD、监视器、监控台等。主控室可以控制任一微格教室中的摄像云台和镜头，监视和监听任一微格教室的图像和声音，也可以把某个微格教室的情况转播给其他的微格教室，同时可以录制某个微格教室的教学实况，供课后评议。

2. 微格教室。微格教室的设备主要包括分控机、摄像头、计算机、拾音器、电子白板、投影仪及其他教学设备。在微格教室中可以呼叫主控室，也可以录制本室的声音和图像，以便对讲课情况进行分析和评估。

3. 观摩室。观摩室是安装了电视（或电子屏）的普通教室，将来自某一微格教室的视音频信号，通过控制室选择，并传输到观摩室的电视（或电子屏）上，可以实时播放和非实时播放微格教室的视音频信号。观摩室可以让更多的学生观看，也可以供教师评价。

（二）微格教学实施的步骤

微格教学是利用现代教学手段来培训教师实践能力的一种教学方法。通常，将参与训练的学员（师范生或在职教师）分成若干小组，在教师的指导下，将复杂的教学过程做了科学细分，对细分的教学技能逐项进行训练，并将现场进行实况录制，小组成员和教师反复观看录制的视频，并进行讨论和评议，从而帮助师范生和在职教师掌握有关的教学技能，提高他们的教学能力。经过国内外教育工作者几十年的研究，微格教学过程已形成了一定的模式，具体实施步骤如图 3.9 所示。

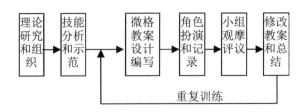

图 3.9 微格教学实施步骤

1. 理论研究和组织。微格教学训练要融入新的教育理念、教育思想、教育理论和方法，如布鲁纳的"教学目标分类学"及"掌握学习法"，加涅的学习层级理论，杜威的"从做中学"理论，奥苏贝尔的认知同化论等；同时要确定好教学的组织形式，小组成员一般为 6 人左右，最好是同一层次的在职教师和师范生。

2. 技能分析和示范。微格教学是将复杂的教学过程细分为单一的技能，再逐项训练。教师要将事先编制好的示范录像供学生观看，并进行讨论分析、取长补短；要根据学生的不同层次和需要，有针对性地选定几项技能进行训练，如教态、语言技能、板书技能、演示技能、提问技能、导入技能、强化技能、试误技能、现代教学媒体使用技能、课堂教学组织技能、结束技能等。

3. 微格教案设计和编写。微格教学教案设计的具体项目有教学目标、教师的主要教学行为、对应的教学技能、学生的学习行为、演示仪器、教学媒体和时间分配等，可参照表 3.1 微格教学教案设计表填写。

表 3.1 微格教学教案设计表

执教者		年级		日期		指导老师	
学科				课题			
教学目标							
时间分配	教师行为（讲授、提问等内容）		应用的教学技能要素		学生行为（参与活动、应答等）		所用教具、仪器和媒体

4. 角色扮演和记录。当设计好微格教学教案后，在微格教室进行讲课训练。教师由接受培训的学员轮流担任，学生也由学员扮演，每节微格教学课的时间应控制在 10～15 分钟左右，摄像人员将学员的课堂实况进行录制。

5. 小组观摩评议。在教学活动完成后，播放这一节微格教学训练课的录像，全组成员和指导教师共同观看，并进行评议，肯定优点，找出不足。

6. 修改教案和总结。根据观摩小组评议的建议，对微格教案进行修改，再进入第二轮的训练。

四、全自动录播教室

全自动录播教室是学校用于教师课堂教学、录制精品视频公开课、名师讲座等而建设的专用场所，它能将教师现场授课、师生互动场景、课件展示、实验演示、课堂板书等活动进行自动跟踪录制，自动编辑生成授课实况录像，同时还能以流媒体的方式在互联网上直播观看，课后还可以在网上点播重放，全自动录播教室的视音频原理，如图3.10所示。

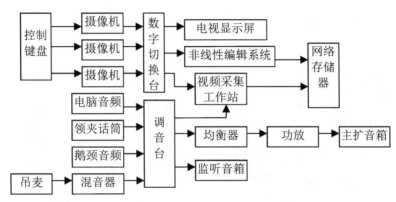

图3.10　全自动录播教室视音频原理图

（一）全自动录播系统的组成

全自动录播系统主要包括以下几个子系统：

1. 多媒体教学子系统。全自动录播教室首先是一间多媒体教室，主要设备包括：计算机、多媒体投影机、交互式电子白板、视频展示台、影碟机、音箱、功放、话筒、钢木讲台、中央控制系统、高清视音频编码器等，也可选直播预览机、无线手持教学终端（含软件，如电子书包）。教师使用全自动录播教室上课与使用普通多媒体教室上课一样，完全不受约束和控制。

2. 视音频采集子系统。全自动课程录播系统的核心是对教师的授课过程、师生互动、板书、课件等进行实时录制。因此，视音频采集系统包括视频采集、音频采集和计算机VGA信号采集。视频采集包括三台摄像机（拍摄教师、学生、教室全景或板书）和视频采集卡；音频采集包括教师麦克风、学生麦克风、调音台、功放、音箱及音频采集卡。

3. 定位跟踪控制子系统。定位跟踪控制子系统包含一台智能跟踪定位服务器，若干自动跟踪定位摄像头，软件包括一套教师跟踪策略软件模块、一套学生跟踪策略软件模块和板书跟踪模块。定位跟踪控制子系统能够自动、实时、准确地跟踪教师、学生和板书，保持教师、学生特定画面或预置的图像取景范围，整个跟踪过程连续、稳定、平滑，画面输出正常。定位跟踪控制子系统核心设备包括分布式录播服务器、录播教室管理服务器、媒体中心服务器（含平台软件），其他可选设备有存储设备、视频解码器、显示屏、电视墙、电视墙控制管理服务器（含软件）、液晶监视器、计算机、网络机柜、交换机、电源控制器、不间断电源等。

4. 后期编辑子系统。全自动课程录播系统配置专业非线性编辑系统，对录制的视音频文件进行资源管理、素材剪辑、颜色校正、音频处理、特效叠加、字幕添加、多格式转码等。编辑软件不仅要能够剪辑视频、音频，同时还能够编辑计算机 VGA 信号文件，保证计算机屏幕画面与视频时间的同步。对编辑完成的视频一次性输出各种主流格式文件，保证输出文件在其他软件或系统中的通用性。

5. 网络点播、直播子系统。在课程录制完成后，可以让被授权用户通过网络访问直播服务器上的直播课堂，也可以进行点播。网络视频点播、直播系统的功能通常包括：管理用户，删除、添加视频文件，实时播放视频文件，搜索点播相应视频文件等。

全自动录播教室系统结构，如图 3.11 所示。

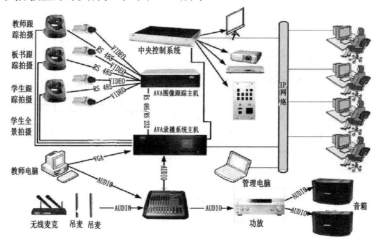

图 3.11　全自动录播教室系统结构

（二）全自动录播教室的功能

1. 课程录制。录制优质的教学课堂、精品视频公开课、名师讲座，并作为优质资源进行存储、共享和交流。

2. 教师课堂教学资源建设。教师自主录制课堂教学，作为个人课堂教学的资源建设与个人教学反思、课堂教学研讨和评估评价。

3. 网络教研活动。以课堂教学为主体的教研活动，可利用"录播"系统直播到每一个教师桌面，也可在录制后作为样本在网上进行"微格式"分析研讨。

4. 扩展功能。全自动录播教室具有一定的小型演播室功能，可作为学校视频会议、观摩课、示范课等场所使用。

五、数字语言实验室

数字语言实验室通过数字控制信号控制数字文本信号、数字音频信号，从而实现语言教学功能，是供语言教学的专用教室。

（一）数字语言实验室的组成

1. 硬件系统。硬件系统主要由教师主机（兼服务器）、中央控制器、外部设备、网络交换机、学生单元五部分组成。教师主机（兼服务器）是整个数字语言实验室的核心部分，要求配置高，性能稳定，内置采集卡和语音卡。采集卡负责采集外部多媒体设备的模拟信号并进行 A/D 处理，转化成数字信号；教师主机的音频信号都要先经过语音卡的处理，进入网络交换机，再到学生单元，随着计算机性能的提升，教师主机已可以通过纯软件的方式取代语音卡的功能。中央控制器负责接入教师主机及外部多媒体设备的多路音、视频信号，管理各信号通道的切换输出。外部设备主要包括磁带卡座、影碟机、数字展台等多媒体接入设备，以及功放、多媒体投影机等音视频输出设备。网络交换机负责教师主机与各学生单元之间的信号传输与数据交换。学生单元由数字终端（含键盘、鼠标、显示器、耳机）或标准 PC 机构成。

2. 软件系统。软件系统由课堂教学系统、网络自主学习软件、考试阅卷、智能题库、资料管理等五大部分组成。

目前，我国的数字语言实验室主要有单向数字语言实验室和数字网络语言实验室。单向数字语言实验室的特点是价格低廉，可以实现基本的教学功能，但无法进行独立学习，更无法进行网络化考试。数字网络语言实验室包括以太网协议数字网络语言实验室和 ATM 技术数字网络语言实验室。前者以计算机网络为主体，采用以太网网络协议，通过数字控制信号，使显示部分和声音部分以数字信号的形式在以太计算机网络内进行传输；后者以装有 ATM 语音网卡的计算机为主体，采用 ATM 网络技术，通过数字控制信号，使显示部分和声音部分以数字信号的形式进行传输。"ATM+以太网"双网络结构的数字语言实验室，如图 3.12 所示。

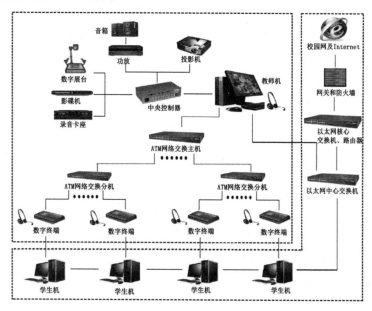

图 3.12 "ATM+以太网"双网络结构的数字语言实验室

（二）语言实验室的教学形式

语言实验室的教学形式主要有发音训练、听力训练、会话训练和口译训练等。

六、智慧教室

智慧教室是指利用物联网、云计算、大数据等现代信息技术，将教学环境、教学资源、教学活动进行智能化、网络化、数据化的一种新型教室形态。与传统教室相比，智慧教室具有以下显著特点：

（一）环境智能化。通过智能硬件设备，智慧教室能够自动感知和自适应调节教室环境，为师生提供舒适的教学环境。

（二）教学互动化。利用交互式电子白板、移动终端等设备，支持师生之间、学生之间的实时互动，提高教学效率。

（三）资源数字化。教学资源被数字化、网络化，实现优质资源的共建共享，为学生提供个性化、自适应的学习内容。

（四）数据可视化。通过采集、分析师生行为数据，实现教学过程的可视化呈现，为教学决策提供数据支持。

在教学方面，智慧教室为教师提供了更加丰富多样的教学手段和资源。教师可以通过智能白板、多媒体教学软件等工具，将教学内容更加生动形象地呈现给学生。同时，智慧教室还配备了学习管理系统，可以对学生的学习情况进行数据分析，帮助教师进行个性化的教学。

此外，智慧教室还具备多媒体教学、远程教学、资源共享等功能。例如，教师可以利用大屏幕显示设备、投影仪、音响系统等多媒体设备展示教学内容，播放教学视频；通过视频会议系统实现远程教学，打破时空限制；通过网络连接实现教学资源的共享，提高学习效率。

未来，智慧教室的发展将包括对虚拟现实技术的应用、人工智能在教学中的应用，以及移动设备和云计算的融合等。对这些技术的应用将进一步提升智慧教室的教学质量和效果，为学生提供更加生动、实际和个性化的学习体验。

第四节　数字化学习平台

数字化学习资源中心是一种全新的、开放性的资源共享多媒体学习环境，也是为人们提供学习支持服务的重要场所。数字化学习资源中心集成了各种媒体资料，并以合理的编目、索引为人们查询和使用资源提供良好的服务和各种媒体设备的使用支持，还提供使用媒体进行个别化学习或小组学习时的相应环境。

一、数字图书馆

数字图书馆是用数字技术处理并存储各种图文并茂文献的、虚拟的、没有"围墙"的图书馆，实质上是基于网络环境下共建共享的可扩展的知识网络系统，也是超大规模的、分布式的、便于使用的、没有时空限制的、可以实现跨库无缝链接与智能检索的学习资源中心。

（一）数字图书馆的特点

数字图书馆不占用空间，可以将文字、图像、声音等信息资源全球共享。与传统图书馆相比，数字图书馆的特点主要表现在以下几个方面：

1. 信息资源存贮数字化。信息资源数字化是数字图书馆的基础。数字图书馆的本质特征就是利用现代信息技术和网络通信技术，将各类传统介质的文献进行压缩处理并转化为数字信息，将分散于不同地理位置的各种载体上的信息资源，以"0"和"1"的形式组成资源的细胞，按二进制编码进行数字化存储和传输。离开了信息资源的数字化，数字图书馆就成了无本之木。

2. 信息资源传递网络化。信息资源传递网络化是数字图书馆的重要标志。数字图书馆的各项服务都以网络为媒介或载体。目前，数字图书馆通过由宽带网组成的万维网（Web）和因特网（Internet），以高速度、大容量、高保真的计算机和网络系统将世界各国的图书馆和计算机连为一体。数字图书馆不仅利用图书馆内部馆藏资源而实现世界范围内的信息交流，信息资源的网络化还带来了信息传递的标准化和规范化。

3. 信息资源服务知识化。数字图书馆向用户提供的不是一般的信息，而是经过整理和智能重组加工后的信息的内核——知识。数字图书馆将实现由文献提供向知识提供的转变，并且以最方便的手段和最快的传递速度，向用户提供经过加工的最准确、最全面和最有用的知识化的信息。

4. 信息资源利用共享化。数字图书馆的信息资源利用不仅体现在不同地域的读者对信息资源的共享，也体现为不同地域图书馆对数字化、网络化资源的共享。由于信息资源传递的网络化，使众多图书馆能够借助网络获取各类数字信息，以满足读者对知识的需求；读者可以通过计算机网络系统，在办公室或家里对远程的数据库进行联机浏览、检索和查阅。

5. 信息资源服务全球化。数字图书馆没有地理、时空的局限，是一个全国甚至全球的信息资源网络传递系统。它有统一的文献组织标准、用户界面和参考咨询系统，各成员单位的服务对象范围都扩大到网上所有用户，各单位的用户也可以通过网络检索现实馆藏和丰富的虚拟馆藏数据，真正实现了资源共享。

（二）我国主要的数字图书馆

1. 中国国家数字图书馆。中国国家数字图书馆由国家图书馆开发，是我国规模最大的数字图书馆，专注于数字资源核心技术的研发与应用推广、数字版权管理、数字化加工、专业信息提供、电子政务及电子商务服务、数字内容整体解决方案与数字图书馆整体解决方案提供，以及数字图书馆综合服务平台建设。

中国国家数字图书馆的使用方法：在浏览器中输入中国国家数字图书馆的网址（http://www.nlc.gov.cn），即可进入中国国家数字图书馆首页，如图 3.13 所示；在"文津搜索"文本框中输入要查询的关键字，然后选择分类，如馆藏目录、特色资源、电子期刊、电子图书、电子资源、站内检索等，进入相应的搜索页面。在检索结果中可以单击某一项浏览详细信息，还可以进行二次检索、保存到收藏夹、过滤等操作，为读者提供便捷的服务。该网站内容覆盖经济、文学、计算机技术、历史、医药卫生、工业、农业、军事及法律等 22 个门类。

图 3.13　中国国家数字图书馆首页

2. 超星数字图书馆。超星数字图书馆成立于 1993 年，是国家"863"计划中国数字图书馆示范工程项目，面向读者提供大量的电子图书资源，是国内专业的数字图书馆解决方案提供商和数字图书资源提供商。超星数字图书馆的资源包括文学、经济、计算机等五十多个大类、数百万册电子图书，以及大量的论文、学术视频等，而且每天都在不断增加和更新，是目前世界上最大的中文在线数字图书馆。超星数字图书馆网站页面，如图 3.14 所示。

超星数字图书馆数据库的检索方法有：一是分类检索，超星数字图书馆将图书按照《中国图书馆分类法》分成 22 个大类，其下再分若干个子类列于页面左侧，逐层打开目录，即可获得该子类的所有图书；二是简单检索，平台提供书名、作者和全文检索三个检索项，在文本框中输入检索词，单击"检索"，即可获得所需要的图书；三是高级检索，平台提供书名、作者、主题词和图书出版年限的组合查询功能。

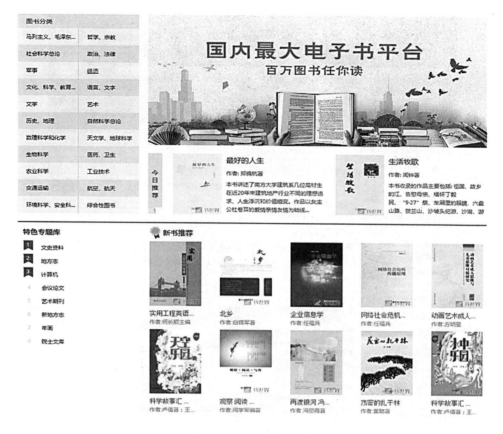

图 3.14 超星数字图书馆（部分截图合成）

3. 书生之家数字图书馆。书生之家数字图书馆由北京书生公司开发,它集成了图书、期刊、报纸、论文、CD 等各种载体的资源,并提供强大的全文检索功能。书生之家数字图书馆所收图书涉及社会科学、人文科学、自然科学和工程技术等所有类别。

书生之家数字图书馆的使用,可以从各个学校图书馆主页提供的"书生电子图书"链接进入书生之家数字图书馆,如输入网址 http://192.168.249.236:9988/index.action 进入宁夏师范大学图书馆的"书生电子图书",如图 3.15 所示。首次使用书生之家电子图书的读者,应该先确认计算机中是否安装了书生之家数字信息阅读器,如果没有,则需要下载并安装。

4. 省级数字图书馆。自国家启动数字图书馆推广工程以来,已搭建起全国所有省级数字图书馆和部分市级数字图书馆的硬件平台,构架了以国家数字图书馆为中心,以各级数字图书馆为节点,覆盖全国的数字图书馆虚拟网,在全国范围内形成有效的数字资源保障体系,以网络为通道,借助各种新型媒体,向公众提供数字图书馆服务。

5. 高校数字图书馆。高校是数字图书馆建设的庞大力量,经过多年的建设,已经具有较大规模,并形成了一定的特色。

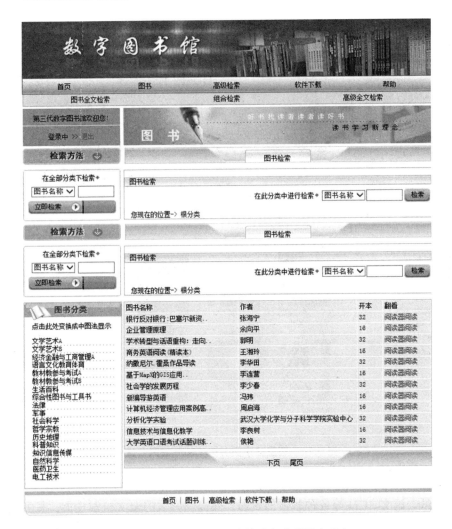

图 3.15 书生之家数字图书馆（部分截图合成）

二、中国知网

中国知网（China National Knowledge Internet）是中国知识基础设施（China National Knowledge Infrastructure，CNKI）工程的成果（http://www.cnki.net）。CNKI 工程是以实现全社会知识资源传播、共享与增值利用为目标的信息化建设项目，由清华大学、清华同方发起，始建于 1999 年 6 月，目前已建成世界上全文信息量规模最大的"CNKI 数字图书馆"，并建设有《中国知识资源总库》及 CNKI 网络资源共享平台，通过产业化运作，为全社会知识资源高效共享提供最丰富的知识信息资源和最有效的知识传播与数字化学习平台。

对学术而言，中国知网最有价值的是中国期刊全文数据库，如图 3.16 所示。该数据库以学术、技术、政策指导及教育类期刊为主，内容覆盖自然科学、工程技术、农业、哲学、人文社会科学等各个领域。

图 3.16　中国知网

中国期刊全文数据库的使用可以由各个学校的图书馆主页上的"中国期刊网"或"电子资源——中国知网电子期刊"链接进入，也可以直接输入网址 http://www.cnki.net/进入，注意：有些收费的文献需要输入用户名和密码方可阅读和下载；在进入检索页面后，可输入检索控制条件（如发表时间、文献出版来源、国家及各级科研项目作者、作者单位）、目标文献内容特征（按主题、篇名、关键字、全文等）以及关键词出现的频率。

三、精品开放课程

国家精品开放课程包括精品资源共享课与精品视频公开课，是以共享优质课程资源为目的、体现现代教育思想和教育教学规律、展示教师先进的教学理念和方法、服务学习者自主学习、通过网络传播的开放课程。

（一）国家精品资源共享课

国家精品资源共享课是以高校教师和学生为服务主体，同时面向社会学习者的基础课和专业课等网络共享课程。国家精品共享课对课程内容的要求是：能够涵盖课程相应领域的基本知识、基本概念、基本原理、基本方法、基本技能、典型案例、综合应用、前沿专题、热点问题等内容，具有基础性、科学性、系统性、先进性、适应性和针对性等特征，严格遵守国家安全、保密和法律规定，适合网上公开使用。

国家精品资源共享课中的资源分为基本资源和扩展资源。基本资源是指能反映课程教学思想、教学内容、教学方法、教学过程的核心资源，包括课程介绍、教学大纲、教学日历、教案或演示文稿、重点难点指导、作业、参考资料目录和课程全程教学录像等教学活动所必需的资源。扩展资源是指反映课程特点，应用于各教学环节、支持课程教学和学习过程的、较为成熟的、多样性、交互性辅助资源，如案例库、专题讲座库、素材资源库，学科专业知识检索系统、演示/虚拟/仿真实验系统、试题库系统、作业系统、在线自测/考试系统等。

（二）国家精品视频公开课

国家精品视频公开课是以高校学生为服务主体，同时面向社会公众免费开放的科学、文化素质教育网络视频课程与学术讲座。师范生在借助精品开放课程进行学习时，不仅要从中学习知识、教学方法、教学艺术、教学设计，还要从中学习资源的建设技术、方法和技巧。

例如，中国大学 MOOC "国家精品课" 栏目构成如图 3.17 所示。

图 3.17　中国大学 MOOC "国家精品课"

（三）网易公开课

网易公开课是网易公司自 2010 年开始在中国率先推出的 "全球名校视频公开课项目"，将世界名校的视频公开课放到网上（https://open.163.com/，如图 3.18 所示），供学习者在线免费学习来自世界级名校、可汗学院、TED 等教育组织的精彩视频。这是公益性项目，网易不在公开课频道上投放广告，为学习者打造一个 "安静" 的学习场所。

网易公开课网站设有 TED（Technology，Entertainment，Design）、国际名校公开课、赏课、可汗学院、中国大学 MOOC 等栏目。国际名校公开课视频配有中文字幕，已上线的公开课视频内容涵盖文学、语言、哲学、历史、宗教、艺术、经济、政治、法律、教育、心理、管理、传播、数学、物理、化学、生物、地球科学、计算机、医学等学科。

图 3.18　网易公开课

（四）学科网及学科门户

学科网是构成某一学科内容的以学科名称冠名的网站，如小学资源网（http://www.xj5u.com/）、中国社会科学网（http://www.cssn.cn）等。

四、电子书包

电子书包（Electonic Schoolbag）是传统书包的替代品，也就是说把学生所有的课本、笔记本、作业、资料等全部存储在电子书包中，使学生不再背着沉重的书包上学。国内外学者对电子书包的教育功能和使用进行了大量的研究。在国内，一些学校开始使用电子书包，但大多处于试验阶段。

（一）电子书包的概念

在我国，电子书包是一个比较模糊的概念，其中中国香港教育统筹局将电子书包定义为一个存储学习资源的电子工具。陈德怀教授认为，电子书包是一种个人可以随身携带，具有电脑运算、储存和传送数位资料、无线通信等功能，并支持使用者在不同场地进行各种有效学习的工具。祝智庭教授指出，从硬件设备角度上讲，电子书包就是一种个人便携式学习终端；从电子书包教育教学的系统功能架构视角看，电子书包是学生的个人学习环境。张迪梅认为，电子书包是集学、练、评、拓的，活动的、立体化、网络化、便携式的"电子课堂"；电子书包是学生、教师的互动平台，也是学生、教师、教学、科研、教育行政主管部门、家庭等的交流平台。电子书包是一种具有阅读电子课本、管理学习资源、记录个人学档功能，具备支持各种有效学习方式的个人学具和交互式学具，具有信息处理能力和无线通信功能的个人便携式信息终端。

（二）系统构成

电子书包系统主要由学习终端、学习资源和服务平台构成。

1. 学习终端。目前电子书包学习终端以平板电脑为主。自带 Wi-Fi 无线上网，支持 3G/4G 网络，系统软件支持 Windows、Android、iOS 等，应用软件满足学习者个性化学习需求。

2. 学习资源。学习资源包括课程库、学习工具库、试题库、教育游戏库等教育教学资源，以稳态、固态、动态三种形态呈现。其中，稳态资源由教育主管部门和学校提供，如电子教材；固态资源内置于电子书包，如计算器、字典、教学工具等；动态资源是指通过服务平台获得的学习资源，如试题库、课外阅读资料、家庭教育资源、社会教育资源等。

3. 服务平台。服务平台是支持学校教育、家庭教育、社会教育以及协同教育的信息化教育平台，可以为学生、教师、家长、社会教育工作者等提供教育教学资源、学习管理与评价、协同互动等服务。

（三）功能与特点

1. 电子书包的功能。电子书包除具有移动媒体的基本功能之外，其教育教学功能还主要包括课堂同步教学与笔记功能、教学管理与评价功能、学习记录与跟踪功能、"家—校—社"协同互动功能等。

2. 电子书包的特点。电子书包的主要特点如下：

（1）学习终端的便携性、移动性。便携性是指学习终端外观与课本相当，轻薄、便于携带，支持手写、滑屏、自动翻页等；移动性是指学习终端具有无线网络接入功能，可以实现随时随地的学习。

（2）学习资源的多媒体化、微型化、多元化。多媒体化指电子书包中的资源是一种与多媒体内容整合的数字化资源，具有视音频、动画等多媒体形式，可以为学生创设生动、形象的学习情境；微型化是指资源设计逐步向片段化、微型化发展；多元化是指电子书包不但拥有学校教育资源，还拥有家庭教育和社会教育资源。

（3）支持服务的多样化、个性化。电子书包的应用涉及学校、家庭和社会，使用者包括学生、教师、家长以及社会教育工作者。因此，服务平台能为使用者提供多样化服务，满足使用者的个性化需求。

（四）电子书包的应用

1. 在学校教育中的应用。电子书包在学校教育中的应用如下：

（1）课堂教学应用。教师利用电子书包进行课堂同步教学，即时捕捉学生学习动向，调整教学的进度、方法和内容；利用电子书包的教学评价功能，教师在线发布测试题并批改，实现课堂即时评价。学生可以在教师的引导下，根据学习主题，利用电子书包丰富的数字化学习资源与学习工具，进行小组协作学习和探究学习。

（2）校园活动应用。利用电子书包的移动便携性，学生在校园中开展以行动为导向的体验学习和探究学习。校园活动一般以小组的形式进行，活动小组携带电子书包走出教室，利用电子书包采集数据，通过无线网络与教师、同学交流，最后进行成果展示与评价。

（3）教学管理与评价。电子书包可提供教学内容的分类存储服务，根据教师提供的知识库，对学生提交的作业和试卷自动完成批阅，实现对学生学习情况的统计，如错题统计、学习进度控制等，以便教师及时了解学生对知识的掌握情况和学习进度，并对学生进行有针对性的辅导。

2. 在家庭教育中的应用。电子书包在家庭教育中的应用主要包括学生在家学习和家长辅导。学生通过电子书包查看、完成教师布置的家庭作业，并通过服务平台和教师进行交流，解决学习中遇到的困难。学生也可以根据自身的学习需要，利用电子书包中内置的资源或服务平台上的微型化视频课程进行课前预习，并记录学习中的疑问或将疑问发送至服务平台，供教师备课时参考。家长利用电子书包中的资源学习家庭教育方法，对子女学习进行辅导，也可以通过平台与教师进行交流。

3. 在社会教育中的应用。目前，电子书包在社会教育中的应用主要是社会培训机构利用电子书包对中小学生进行课后辅导。

4. 在"家—校—社"协同教育中的应用。协同教育是在现代教育理念及系统科学理论的指导下，学校、家庭和社会教育系统中的各要素相互联系与作用，共同对学习者实施教育，促进学习者全面发展的一种教育方式。

（1）在家—校协同教育中的应用。家—校协同教育包括学校协同家庭教育和家庭协同学校教育。电子书包在家校协同教育中的应用主要体现在两个方面：一是在学校协同家庭的教育中，教师利用电子书包将学校的教学情况、教学任务和学生在校表现及家庭教育方法等信息提供给家长，教师的课堂教学延伸到家庭，实现了学校教育与家庭教育的同步；二是在家庭协同学校的教育中，家长利用电子书包查看学生的学习情况，利用服务平台与教师或学校管理人员沟通交流。同时，家长利用电子书包将优质家庭教育资源与学校教育资源进行整合，供学生在课堂内使用。通过这种方式，家长参与到学校的教育中，与教师一起指导学生开展学习。

（2）在校—社协同教育中的应用。校—社协同教育包括学校协同社会教育和社会协同学校教育。学校可以利用服务平台中的社会教育资源对学生进行安全教育、道德教育、环保教育等。教师利用丰富的社会教育资源指导学生开展基于社会真实情境的体验学习和研究性学习，从而提高学生解决问题的能力和创新能力。

（3）在社—家协同教育中的应用。社—家协同教育包括社会协同家庭教育和家庭协同社会教育，在这里主要是指家长利用社会教育资源对子女进行家庭教育。

五、国家中小学智慧教育平台

（一）国家中小学智慧教育平台简介

国家中小学智慧教育平台（网址：https://basic.smartedu.cn/），如图3.19所示。国家中小学智慧教育平台是我国教育部在原"国家中小学网络云平台"的基础上，于2022年3月改版升级上线的，旨在为广大中小学校师生、家长提供的专业化、精品化、体系化且免费开放的课程学习资源平台。平台资源主要包括专题教育、课程教学、课后服务、教师研修、家庭教育、教改经验六个版块。

图 3.19　国家中小学智慧教育平台

平台建设有利于落实国家教育数字化战略行动，深化信息技术与教育教学融合应用，加快推进基础教育高质量发展和教育现代化建设。平台建设为促进教育公平发挥了重要作用，中西部许多农村边远地区利用平台资源实施"双师课堂"，开足、开齐国家课程，进一步提高了教学质量。

国家中小学智慧教育平台为广大中小学校、师生、家长提供专业化、精品化、体系化的资源服务。平台功能全面支撑自主学习、教师备课、双师课堂、作业活动、答疑辅导、课后服务、教师研修、家校交流和区域管理九大场景。

（二）平台资源

国家中小学智慧教育平台资源丰富、功能强大，既是学校研修的基地，又是教师充电的媒介，更是学生学习的平台。

1. 专题教育资源，包括党史学习、爱国主义、宪法法治、品德教育、劳动教育、心理健康等多个专题内容。

2. 课程教学资源，包括 19 个版本 450 册次教材的课程教学资源共 17492 条，以及 1991 册电子版教材。资源以微课视频为主要形式，采用"教师讲解+多媒体大屏"的策略，最大限度地复现课堂教学的现场感，契合中小学生的认知习惯和需求。

3. 课后服务资源，包括科普教育、体育锻炼、文化艺术、经典阅读、研学实践、影视教育等。

4. 教师研修资源，包括学科研修、通识研修、思政师德等多个研修主题。

5. 家庭教育资源，包括家庭教育观念、家庭教育方法和家庭教育指导三类资源。

6. 教改实践经验，包括党建德育、落实"双减"、学前教育、义务教育、普通高中、特殊教育、教学成果、教育信息化和综合改革九类典型经验。

第四章　数字化教学资源的获取与处理

随着信息技术的飞速发展，数字化教学资源在现代教育中扮演着越来越重要的角色。这些资源以其独特的优势，如处理技术数字化、处理方式多媒体化、信息传输网络化以及资源建设再创造性，为教育教学的创新与发展提供了强有力的支持。本章将深入探讨数字化教学资源的获取与处理方法，旨在帮助读者掌握获取高质量数字化教学资源的有效途径，了解并掌握对数字化教学资源进行编辑、整合、管理和利用的技术与方法，以便更好地将数字化教学资源应用于教育教学实践，推动教育现代化进程。

第一节　数字化教学资源概述

教学资源的概念指的是在教学过程中可以被教育者利用的各种要素，这些要素可以支持教学活动的有效开展。教学资源是教育技术的两大支柱之一，主要包括教育信息资源和教育技术资源。

一、数字化教学资源的概念

数字化教学资源是指经过数字化处理，可以在计算机或网络上运行的教学资源，这些资源涵盖了各种形式的数字资源，包括教学课件、电子书籍、在线学习平台、教育软件、多媒体资源、虚拟实验室等。数字化教学资源是教育信息化的产物，也是推动教育教学改革、构建新的教学模式的基本前提。

二、数字化教学资源的特点

数字化教学资源具有以下特点：

（一）处理技术数字化。数字化处理技术将声音、文本、图形、图像、动画等音视频信号经过转换器抽样量化，使其由模拟信号转换成数字信号。数字信号的可靠性远比模拟信号高，对其进行纠错处理也容易实现。

（二）处理方式多媒体化。利用多媒体计算机技术存储、传输、处理多种媒体形成的教学资源。这种处理方式使得教学资源更加丰富多彩，能够满足不同学习者的多样化需求。

（三）信息传输网络化。数字化教学资源可以通过网络实现远程传输，学习者可以在异地任何一台联网计算机上获取自己需要的信息，实现"人人皆学、处处能学、时时可学"。这种网络化传输方式打破了时间和空间的限制，提高了资源的共享性和可用性。

（四）资源丰富多样。数字化教学提供了丰富多样的学习资源，包括数字化教材、教学视频、模拟实验、在线练习等。这些资源可以通过不同的形式和方式呈现，为学习者提供多样化的学习路径和体验。

（五）易于激发学习兴趣。数字化教学可以利用多媒体的互动性等特点，更好地吸引学生的注意力，激发学生的学习兴趣和提高积极性。通过游戏化的学习、虚拟实境等技术，可以使学习更加生动有趣，提高学生的参与度和学习动力。

（六）实时监测评估反馈。数字化教学可以实现对学生学习过程和学习成果的实时监测和评估。教师可以通过在线测试、作业提交、学习日志等方式对学生进行评估，并及时给予反馈和指导。

（七）具备可共享性。数字化教学资源可以在网络环境下全球共享并随意获取，这改变了传统的教学模式，使得师生除了课堂教学过程外，还可以通过网络查找相关课程资源。同时，数字化教学也支持教师之间、师生之间的互动和协作，促进教学经验和资源的共享，提升教学效能。

三、开发数字化教学资源的意义

开发数字化教学资源的意义主要体现在以下几个方面：

（一）促进教育公平与普及。数字化教学资源通过网络平台传播，使得优质教育资源不再受地域限制，能够覆盖更广泛的地区和学生群体。这有助于缩小城乡、区域之间的教育差距，促进教育公平，并推动教育的普及化。

（二）提升教学质量与效率。数字化教学资源通常具有丰富多样、互动性强的特点，能够激发学生的学习兴趣和提高积极性。通过多媒体、虚拟现实等技术手段，教学资源可以更加直观地展示知识内容，帮助学生更好地理解和掌握。同时，数字化教学资源还可以为教师提供更多的教学工具和手段，提升教学效果和效率。

（三）实现个性化学习。数字化教学资源具有可定制、可重组的特性，能够满足不同学习者的个性化需求。学习者可以根据自己的学习进度、兴趣和能力选择适合自己的学习资源和学习路径，实现个性化学习。这种学习方式有助于提高学习者的自主性，培养学习者的创新精神和实践能力。

（四）推动教育创新与发展。数字化教学资源建设推动了教育理念、教学方法和教学模式的创新与发展，它打破了传统的教学模式，使得教育更加灵活、开放和多元化。同时，数字化教学资源也为教师提供了更多的教学资源和手段，鼓励教师进行教学实验和创新实践，推动教育的持续发展和进步。

（五）促进终身教育体系建设。数字化教学资源建设为终身教育体系建设提供了有力支持，它打破了时间和空间的限制，使得学习者可以在任何时间、任何地点进行学习。这种学习方式有助于培养学习者的终身学习能力，促进学习者不断适应社会和职业发展需求的变化。

（六）优化教育资源配置。数字化教学资源建设有助于优化教育资源配置，提高教育资源的利用效率。通过网络平台共享和整合优质教育资源，可以减少资源浪费和重复建设，提高教育资源的整体效益。

四、开发数字化教学资源的原则

开发数字化教学资源应遵循以下基本原则：

（一）教学性原则。数字化教学资源的开发应满足教与学的需求，符合教学目标，确保内容能够支持学生的学习过程。

（二）科学性原则。数字化教学资源应正确反映科学知识原理和现代科学技术，确保信息的准确性和可靠性。

（三）开放性原则。资源库应确保任何师生在任何时候、任何地方都可以将自己的电子作品纳入其中，从而促进资源的共享和更新。

（四）通用性原则。在相应的技术标准规范下，教学资源应能适用于不同的教学情境和多种形式的学习，保证资源的普适性和可重用性。

（五）层次性原则。数字化教学资源应实行模块化管理，使学习者通过对不同层次资源的使用和重组，最大限度地发挥资源的个性化潜能。这有助于满足不同学习者的需求，促进个性化学习。

（六）经济性原则。应以最少的投入开发出较高质量、高性能的教学资源，从而确保资源的成本效益比。这要求开发者在资源开发和建设过程中应注重成本控制，合理利用资源，避免浪费。

（七）互动性原则。数字化教学资源应具有互动性，能够激发学生的学习兴趣和积极性。通过设计各种交互活动，如问答、测试、讨论等，让学生参与到学习过程中来，提高学习效果。

（八）可更新性原则。随着学科知识的更新和技术的发展，数字化教学资源应能够方便地进行更新和维护。这要求开发者在资源设计和开发过程中考虑到未来的可维护性和可扩展性，确保资源能够持续为教学服务。

五、数字化教学资源的获取方法

数字化教学资源的获取方法多种多样，以下是几种常见的获取方法：

（一）搜索引擎

常见的搜索引擎有百度、必应（Bing）、360 搜索、搜狗、DuckDuckGo 等，通过输入关键词来查找所需的数字化教学资源，如搜索特定的课程教材、教学视频、课件等。在搜索过程中，需要注意使用精确的关键词、短语或句子，以及利用搜索引擎的高级搜索功能来优化搜索结果。

（二）专业教育网站和平台

访问如中国大学 MOOC、网易云课堂、腾讯课堂等在线教育平台，可以获取大量的网络课程资源。还可以关注一些专业的教育网站，如学科网、高考网等，它们会定期发布与学科相关的教育资源和资讯。

（三）学术数据库和图书馆

访问如中国知网（CNKI）、万方数据、维普网等学术数据库，可以获取到大量的论文、期刊、会议论文等学术资源。利用学校或公共图书馆的电子资源，如电子图书、电子期刊等，也可以获取到丰富的教学资源。

（四）社交媒体和论坛

在微信、微博、知乎等社交媒体平台上，可以关注一些教育领域的专家或机构，获取他们分享的教学资源和经验。参与和教育相关的论坛或群组，与其他教育工作者交流心得、分享资源，也是获取数字化教学资源的一种有效途径。

（五）P2P 共享软件

使用如 BitTorrent、eMule 等 P2P 共享软件，可以搜索并下载大量的教学资源和文件。

在获取数字化教学资源时，需要注意资源的来源、质量、安全性和可靠性。建议从权威的教育机构、学术组织或知名的在线教育平台获取资源，以确保资源的准确性和权威性。同时，也需要注意遵守相关的版权法规，尊重知识产权。

第二节　数字图像资源

图像是指各种图形和图像的总称，是人类社会活动中最常用的一种信息载体。在计算机中，图像是以数字的方式来记录、处理和保存的，所以也称为数字图像。

一、图像文件的格式及特点

图像包括静止图像和动态图像，如照片、绘图、视频和动画等。图像信息是形状和颜色信息的集合，在计算机中是以矢量图和位图予以表现和存储的。

位图又叫点阵图，是由许多点排列组合成的图像，这些点称为像素（Pixel），当许许多多不同颜色的像素点组合在一起后，便构成了一幅完整的图像；在保存位图文件时，需要记录下每一个像素的位置和色彩数据，因此，图像像素越多，文件占用的存储空间就越大，处理速度也就越慢，常用的工具软件有画图、ACDSee、Photoshop 等。

矢量图也叫平面对象绘图，用数学向量的方式来记录图像的内容，色彩变化少，文件所占的存储空间较小，很容易进行放大、缩小或旋转等操作，并且不会失真，常用的工具软件有 Flash、CorelDraw、CAD 等。

不同的图像处理软件支持的文件格式不同，常见图像文件的格式及特点如表 4.1 所示。

表 4.1　常见图像文件的格式及特点

格式	特点
.bmp	BMP 是 Windows 操作系统中的标准图像文件格式，能够被多种 Windows 应用程序所支持。BMP 位图格式的特点是图像信息较丰富，几乎不进行压缩，占用磁盘空间过大
.gif	GIF 格式的特点是压缩比高，磁盘空间占用较少，被广泛应用于互联网的 HTML 网页文档中
.jpg 或 .jpeg	JPEG 压缩技术十分先进，它用有损压缩方式去除冗余的图像和彩色数据，获取极高的压缩率的图像。目前各类浏览器均支持 JPEG 图像格式，该格式图像的下载速度快

格式	特点
.jpf	JPF 2000 同样是由 JPEG 组织负责制定的，与 JPEG 相比，它具备更高的压缩率，广泛应用在扫描仪、数码相机、网络传输、无线通信等领域
.tif	TIFF（Tag Image File Format，标记图像文件）是 Mac 中广泛使用的图像格式，它的特点是图像格式复杂、存贮信息多。TIFF 格式有压缩和非压缩两种形式，但该格式结构较为复杂，兼容性较差
.psd	PSD 格式是图像处理软件 Photoshop 的专用格式，PSD 格式支持 Photoshop 中的图层、通道、遮罩等，便于后续修改和特效制作
.png	PNG（Portable Network Graphics）是一种新兴的网络图像格式。Macromedia 公司的 Fireworks 软件的默认格式就是 PNG

二、数字图像资源的获取

数字图像资源的来源有很多，通常获取数字图像资源的主要途径有以下几种：

（一）扫描仪扫描

扫描仪是一种计算机输入设备，主要用于将印刷品、照片等纸质资料中的内容扫描成能在计算机中存储和处理的数字图像。

（二）手机或数码相机拍摄

用手机或数码相机获取图像是一种非常灵活、方便的方式，可随时得到能在计算机中存储和处理的图像。在使用时只需要通过连接线将数码相机标准接口和计算机标准接口相连，或者将可拆卸的存储卡直接与计算机相连，然后利用"复制/粘贴"功能，就可将拍摄到的照片保存在计算机中。

（三）抓图软件获取

1. 键盘截图。若要捕获全屏则直接按键盘上的"Print Screen"键，若要捕获特定窗口则按"Alt+ A"组合键，然后粘贴到图像编辑软件或其他软件的目标工作区即可。

2. QQ、微信等即时通信软件截图。可利用 QQ 或微信等常用通信软件上的截图功能对屏幕进行截图。

3. 抓图软件捕获。常用的抓图软件有红蜻蜓抓图精灵、截屏助手、长截图大师、PicPick、截图王等，利用这些抓图软件可以很方便地获取图像。

（四）图形/图像软件绘制

对于具有一定绘画水平的用户，可通过图形/图像软件自己绘制图形/图像，如 Windows 自带的画图、Photoshop 软件等。

（五）网络下载

网络下载是目前获取数字图像的主要途径之一。

三、图像资源的加工处理

在多媒体教学软件制作的过程中，初始采集的图像一般都比较粗糙，需要用图像处理软件进行加工处理。如消除划痕和污渍、调整色彩与反差、添加文字、更换图像的背景、对图像进行补色、镶嵌、逆光等效果处理，或者将两幅或多幅照片合成一幅图像等。图像素材加工处理软件有很多，这里以美国 Adobe 公司推出的 Photoshop CS6 为例，介绍图像素材的加工处理方法。

（一）Photoshop CS6 软件界面及基本操作

1. Photoshop CS6 软件的界面

在启动 Photoshop CS6 软件后，执行"文件/新建"命令，新建文件；或执行"文件/打开"命令，打开已有的素材图像，即可进入 Photoshop CS6 软件的工作界面。Photoshop 软件的界面由标题栏、菜单栏、工具选项栏、工具箱、图像窗口、浮动调板、状态栏等几部分组成，如图 4.1 所示。

图 4.1　Photoshop CS6 工作界面

（1）标题栏。位于 Photoshop 程序窗口的顶部，左侧显示程序图标和名称，右侧显示了 3 个控制按钮，主要用于控制工作界面的显示大小与关闭程序。

（2）菜单栏。位于标题栏的下方，集合了 Photoshop 大部分的功能和命令。从左向右依次是文件、编辑、图像、图层、文字、选择、滤镜、3D、视图、窗口和帮助，可以完成 Photoshop 的各种操作。

（3）工具属性栏。位于菜单栏的下方，主要用于显示工具箱中当前选择工具的参数和选项设置。工具属性栏包含的内容由使用的工具而定。

（4）工具箱。在默认状态下，工具箱位于工作界面的左边沿，可以移动也可以变宽和变窄，工具箱包含了 Photoshop 操作的所有工具。在工具箱中工具图标右下角的小三角形的按钮上单击鼠标左键或者在工具图标上单击鼠标右键，都会弹出下拉菜单，显示隐藏工具。单击工具箱顶端的按钮，可以将单栏显示的工具箱调整为双栏显示，Photoshop的主要工具如图 4.2 所示。

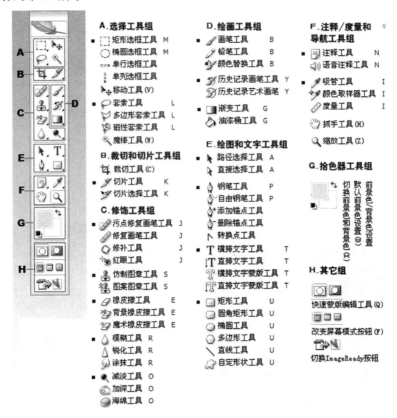

图 4.2 Photoshop 的主要工具

（5）控制面板。控制面板可以细分为 24 个内容，具体有导航器、动作、段落、段落样式、仿制源、工具预设、画笔、画笔预设、历史记录、路径、色板、时间轴、属性、调整、通道、图层、图层复合、信息、颜色、样式、直方图、注释、字符、字符样式。在 Photoshop 中，根据工作需要，可以对工作界面上的控制面板进行各种调整，如隐藏、打开、关闭、拆分、重新组合等。

（6）绘图区。这是 Photoshop 进行创建、显示、浏览图像文件的主要区域，也是绘制、编辑、处理图像的工作区域。双击绘图区，出现"打开文件"对话框，可以快速打开文件。

（7）状态栏。位于图像窗口的底部，主要用于显示当前图像的显示比例、文件大小、浮动菜单按钮及工具提示栏。

2. Photoshop 的基本操作

（1）新建图像文件。单击菜单栏中的"文件/新建"命令，或者按"Ctrl+N"组合键，打开"新建"对话框，如图 4.3 所示。

图4.3 "新建"对话框

（2）颜色模式。"颜色模式"是图像设计的最基本知识，它决定了如何描述和重现图像的色彩，常用的颜色模式有以下几种：

RGB 颜色模式：该模式下图像的颜色由 R（红）、G（绿）、B（蓝）3 种基色混合构成，三种基色的取值范围都在 0～255 之间，将 3 种原色进行调和可产生新的色彩。每个原色有 256 种不同的浓度色度，它们叠加以后能产生 1670 多万种色彩，是应用最广泛的色彩模式，它的编辑速度较快。

CMYK 颜色模式：该模式是一种印刷模式，其图像颜色由青色（Cyan）、洋红（Magenta）、黄色（Yellow）和黑色（Black）四种色彩混合组成，分别对应了彩色印刷时使用的 4 块印版。在 Photoshop 中，一般不采用 CMYK 颜色模式，因为该模式图像文件占用的存储空间较大，所以只有在打印或印刷时，才将图像的颜色模式转换为 CMYK 颜色模式。

灰度模式：在该模式图像中只有灰度信息而没有彩色。

位图模式：该模式用黑白两种颜色值中的一种来表示图像中的像素。

Lab 模式：该模式是 Photoshop 在不同颜色模式之间转换时使用的中间颜色模式。Lab 模式在转换格式的时候颜色失真最少，编辑速度和 RGB 颜色模式一样快，是目前所有模式中包含色彩范围最广的颜色模式。

（3）背景内容。单击"背景内容"后的下拉按钮，可以从弹出的下拉列表中选择"背景色""透明"和"白色"，默认为"白色"。在参数设置好后，单击确定按钮，即可创建一个新文件。

（4）图像大小的调整。要调整图像的大小，可单击菜单栏中的"图像/图像大小"命令，会出现如图 4.4 所示的"图像大小"对话框，在"图像大小"对话框中可以设置图像的宽度、高度以及分辨率。

（5）画布大小的调整与旋转。在 Photoshop 中，画布大小是图像的可编辑区域，利用"图像"菜单中的"画布大小"和"画布旋转"命令可对画布进行增大、减小、旋转或翻转操作，使画布尺寸满足设计需要。

①调整画布大小。打开一幅图像，单击菜单栏中的"图像/画布大小"命令，在打开

的"画布大小"对话框中设置画布尺寸，然后设置裁切方位，单击"确定"按钮即可改变画布尺寸，如图 4.5 所示。

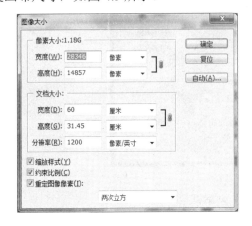

图 4.4　图像大小对话框　　　　　图 4.5　画布大小对话框

②旋转画布。旋转画布可单击菜单栏中的"图像/画布旋转"子菜单中的"180"度旋转、"顺时针 90 度"旋转、"逆时针 90 度"旋转、"任意角度"旋转、"水平翻转画布"和"垂直翻转画布"等命令。

（6）图像的裁剪与裁切。

①使用"裁剪工具"裁剪图像。选中"裁剪"工具，然后在图像窗口中按下鼠标左键并拖动，绘制一个裁切框（裁切框内的图像为保留区域），将光标放置在裁切框外侧，按下鼠标左键并拖动，可以旋转裁切框，如图 4.6 所示。将鼠标放置在裁切框内，拖动鼠标可移动裁切框的位置；将光标放置在裁切框的 8 个控制点上，拖动鼠标可改变裁切框的大小；按"ESC"键或单击选项栏中的"取消当前裁切操作"，可取消裁切操作；在选定裁切范围后，按"Enter"键，或在裁切区域中双击鼠标左键确定裁切操作。

图 4.6　绘制与旋转裁切框

②使用"裁剪"命令裁剪图像。使用如"矩形选框"等选区工具选择要保留的图像区域，单击菜单栏中的"图像/剪裁"命令即可裁切图像。

③使用"裁切"命令裁剪图像。"裁切"命令通过移除不需要的图像数据来裁剪图像，与"裁剪"命令不同，该命令通过裁切周围的透明像素或指定颜色的背景像素来裁剪图像。单击菜单栏中的"图像/裁切"命令，出现如图 4.7 所示的"裁切"对话框，在其中设置所需选项，单击"确定"按钮即可裁剪图像。"基于"中的选项用于指定要移去的图像像素；"裁剪掉"选项用于指定要移除的图像范围。

（7）利用"最近打开文件"命令打开最近使用的文件。单击菜单栏中的"文件/最近打开文件"命令，可以在其下的子菜单中找到最近曾打开过的文件，"最近打开文件"菜单中最多可列出最近打开过的 10 个文件，当然用户也可以自定义该文件的数量。单击菜单栏中的"编辑/首选项/文件处理"命令，打开首选项对话框，在其中的"近期文件列表包含"编辑框中输入要列出的文件数量即可，如图 4.8 所示。

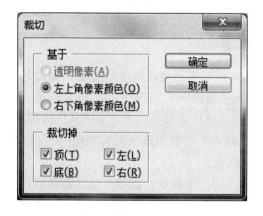

图 4.7　"裁切"对话框　　　　　　　图 4.8　"首选项"对话框

（8）文件的保存。单击菜单栏中的"文件/保存"命令，打开"存储为"对话框，如图 4.9 所示。在"存储为"对话框中重新定义文件名、存储位置以及选择图像文件的格式。

图 4.9　"存储为"对话框

（二）Photoshop 软件工具的使用

1. 选区工具

当用户只对图像中的某个区域进行复制、删除、填充等操作时，可以先创建选区。

（1）移动工具。移动工具是 Photoshop 最基本的工具，它可以对所选择的图像进行变形与位置的调整。

（2）选框工具。选框工具是创建规则选区的工具，其中包括以下工具。

①矩形选框工具。在图像上创建一个矩形选区，单击工具箱中的"▢"按钮，或者按下 M 键，并按住鼠标左键在图像上拖动，即可创建矩形选区。矩形选框工具的属性，如图 4.10 所示。

图 4.10　矩形选框工具属性

矩形选框工具属性栏中的运算按钮，可以在已有选区上进行加、减与相交操作，从而得到新选区。运算按钮依次为"新选区"（单击它可以创建新选区）、"添加到选区"（单击它可以创建新选区，也可在原选区上添加新的选区）、"从选区减去"（单击它可以创建新选区，也可在原选区的基础上减去不需要的选区）、"与选区交叉"（单击它可以创建新选区，也可创建与原选区相交的选区）。

在 Photoshop 中，选区羽化是使用频率非常高的一个命令。在填充选区图像前，先对选区进行羽化，再进行填充，就可以得到边缘柔和而淡化的图像效果，从而方便用户合成图像。

②椭圆选框工具。打开一个素材图像，在工具箱中选择椭圆选框工具，在图像上拖动鼠标，创建椭圆选区，按住 Shift 键，在图像上拖动鼠标，可创建一个正圆形选区。

（3）不规则选区工具。它是创建不规则选区的工具，其中包括以下工具：

①套索工具。套索工具一般用于创建不规则的自由选区。在图像窗口中将光标放置在图像的边缘，按下鼠标左键并沿图像的边缘拖动，当终点与起点重合后，释放鼠标会闭合形成选区效果。工具属性栏中各项的意义与"矩形选框工具"的相似，这里不再赘述。

②多边形套索工具。多边形索套工具一般用于创建多边形选区。在图像中，沿需要选取的图像部分的边缘拖动，当终点与起点重合时，即可创建选区。

③磁性套索工具。磁性套索工具一般用于快速选择与背景对比强烈且边缘复杂的对象，可沿着对象的边缘创建选区。将光标移至图像的边缘任意位置并单击，确定选区起点，释放鼠标并沿着图像的边缘拖动鼠标，可产生一条套索线并自动附着在图像的周围，且每隔一段距离有一个方形节点。当光标到达选区起点时，单击鼠标左键，即可完成选取的创建。磁性套索工具的属性，如图 4.11 所示。

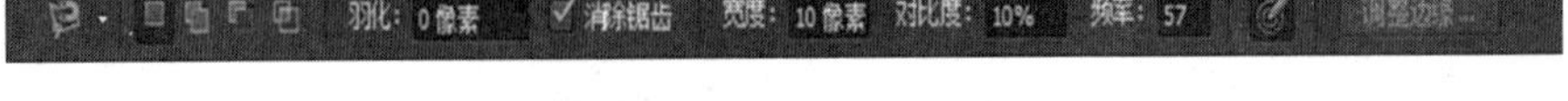

图 4.11　磁性套索工具的属性

（4）按颜色创建选区。

①🪄魔棒工具。魔棒工具用于选择图像中颜色相似的不规则区域，在选项栏中可以根据图像的情况来设置参数，以便能够准确地选取需要的选区范围。

②🖌️快速选择工具。可以使用一种可调节的圆形笔快速"画"出一个选区。在拖动光标时，选区会跟随图像定义的边缘自动查找并向外扩展。快速选择工具的属性，如图4.12 所示。

图 4.12　快速选择工具的属性

快速选择工具属性栏中的主要功能如下：

选区运算按钮：与选框工具组属性栏中的功能相似。画笔：单击画笔右侧的下拉三角形按钮，可以在弹出的笔刷下拉面板中设置笔刷的大小、硬度、间距等属性。自动增强：勾选该复选框可以使绘制的选区边缘更平滑。

（5）创建文字形状的选区。在 Photoshop 中，系统提供了两种文字蒙版工具："横排文字蒙版工具"和"直排文字蒙版工具"。文字蒙版工具编辑文字在蒙版状态下进行编辑，当退出蒙版后，被输入的文字以选区的形式显示，在前景色中设置颜色能够对文字选区进行填充。

（6）选区的修改。在选区制作好后，还可以利用 Photoshop 提供的选区修改命令，对选区进行移动、反选、收缩与制作边界等操作。

①移动选区。将光标移至选区内，当光标变形为"▶✛"时，在选区内单击并拖动鼠标，到所需要的位置后释放鼠标即可；也可以用键盘上的方向键每次以 1 个像素为单位精确移动选区；还可以在按住【Shift】键的同时再按方向键，每次以 10 个像素为单位精确移动选区。

②全选、反选、取消与重新选择选区。全选：单击菜单栏中的"选择/全部"命令，或者按下"Ctrl+A"组合键；反选：在创建好选区后，如果要将选区与非选区进行转换，则单击菜单栏中的"选择/反向"命令，或者按下"Shift +Ctrl+I"组合键；取消选区：单击菜单栏中的"选择/取消选择"命令，或者按下"Ctrl+D"组合键。

③选区扩展与收缩。在创建好选区后，利用"扩展"和"收缩"命令可以将选区均匀地向外（内）扩展和收缩。单击菜单栏中的"选择/修改/扩展（收缩）"命令，打开"扩展选择区或收缩选择区"对话框，在"扩展量（或收缩量）"编辑框中输入 1～100 之间的整数，单击"确定"按钮即可。

④制作边界选区。利用"边界"命令可以围绕原选区创建一个指定宽度的选区。单击菜单栏中的"选择/修改"子菜单的"边界"命令，打开"边界选区"对话框，在"宽度"编辑框中输入正值或负值，单击"确定"按钮，即可在原选区的外部或内部选取指定宽度的区域。在清除粘贴图形周围的光晕效果时，该命令非常有用。

⑤使选区平滑。利用"平滑"命令可以减少选区边界中的不规则区域，使选区变得平滑。单击菜单栏中的"选择/修改/平滑"命令，在"取样半径"编辑框中输入数值，单

击"确定"按钮即可使选区边缘变得平滑。

（7）快速蒙版制作选区。

①快速蒙版的作用。快速蒙版主要用于对图像选区进行创建和抠取图像，可以将任意选区作为蒙版进行编辑。

②利用快速蒙版创建选区。单击工具箱下方的"以快速蒙版模式编辑"按钮，即可进入快速蒙版，使用绘图工具可以对图像进行涂抹，默认状态下的涂抹颜色为半透明的红色，在涂抹完成后再次单击工具箱下方的"以标准模式编辑"按钮，即可将涂抹的区域转换为选区。

③利用快速蒙版抠取图像。快速蒙版常被用于进行大面积的选区创建，在快速蒙版编辑模式下，同样可以采用工具箱中的工具对蒙版进行准确的选择。通过对需要选择的图像进行涂抹并将其转换为选区，然后删除选区以外的图像，来完成对图像的抠取。

2. 画图与修饰类工具

（1）　画笔工具。使用画笔工具可以在图像上绘制各种笔触效果，笔触颜色与当前的前景色相同，也可以创建柔和的描边效果。画笔工具的属性，如图 4.13 所示。

图 4.13　画笔工具的属性

画笔工具属性工具栏中的主要功能如下：

画笔：单击其后的　按钮，可在笔刷下拉面板中选择所需的笔刷样式、设置合适的笔刷大小和硬度，如图 4.14 所示。利用画笔调板不但可以设置笔刷大小和选择笔刷样式，还可以设置笔刷的旋转角度、间距、圆度、发散、纹理填充、颜色动态等特性，从而制作很多漂亮的图像效果。

图 4.14　"画笔"笔刷下拉面板

图 4.15　"画笔"调板

模式：在该下拉列表中可以选择所需的混合模式。不透明度：单击其后的　按钮，拖动滑块或直接输入数值可设置画笔颜色的不透明度，数值越小，不透明度越低。流量：

用于设置画笔的流动速率，该数值越小，所绘线条越细。"喷枪"按钮：按下该按钮，可使画笔具有喷涂功能。"切换画笔调板" 按钮：要利用画笔调板设置笔刷属性，可单击工具属性栏左侧的"切换画笔调板" 按钮，或选择"窗口"菜单中的"画笔"命令，打开"画笔"调板，如图 4.15 所示。

（2） 铅笔工具。铅笔工具的使用方法与画笔工具基本相同，但使用铅笔工具创建的是硬边直线，没有办法做到边缘模糊，只能调整透明度、大小和其他的形态。

（3） 颜色替换工具。使用颜色替换工具能够简化图像中特定颜色的替换，可用于校正颜色。该工具不适用于位图、索引或多通道色彩模式的图像。颜色替换工具的属性，如图 4.16 所示。

图 4.16　颜色替换工具的属性

（4） 模糊工具。模糊工具与"滤镜"菜单中的"高斯模糊"滤镜的功能类似，使用模糊工具能够让选定区域内的图像变得更为柔和。模糊有时候是一种表现手法，将画面中其余部分做模糊处理，就可以凸显主体。模糊工具的属性，如图 4.17 所示。

图 4.17　模糊工具的属性

模糊工具属性栏中的主要功能如下：

画笔：单击其后的下拉三角形按钮，可在笔刷下拉面板中选择所需的笔刷样式、设置合适的笔刷大小。模式：在该下拉列表中可以选择所需的混合模式。强度：单击其后的 按钮，拖动滑块或直接输入数值可设置画笔的强度，数值越小，强度越低。"切换画笔调板" 按钮：与画笔工具中按钮的功能相同，这里不再赘述。

（5） 锐化工具。锐化工具与模糊工具相反，主要用于在图像的指定范围内涂抹，以增加颜色的强度，使颜色柔和的线条更锐利，图像的对比度更明显，图像也更清晰。

（6） 橡皮擦工具。在使用橡皮擦工具擦除图像时，被擦除的图像部分显示为背景色。橡皮擦工具的属性，如图 4.18 所示。

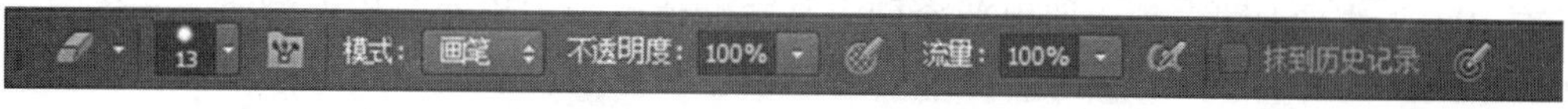

图 4.18　橡皮擦工具的属性

（7） 背景橡皮擦工具。在使用背景橡皮擦工具擦除图像时，可以指定不同的取样和容差来控制透明度的范围和边界的锐化程度。背景橡皮擦工具的属性，如图 4.19 所示。

图 4.19　背景橡皮擦工具的属性

（8）魔术橡皮擦工具。使用魔术橡皮擦工具可以擦除图像中与单击处的颜色相同的区域。

（9）渐变工具。使用渐变工具可以创建多种颜色间的混合过渡效果。在处理图像时，可以从预设渐变填充中选取需要的颜色或自定义的渐变效果并应用到图像中。渐变工具的属性，如图 4.20 所示。

图 4.20　渐变工具的属性

渐变编辑器：单击其右侧的下拉三角形按钮，可以从打开的下拉列表中选择渐变图案，渐变编辑器如图 4.21 所示再单击下拉列表右侧的有圆形外框的三角形按钮，可载入更多的渐变图案。

图 4.21　渐变编辑器

渐变工具属性栏中的主要功能如下：

渐变填充方式按钮：从左到右依次为"线性渐变"按钮、"径向渐变"按钮、"角度渐变"按钮、"对称渐变"按钮、"菱形渐变"按钮。模式：用于设置填充的渐变颜色与其下面的图像如何进行混合，各选项作用与图层混合模式的作用相同。不透明度：单击其后的按钮，拖动滑块或直接输入数值可设置画笔颜色的不透明度，数值越小，不透明度越低。反向：勾选该复选框可以使绘制的渐变图案反向。仿色：勾选该复选框可以使绘制的渐变图案的色彩过渡得更加柔和、平滑。透明区域：可使渐变图案的透明度设置有效或无效。

渐变图案绘制方法：新建一个文件，选择渐变图案下拉列表中的"线性渐变"按钮，将光标移动到图像窗口的上方，按住鼠标左键向下拖动，释放鼠标后即可绘制渐变图案。

（10）油漆桶工具。使用油漆桶工具能够在图像中填充颜色或图案，并按照图像中像素的颜色进行填充，填充的范围是与单击处的像素点颜色相同或相近的像素点。油漆桶工具的属性，如图 4.22 所示。

图 4.22　油漆桶工具的属性

（11）减淡工具。使用减淡工具在特定的图像区域内进行拖动，然后让图像的局部颜色变得更加明亮，对处理图像中的高光非常有用。减淡工具的属性，如图 4.23 所示。

图 4.23　减淡工具的属性

（12）加深工具。加深工具与减淡工具的功能相反，使用加深工具可以表现出图像中的阴影效果。使用该工具在图像中涂抹可以使图像亮度降低。加深工具的属性，如图 4.24 所示。

图 4.24　加深工具的属性

（13）海绵工具。海绵工具主要用于精确地增加或减少图像的饱和度，在特定的区域内拖动，会根据不同图像的不同特点来改变图像的颜色饱和度和亮度。利用海绵工具，能够自如地调节图像的色彩效果，从而让图像色彩效果更完美。海绵工具的属性，如图 4.25 所示。

图 4.25　海绵工具的属性

（14）历史记录画笔工具。历史记录画笔工具是通过重新创建指定的原数据来绘制的，而且历史记录画笔工具会与"历史记录"面板配合使用。按"Y"键即可选择历史记录画笔工具，按组合键"Shift+Y"能够在历史记录画笔工具和历史记录艺术画笔工具之间切换。历史记录画笔工具的属性，如图 4.26 所示。

图 4.26　历史记录画笔工具的属性

（15）历史记录艺术画笔工具。历史记录艺术画笔工具可用于指定历史记录状态或者快照中的数据源，以特定的风格进行绘画，可以在"画笔"面板中设置不同的画笔。历史记录艺术画笔工具的属性，如图 4.27 所示。

图 4.27　历史记录艺术画笔工具的属性

3. 形状与路径绘制工具

（1）矩形工具。矩形工具和矩形选框工具都能用于绘制矩形形状的图像。不同的是，利用矩形工具能够绘制出矩形形状的路径，而矩形选框工具没有此功能。矩形工具的属性，如图 4.28 所示。

图 4.28 矩形工具的属性

单击矩形工具属性栏上的""齿轮按钮，从弹出的设置框中可以设置参数，如图4.29 所示。

图 4.29 "齿轮"齿轮按钮设置框

"齿轮"齿轮按钮设置框中的主要功能如下。不受限制：绘制任意大小和比例的矩形。方形：绘制正方形。固定大小：在"W"和"H"后面分别输入宽度和高度值，绘制出固定值的矩形。比例：在"W"和"H"后面分别输入数值，可绘制固定宽和高额比例的矩形。从中心：绘制矩形起点为矩形的中心。

注：按住键盘【Shift】键的同时在窗口中按住鼠标左键拖动，可绘制正方形。

（2）圆角矩形工具。圆角矩形工具用于绘制圆角矩形或圆角正方形的图形。圆角矩形工具的属性，如图 4.30 所示。对该工具选项栏中的"半径"进行不同的设置，可以控制圆角矩形 4 个圆角的弧度，值越大，圆角的弧度也就越大。

图 4.30 圆角矩形工具的属性

（3）直线工具。直线工具用于在图像窗口中绘制像素线条或路径。在直线工具属性选项栏中可以根据不同的需要设置直线线条或路径的粗细程度。直线工具的属性，如图 4.31 所示。

图 4.31 直线工具的属性

新建一个画布，选择直线工具；选择直线类型为"形状"，设置线的"粗细"，然后按住 shift 键，拖动鼠标就可以画一条直线。

在 Photoshop 中，实现"直线工具"带箭头的方法是：选择直线工具；直线工具属性选择"形状"图层；单击"齿轮"的下拉三角，出现如图 4.32 所示的选项框；勾选起点和终点，就可以画带箭头的直线。

图 4.32　直线选项框

（4）多边形工具。多边形工具用于绘制不同边数的形状图案或路径。多边形工具的属性，如图 4.33 所示。

图 4.33　多边形工具的属性

单击多边形工具属性栏上的"齿轮" 按钮，弹出多边形选项框，在这里可以对多边形的半径、平滑拐角、星形以及平滑缩进等参数进行设置，如图 4.34 所示。

图 4.34　多边形选项框

（5）椭圆工具。椭圆工具和椭圆选框工具都能够绘制椭圆形状，但使用椭圆工具能够绘制路径，以及使用选项栏中设置的"样式"对形状进行填充。椭圆工具的属性，如图 4.35 所示。

图 4.35　椭圆工具的属性

单击椭圆工具属性栏上的" "齿轮按钮，弹出椭圆选项框，在这里可以设置椭圆形状的比例、大小等参数，如图 4.36 所示。

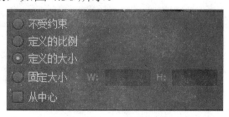

图 4.36　椭圆选项框

（6）自定形状工具。自定形状工具用于绘制各种不规则形状。自定形状工具的属性，如图 4.37 所示。

图 4.37　自定形状工具的属性

单击自定形状工具属性栏上的"　"齿轮按钮，弹出自定形状选项框，在这里可以设置自定形状的比例、大小等参数，如图 4.38 所示。

图 4.38　自定形状选项框

（7）钢笔工具。钢笔工具用于绘制复杂或不规则的形状或曲线。钢笔工具的属性，如图 4.39 所示。

图 4.39　钢笔工具的属性

钢笔工具属性栏中的主要功能如下：

创建矩形类型：分别是"形状""路径"和"像素"。"自动添加删除"复选框：勾选该复选框后，在绘制形状时将实现自动添加或删除锚点的功能。

使用"钢笔工具"在图像窗口中连续单击，可创建轮廓为直线的图形；使用该工具在图像窗口中单击并拖动鼠标，拖出两条控制柄，然后在其他位置继续单击并拖动鼠标，可绘制轮廓为曲线的图形。

（8）自由钢笔工具。使用自由钢笔工具在图像中拖动，可直接形成路径，就像用铅笔在纸上绘画一样。在绘制路径时，系统会自动在曲线上添加锚点。使用自由钢笔工具，可以创建不太精确的路径。自由钢笔工具的属性，如图 4.40 所示。

图 4.40　自由钢笔工具的属性

自由钢笔工具栏中的"磁性的"复选框：若勾选该复选框，则当绘制形状（路径）时，在绘制的形状边缘会自动附着磁性锚点，使曲线更加平滑。

（9）直接选择工具。直接选择工具主要对路径锚点进行选择，可结合"Ctrl"键对节点进行调整，以便对部分路径的形状进行变换。

在绘制的路径图像上单击鼠标左键，选中该锚点，选中锚点的状态为实心效果，然后结合"Ctrl"键对锚点进行调整。单击方向控制柄的端点并拖动，可调整形状的外观。

（10）添加和删除锚点工具。添加锚点工具用于在现有的路径上添加锚点，单击即可添加。删除锚点工具用于在现有的锚点上删除锚点，单击即可删除。如果在钢笔工具的选择栏中勾选"自动添加/删除"复选框，则可在路径上添加和删除锚点。

（11）转换点工具。转换点工具主要用于调整绘制完成的路径，将光标放在要更改的锚点上并单击该锚点，可以转换锚点的类型，即锚点在平滑点和直角点之间转换。

（12）路径选择工具。在 Photoshop 中当需要对整体路径进行选择与位置调整时，需要使用路径选择工具。在选择该工具后，将鼠标移动至需要选择的路径上进行单击，完成对路径的选择，并且可以对选中的路径的位置进行移动；也可以使用"编辑"菜单中的"变换路径"和"自由变换路径"命令对形状进行旋转、翻转、缩放等变形操作。

4. 图像修复类工具

（1）裁剪工具。裁剪工具是自定义图片尺寸的工具，其选择的图像部分是保留的，未选择的图像部分就会被删除。裁剪工具的属性，如图 4.41 所示。

图 4.41　裁剪工具的属性

在"裁剪"工具属性栏中可以设置：选定预设的尺寸大小或者剪裁比例；可设定自定义的大小；是否纵向与横向旋转裁剪框。自定义尺寸如图 4.42 所示。

裁剪工具属性栏中的主要功能如下：

"视图"：可以选择裁剪区域的参考线，包括三等分、黄金分割、金色螺旋线等常用构图线，如图 4.43 所示。

"齿轮"可以进行一些功能设置，包括使用经典模式、启用裁剪屏蔽等，如图 4.44所示。

"删除裁剪的像素"复选框：即使取消勾选，对画面的裁剪也是无损的。

图 4.42　自定义尺寸　　　　图 4.43　视图选项　　　　图 4.44　裁剪功能设置面板

（2）吸管工具。吸管工具可以从当前图像、"色板"面板、"颜色"面板的色条上进行采样，采集的色样可用于指定新的前景色或背景色。

（3）污点修复画笔工具。污点修复画笔工具主要用于快速修复图像中的污点和其他不理想的部分，适用于去除图像中比较小的杂点或杂斑，其属性如图 4.45 所示。

图 4.45　污点修复画笔工具的属性

（4）修复画笔工具。修复画笔工具能够修复图像中的瑕疵，使瑕疵与周围的图像融合。在使用该工具修复时，同样可以利用图像或图案中的样本像素进行绘画。修复画笔工具的属性，如图 4.46 所示。

图 4.46　修复画笔工具的属性

（5）修补工具。修补工具可以使用其他区域或图案中的像素来修复选区内的图像。修补工具与修复画笔工具一样，能够将样本像素的纹理、光照和阴影等与源像素进行匹配；不同的是，修补工具用画笔对图像进行修复，而修复画笔工具通过选区进行修复。修补工具的属性，如图 4.47 所示。

图 4.47　修补工具的属性

（6）红眼工具。在夜晚的灯光下或使用闪光灯拍摄人物照片时，通常会出现眼球变红的现象，这种现象称为红眼现象。利用红眼工具，就可以修复人物照片中的红眼，也能修复动物照片中的白色或绿色反光。

（7）仿制图章工具。仿制图章工具可以将一幅图像的选定点作为取样点，将该取样点周围的图像复制到同一幅图像或另一幅图像中。仿制图章工具也是专门的修图工具，可以用来消除人物脸部斑点、背景部分不相干的杂物、填补图片空缺等。

（8）图案图章工具。图案图章工具和仿制图章工具相似，区别是图案图章工具不在图像中取样，而是利用选项栏中的图案进行绘画，即从图案库中选择图案或自己创建图案来进行绘画。

5. 其他工具

（1）横排文字工具。利用文字工具可以在图像中添加文字。使用 Photoshop 中的文字工具输入文字的方法与在一般应用程序中输入文字的方法一致。横排文字工具的属性，如图 4.48 所示。

图 4.48　横排文字工具的属性

设置字符与段落文字：单击横排文字工具属性栏上的"字符按钮" ![img]，打开控制面板，单击"字符"选项卡，其主要功能是设置文字、字号、字型及字距或行距等参数，如图 4.49 所示。

打造变形文字：选择创建好的文字，单击横排文字工具属性栏上的"变形文字按钮" ![img]，打开"变形文字"对话框，单击"样式"下拉列表框，在"样式"下拉列表框中选择"花冠"样式，打开"变形文字"对话框，如图 4.50 所示。

图 4.49　设置字符与段落文字

图 4.50　"变形文字"对话框

（2）![img]直排文字工具。同横排文字工具类似。

（3）![img]缩放工具。缩放工具常用于查看图像局部区域。当打开图像时，为了方便观察图像的细节，就要用到缩放工具。

（4）![img]抓手工具。当图像放大到图像窗口无法完全显示的状态时，利用抓手工具拖动图像可查看图像的具体情况。在选择抓手工具时，除在工具箱中进行选择外，按"H"键或按住"空格键"不放也可确定抓手工具为当前工具。

（三）图层的使用

图层是 Photoshop 工作中最基本的组成部分，所有的图片、文字、图层样式等都是以图层的方式存在的，利用图层可以很方便地对图像进行修改、编辑、拼贴和组合等。

1. 图层的基本概念

Photoshop 的图层犹如人们日常生活中书写绘画所用的纸张。图像中每一个独立的元素，都被放置在不同的图层中，当对其中的元素进行单独处理时，不会影响其他部分。此外，还可在"图层"面板中对图层顺序进行调换、添加图层样式、添加图层蒙版及隐藏局部或添加效果等一系列操作。

2. 图层的类型及创建方法

图层所有的操作都可以在菜单栏的图层选项中找到，图层菜单如图 4.51 所示，也可以在面板中操作，图层面板如图 4.52 所示。

图 4.51　图层菜单

图 4.52　图层面板

在 Photoshop 中，图层的类型有：背景图层、普通图层、文字图层、调整图层、填充图层、形状图层和智能对象。下面简要介绍各类型图层的特点及创建方法。

（1）背景图层。背景图层位于图像的最底层，一幅图像只有一个背景图层，在背景图层中不能进行改变其透明度、调整其排列次序等操作。但可以用画笔、铅笔、图章、渐变、油漆桶等工具进行绘画。

（2）普通图层。普通图层用于绘制、编辑图像的一般图层，在普通图层中可随意编辑图像。创建普通图层的方法如下：

①单击"图层"面板底部的"创建新图层"  按钮，创建一个完全透明的空图层。

②选择"图层/新建/图层"菜单，也可创建新图层，如图 4.53 所示。

图 4.53　创建新图层

（3）文本图层。文本图层是用于存放文字的图层，文字图层不可以进行滤镜、图层样式等的操作。文字图层创建方法非常简单，选择"横排文字工具"或"直排文字工具"，并在图像窗口中单击输入文字即可。图像窗口中的文字还可以做进一步的变形处理，选择"文字"菜单中的"变形文字"命令，出现"变形文字"对话框，如图 4.54 所示，选择"样式"中的选项，并按照要求调整"弯曲""水平扭曲""垂直扭曲"等，调整好后，单击"确定"按钮。

图 4.54　"变形文字"对话框

（4）调整图层。要创建调整图层，需要单击图层面板底部的"创建新的填充或调整图层"按钮，从弹出的下拉菜单中选择"色阶""曲线""色相/饱和度"等选项，在打开的命令设置对话框中调整相关参数，然后单击"确定"按钮，如图 4.55 所示。

图 4.55　创建调整图层

（5）填充图层。填充图层也是一种带蒙版的图层，其内容为纯色、渐变色和图案。创建填充图层，需要单击图层面板底部的"创建新的填充或调整图层"按钮，从弹出的

下拉菜单中选择"纯色""渐变""图案"等选项，在打开的命令设置对话框中调整相关
参数，然后单击"确定"按钮，如图 4.56 所示。

图 4.56 创建填充图层

（6）形状图层。用户可以通过形状工具和路径工具来创建形状图层，内容被保存在
它的蒙版中。

创建形状图层，应首先选择工具箱中的形状绘制工具，并在其工具属性栏中单击"形
状图层"按钮，然后在图像窗口中按下鼠标左键，绘制所需图形，当释放鼠标后，在图
层面板中即可生成一个形状图层，如图 4.57 所示。

图 4.57 创建形状图层

（7）智能对象。智能对象实际上是一个指向其他 Photoshop 的指针，当我们更新源
文件时，这种变化会自动反映到当前文件中。

关于图层的基本操作有新建图层、选择图层、复制图层、删除图层、变更图层顺序、
锁定图层、链接图层、合并图层、新建组、增加蒙版等，这里不再详细阐述。

（四）图像色彩的调整

Photoshop 中对图像色彩的调整主要包括色阶、亮度/对比度、色度及饱和度等，图

像调整菜单如图 4.58 所示。

图 4.58　图像调整菜单

1. 图像亮度及层次对比度的调整

调整图像的亮度及层次对比度关系，可以更好地改善图像的品质，增强图像的层次感，达到突出图像主题的作用。

（1）使用"亮度/对比度"命令，可调整图像的整体对比度和亮度。单击菜单栏中的"图像/调整/亮度对比度"命令，弹出"亮度/对比度"对话框，如图 4.59 所示。分别拖动对话框中的亮度和对比度的滑块，可以分别调整图像的亮度和对比度。

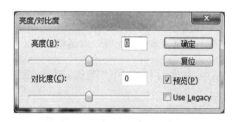

图 4.59　"亮度/对比度"对话框

（2）使用"色阶"命令来调整图像的品质。单击菜单栏中的"图像/调整/色阶"，弹出"色阶"对话框，如图 4.60 所示。在"通道"选项中，可以选择要进行色彩矫正的通道。

在"输入色阶"中的三个数值框分别对应着明暗分布表下三个带"△"的滑块，通过移动滑块可以调整图像的阴影、半色调和高光区的亮度。"输出色阶"中的两个数值框分别对应亮度条件下的两个滑块，通过它们可以降低图像中颜色的对比度。

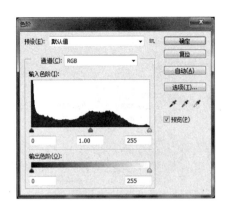

图 4.60 "色阶"对话框

（3）"曲线"命令。在单击菜单栏中的"图像/调整/曲线"命令后，出现"曲线"对话框，如图 4.61 所示。

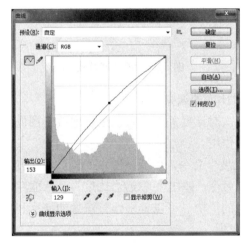

图 4.61 "曲线"对话框

（4）"曝光度"命令。在单击菜单栏中的"图像/调整/曝光度"命令后，出现"曝光度"对话框，如图 4.62 所示。

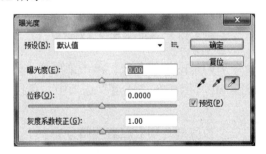

图 4.62 "曝光度"对话框

（5）使用"自动色阶""自动对比度"和"自动颜色"命令可以矫正图像色彩。对于要求不是很高的图像，可以采用以下方法：

单击菜单栏中的"图像/自动色阶"命令后，图像中最亮的像素变为白色，最暗的像素变为黑色，同时按比例分配中间的像素值。

通过选择自动对比度命令可以自动调整图像的对比度。单击"图像/自动颜色"命令后，可以自动调整图像的颜色对比度，效果和使用"自动色阶"命令相似。

2. 图像色调及饱和度的调整

用 Photoshop 的色彩矫正命令可以更好地调整图像色调及饱和度，增强图像的色调对比及饱和度对比，突出图像的主题。

（1）使用"自然饱和度"命令。单击菜单栏中的"图像/调整/自然饱和度"命令，弹出"自然饱和度"对话框，如图 4.63 所示。

图 4.63　"自然饱和度"对话框

（2）使用"色相/饱和度"命令。单击菜单栏中的"图像/调整/色相/饱和度"命令，弹出"色相/饱和度"对话框，如图 4.64 所示。拖动"色相""饱和度""明度"的滑块，可调整图像的色彩。"色相/饱和度"命令以色相、饱和度、明度为基础对图像进行色彩矫正，既可作用于综合通道，也可作用于单一通道，同时还可为图像染色。

勾选"着色"复选项，可为灰度图进行着色。在"色相/饱和度"对话框的下方有两个色带，上面的色带代表图像原来的色彩，下方的色带表示调整后的色彩。

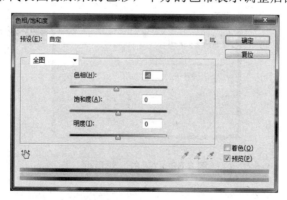

图 4.64　"色相/饱和度"对话框

（3）使用"色彩平衡"命令。单击菜单栏中的"图像/调整/色彩平衡"命令，弹出"色彩平衡"对话框，如图 4.65 所示。

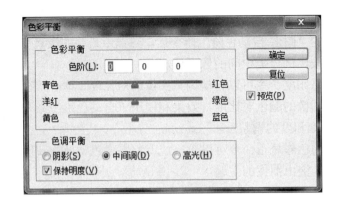

图 4.65 "色彩平衡"对话框

"色调平衡"下的"阴影""中间调"和"高光"三个选项用于控制不同的色调范围，勾选"保持明度"选项，可以保证在调整图像色彩时不影响图像明度。

（4）"黑白"命令。单击菜单栏中的"图像/调整/黑白"命令，弹出"黑白"对话框，如图4.66所示。拖动各选项中的"△"滑块，用于调整图像的色彩。

"黑白"命令主要用于减弱图像色彩的饱和度，使之呈现出灰度图的效果。用"黑白"命令产生的灰度图效果与直接将图像转化为灰度图存在一定差别：一是该命令可以应用于选择区域；二是在执行命令后，仍可对图像进行色彩编辑，而使用"色相/饱和度"命令可以将图像调整为单色效果。

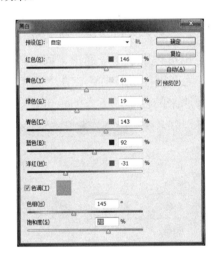

图 4.66 "黑白"对话框

（5）"照片滤镜"命令。单击菜单栏中的"图像/调整/照片滤镜"命令，弹出"照片滤镜"对话框，如图4.67所示。

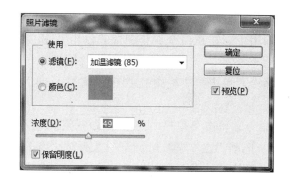

图 4.67　"照片滤镜"对话框

（6）"通道混合器"命令。单击菜单栏中的"图像/调整/通道混合器"命令，弹出"通道混合器"对话框，如图 4.68 所示。

图 4.68　"通道混合器"对话框

（7）"匹配颜色"命令。单击菜单栏中的"图像/调整/匹配颜色"命令，可弹出"匹配颜色"对话框，如图 4.69 所示，选择"图像选项"，拖动"明亮度""颜色强度""渐稳"的"△"滑块可调整图像的特殊效果。

图 4.69　"匹配颜色"对话框

3. 图像特殊色彩效果的调整

在 Photoshop 中，除用色彩矫正命令调整图像的色相/饱和度和明亮对比度外，还可以调出图像的一些特殊色彩效果，如底片效果、手绘效果等。

（1）使用"反向"命令。单击菜单栏中的"图像/调整/反向"命令，用于调整图像的色彩效果。

（2）使用"阈值"命令。单击菜单栏中的"图像/调整/阈值"命令，可弹出"阈值"对话框，如图 4.70 所示，拖动"△"滑块可调整图像高对比度的黑白效果。命令将一定的色阶指定为阈值，比该阈值亮的像素会被转换为白色，比该阈值暗的像素会被转换为黑色。该命令常与"高反差保留效果"滤镜命令一起使用，进行分离图像的操作。

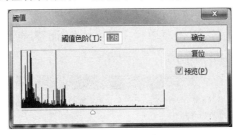

图 4.70　"阈值"对话框

（3）使用"渐变映射"命令。单击菜单栏中的"图像/调整/渐变映射"命令，可弹出"渐变映射"对话框，如图 4.71 所示。

图 4.71　"渐变映射"对话框

（4）"可选颜色"命令。单击菜单栏中的"图像/调整/可选颜色"命令，可弹出"可选颜色"对话框，如图 4.72 所示。

图 4.72　"可选颜色"对话框

（5）"去色"命令。单击菜单栏中的"图像/调整/去色"命令，可将彩色照片变成黑白照片。

（6）"变化"命令。单击菜单栏中的"图像/调整/变化"命令，可弹出"变化"对话框，如图4.73所示。

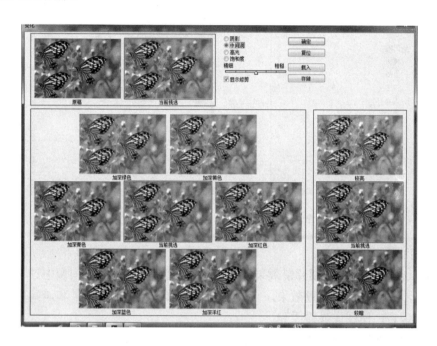

图4.73　"变化"对话框

（五）滤镜

滤镜主要是用来实现图像的各种特殊效果。对于所有的滤镜，Photoshop都按分类放置在菜单中，在使用时只需要从该菜单中执行这命令即可，如图4.74所示。

1. 风格化滤镜

Photoshop中"风格化"滤镜通过置换像素和查找并增加图像的对比度，在选区中生成绘画或印象派的效果，是完全模拟真实艺术手法进行创作的。在使用"查找边缘"和"等高线"等突出显示边缘的滤镜后，可使用"反相"命令并用彩色线条勾勒彩色图像的边缘或用白色线条勾勒灰度图像的边缘。

例子：风格化中的"浮雕效果"滤镜的使用。

（1）按"Ctrl+O"组合键打开一幅素材图像。

（2）单击菜单栏中的"滤镜/风格化/浮雕效果"命令，打开"浮雕效果"对话框，如图4.75所示。

（3）设置好参数后，单击"确定"按钮，得到最终浮雕效果。

图 4.74 滤镜菜单   图 4.75 浮雕效果

2. 模糊滤镜

在 Photoshop CS6 中模糊滤镜效果共有 14 种。模糊滤镜可以使图像中过于清晰或对比度过于强烈的区域产生模糊效果，它通过平衡图像中已定义的线条和遮蔽区域的清晰边缘旁边的像素，使图像显得柔和。

例子：模糊滤镜中的"高斯模糊"滤镜的使用。

（1）按"Ctrl+O"组合键打开一幅素材图像。

（2）单击菜单栏中的"滤镜/模糊/高斯模糊"命令，打开"高斯模糊"对话框，如图 4.76 所示。设置参数"半径"，即以多少像素为单位进行模糊，数值越大，产生的效果越模糊。

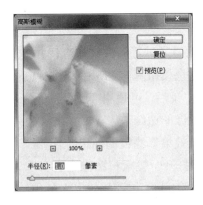

图 4.76 "高斯模糊"对话框

3. 扭曲滤镜

扭曲滤镜（Distort）共 9 种。这一系列滤镜都是用几何学的原理来把一幅影像变形的，从而创造出三维效果或其他的整体变化。每一个滤镜都能产生一种或数种特殊效果，但都离不开一个特点：对影像中所选择的区域进行变形、扭曲。

例子：扭曲滤镜中的"波浪"滤镜的使用。

（1）按"Ctrl+O"组合键打开一幅素材图像。

（2）单击菜单栏中的"滤镜/扭曲/波浪"命令，打开"波浪"对话框，如图 4.77 所示。

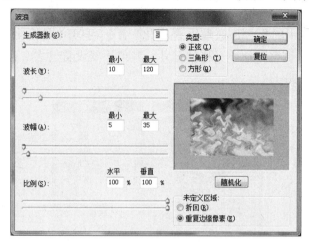

图 4.77 "波浪"对话框

4. 锐化滤镜

锐化可增强图像中的边缘定义。图像所需的锐化程度取决于数码相机或扫描仪的品质。锐化无法校正严重模糊的图像，但可以锐化整个图像，也可以只锐化选区或蒙版的一部分图像。

例子：锐化滤镜中的"USM 锐化"滤镜的使用。

（1）按"Ctrl+O"组合键打开一幅素材图像。

（2）单击菜单栏中的"滤镜/锐化/ USM 锐化"命令，打开"USM 锐化"对话框，如图 4.78 所示。数量：一般来说我们将其设置在 80 到 120 之间，以避免过度锐化的问题。半径：控制影像边缘的锐化范围，为了避免画面出现明显的亮边，不要使用大于 3 的设置值。阈值：大多数时候不要使用高于 5 的设置值，设置值较高有助于抑制高感光度照片在锐化时出现的噪点问题。

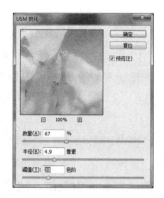

图 4.78 "USM 锐化"对话框

5. 像素化滤镜

像素化滤镜将图像分成一定的区域，将这些区域转变为相应的色块，再由色块构成图像，类似于色彩构成的效果。

例子：像素化滤镜中的"晶格化"滤镜的使用。

（1）按"Ctrl+O"组合键打开一幅素材图像。

（2）单击菜单栏中的"滤镜/像素化/晶格化"命令，打开"晶格化"对话框，如图 4.79 所示。单元格大小：调整结块单元格的尺寸，其值不要设置过大，否则图像将变得面目全非，范围是 3 到 300。

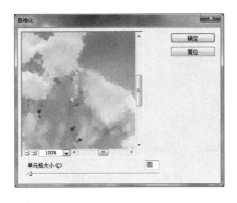

图 4.79 "晶格化"对话框

6. 渲染滤镜

渲染滤镜可以在图像中创建云彩图案、折射图案和模拟的光反射，也可以在 3D 空间中操纵对象，并从灰度文件中创建纹理填充以产生类似 3D 的光照效果。

例子：渲染滤镜中的"光照效果"滤镜的使用。

（1）按"Ctrl+O"组合键打开一幅素材图像。

（2）单击菜单栏中的"滤镜/渲染/光照效果"命令，打开光照效果属性栏，如图 4.80 所示。

图 4.80 光照效果属性栏

预设：Photoshop CS6 预设了 17 种光照样式：两点钟方向点光、蓝色全光源、圆形光、向下交叉光、交叉光、默认、五处下射光、五处上射光、手电筒、喷涌光、平行光、RGB 光、柔化直接光、柔化全光源、柔化点光、三处下射光、三处点光；还可以选择载入和存储光源。

在光照效果属性栏中，还可以调节参数值，如图 4.81 所示。Photoshop CS6 提供了 3 种光源："点光""聚光灯"和"无限光"，在"光照类型"选项下拉列表中选择一种光源后，就可以在对话框左侧调整它的位置和照射范围，或添加多个光源。

图 4.81　光照效果属性栏

7. 杂色滤镜

杂色滤镜有 5 种，分别为蒙尘、划痕、去斑、添加杂色、中间值滤镜，主要用于校正图像处理过程（如扫描）的瑕疵。

例子：杂色滤镜中的"中间值"滤镜的使用。

（1）按"Ctrl+O"组合键打开一幅素材图像。

（2）单击菜单栏中的"滤镜/杂色/中间值"命令，打开"中间值"对话框，如图 4.82 所示。中间值滤镜是通过混合像素的亮度来减少杂色的。半径：该滤镜使用规定半径内像素的平均亮度值来取代半径中心像素的亮度值。

图 4.82　"中间值"对话框

第三节　数字音频资源

一、音频的基本知识

音频是多媒体资源建设中的重要元素。人耳能听到的声音的频率范围为 20～

20000Hz。音高、响度和音色为声音的三要素。音高又称音调，与声音的频率有关，频率高则声音高，频率低则声音低；响度又称为音强，即声音的大小，取决于声波振幅的大小；音色则是由混入基音的泛音所决定的，每个基音又都有其固有的频率和不同音强的泛音，从而使得每个声音都具有特殊的音色效果。

多媒体教学资源建设中常用的音频包括语音、效果声和音乐三种形式。语音指人们讲话的声音；效果声指声音的特殊效果，如雨声、铃声、机器声、动物叫声等，它可以从自然界中录音，也可以采用特殊方法人工模拟制作；音乐则是表达人们思想感情、反映现实生活的一种艺术化声音形式。

二、音频文件的格式及特点

由于音频数字化过程中采用的技术指标不同，因此产生了不同的音频文件格式，在多媒体教学资源建设中常用的音频文件的格式及特点，如表 4.2 所示。

表 4.2　音频文件的格式及特点

格式	特点
.wav	WAV 格式也叫波形声音文件，通常使用量化位数（16 位）、取样频率（44.1KHz）和声道数（单声道和立体声）三个参数来表示声音。它是最早的数字音频格式，被 Windows 平台及其应用程序广泛支持，但文件存储容量大，不便于网络传播
.mid	MIDI（乐器数字接口）是一个电子音乐设备和计算机的通信标准。MIDI 数据不是声音，而是以数值形式存储的指令，因此容量小、效果清晰，主要用于音乐制作
.mp3	MP3 是以 MPEG Layer 3 标准压缩编码的一种音频文件格式。MPEG Layer 3 的压缩率高达 1:12，但音色和音质还可以保持基本完整而不失真，因此 MP3 格式容量小、失真小、音质高，便于网络传输
.wma	WMA 格式是微软公司开发的网络数字音频压缩格式，在保持音质的前提下采用较低的采样率，兼顾网络传输需求和声音质量，在压缩比和音质方面都超过了 MP3，但音质较好，因此应用越来越广泛
.cad	CD 唱片所采用的格式，取样频率为 44.1KHz，16 位量化位数，CD 是一种近似无损的格式，音质非常好，可以完全再现原始声音，但文件无法编辑，容量很大
.mp4	MP4 使用 MPEG-2 AAC 技术，与 MP3 相比，音质更加完美而压缩比更大

三、音频资源的获取

在多媒体教学资源建设中，常用音频文件获取的主要方法有以下几种：

（一）直接录音。利用声卡和相关的录音软件，可以直接录制 WAV 音频文件。为了保证录音文件的质量，除选择高品质的声卡和麦克风外，还应选用足够高的采样频率和量化精度。在 Windows 环境中运行的"声卡十录音机（Sound Recorder）程序"就是最常用的录音平台之一。

（二）专用录音棚录音。在专业录音棚内录音，可减小环境的噪声，获得相当于 CD

唱盘的高保真音质。但这种方法的成本较高，课件制作一般很少使用。

（三）网络下载。在互联网上找到教学用的音乐、语文朗读等音频素材，直接下载，下载方法参见"网络教学资源的获取"部分的操作方法。

（四）数字音频库中提取音频素材。像数字图形、图像库一样，提取存储在 CD-ROM 光盘或磁盘上数字音频库中的音频。

（五）在视频文件中分离音频。如果要用到视频中的音频素材，则可以使用专门软件把音频分离出来，如"格式工厂"工具软件常用于各类素材格式之间的相互转换，也可以用于分离视频中的音频信息。

四、数字音频资源的加工处理

音频资源的加工处理软件有很多，如 Windows 自带的"录音机"、微软公司的 Sound Recorder、创新（Creative）公司的 Wave Studio、Adobe 公司的 Audition 等。近年来，比较流行的音频加工处理软件有 Adobe Audition 和 Gold Wave。本书以 Adobe Audition 为例来介绍音频资源的加工处理。

Adobe Audition 是一个专业音频编辑和混合环境，原名为 Cool Edit Pro，被 Adobe 公司收购后，改名为 Adobe Audition。Adobe Audition 专为声音录制、广播电台和音频节目后期制作的专业人员设计，可提供先进的音频混合、编辑、控制和效果处理功能，最多混合 128 个声道，可编辑单个音频文件。2013 年，Adobe 公司将版本系列改为 CC，已发布多个版本，包括 CC 2014、CC 2015、CC 2016、CC 2018、CC 2019、CC 2020 等。

（一）Adobe Audition CC 软件的界面

启动 Adobe Audition CC 软件，其界面由标题栏、菜单栏、浮动面板、编辑器窗口、混音器窗口、电平显示等几部分组成，如图 4.83 所示。

1. 标题栏和菜单栏。标题栏位于 Adobe Audition CC 程序窗口的顶部，左侧显示了程序图标和名称，右侧的 3 个控制按钮主要用于控制界面的显示大小与关闭程序。菜单栏位于标题栏的下方，集合了 Adobe Audition CC 大部分的功能和命令，从左向右依次是文件、编辑、多轨剪辑、效果、收藏夹、视图、窗口和帮助，可以完成 Adobe Audition CC 的各种操作。

2. "文件"浮动面板。"文件"浮动面板左侧有"打开文件"按钮、"导入文件"按钮、"新建文件"按钮、"插入多轨混音中"按钮及"删除"按钮；右边是"搜索"框；"文件"浮动面板存放打开、导入或新建的工程文件，并显示这些文件的一些基本信息，如图 4.84 所示。

3. "媒体浏览器"浮动面板。相当于电脑的资源管理器，可以方便用户找到要打开的文件以及新建工程文件的位置，如图 4.85 所示。

4. "效果组"浮动面板。记录在音频编辑过程中所使用的效果，如图 4.86 所示。

5. "标记"浮动面板。界面如图 4.87 所示。

6. "历史记录"浮动面板。和 Photoshop 中的历史记录的功能类似。

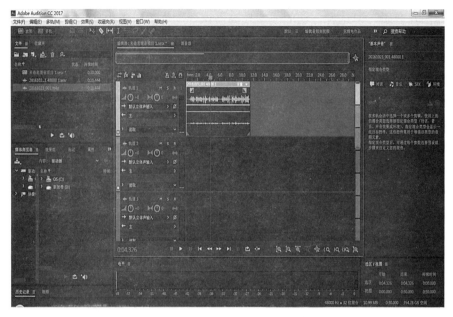

图 4.83　Adobe Audition CC 软件界面

图 4.84　"文件"浮动面板

图 4.85　"媒体浏览器"浮动面板

图 4.86　"效果组"浮动面板

图 4.87　"标记"浮动面板

7. "多轨"编辑面板。在"多轨"编辑模式下主要是进行多音频合成编辑，如图 4.88

所示。

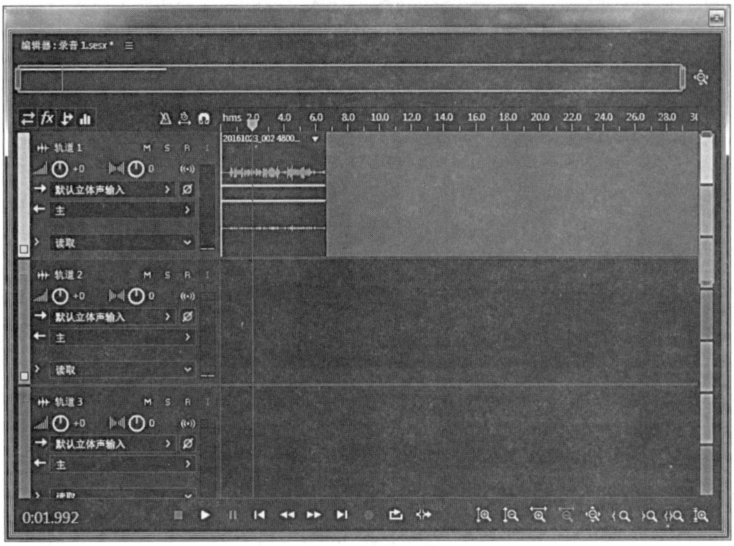

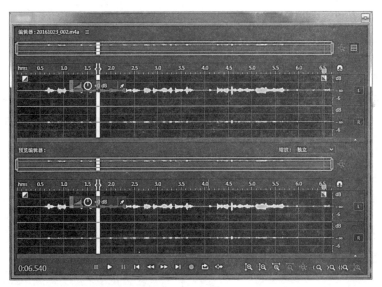

图 4.88 "多轨"编辑面板

8. "波形"编辑面板。在"波形"编辑模式下可以对单个音频文件做编辑处理，如图 4.89 所示。

图 4.89 "波形"编辑面板

9. "混音器"面板。在"多轨"编辑模式下，对音频信号进行调整和混音，如图 4.90 所示。

10. 浮动面板还有"属性"浮动面板、"电平"浮动面板、"基本声音"浮动面板、"选区/视图"浮动面板等。

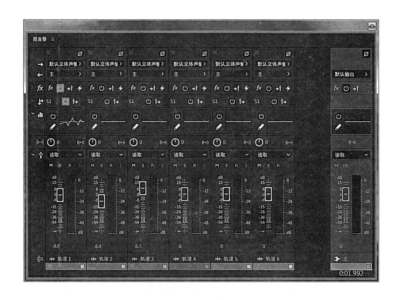

图 4.90　"混音器"面板

（二）如何用 Adobe Audition CC 软件进行录音

利用 Adobe Audition CC 可以方便地通过麦克风录制外部声音。和"录音机"不同，Adobe Audition 可以录制立体声，并且保存成多种音频格式。

1. "波形"编辑模式录音

（1）正确接插麦克风，在启动 Adobe Audition CC 后，单击"波形"按钮，进入"波形"编辑模式。

①对音频硬件进行正确设置，这是正常使用 Adobe Audition 的前提。选择播放设备，要将扬声器设置为启用（一般默认为启用），然后在"声音"对话框中选择"录制"选项卡，选择一个麦克风，如图 4.91 所示。

图 4.91　音频硬件设置

②对硬件进行设置。单击菜单栏中的"编辑/首选项/音频硬件"命令，出现如图4.92所示的对话框，选择刚刚设置好的话筒（输入）和扬声器（输出），单击"确定"按钮。

图4.92　"音频硬件"对话框

（2）单击菜单栏中的"文件/新建文件"命令，弹出"新建音频文件"对话框，如图4.93所示，可以在"文件名"文本框中输入文件的名称，选择合适的音频参数，然后单击"确定"按钮，就可以录音了。

图4.93　"新建音频文件"对话框

采样率：是指录音设备在一秒钟内对声音信号的采样次数，采样频率越高，声音的还原就越真实，当然文件也就越大。Adobe Audition CC 所提供的采样频率很多，常用的有 22.05KHz、44.1KHz、48KHz 三个等级。22.05KHz 只能达到 FM 广播的声音品质，44.1KHz 则是理论上的 CD 音质，48KHz 则更加精确一些。

声道：有"单声道""立体声""5.1声道"。"单声道"缺乏对声音的位置定位；"立体声"：声音在录制过程中被分配到两个独立的声道，声音定位效果好；"5.1声道"：已广泛运用于各类传统影院和家庭影院中，一些比较知名的声音录制压缩格式,如杜比 AC-3、DTS 等都是以 5.1 声音系统为技术蓝本的。如果只录制人声，则选择"单声道"即可。

位深度：表示音频的精度，有 8 位、16 位、24 位、32 位。CD 一般选择 16 位，电影选择 24 位或 32 位。

（3）单击界面下方控制条中的录音按钮开始录音，如图 4.94 所示。录音时间的长短只与磁盘空间有关，在录音过程中可以使用"暂停"键来控制录音的进程。

图 4.94 "控制条"面板

（4）在录制完成后，单击控制条面板中的"停止"键结束录音。此时录制完毕后的音频文件在编辑轨道上显示出来，如图 4.95 所示。在下方"时间"显示的是录制的音频文件的总长度。

（5）在录制完成后，单击菜单栏中的"文件/保存"命令，出现如图 4.96 所示的"另存为"对话框，可以更改"采样类型"、文件的"格式"等。

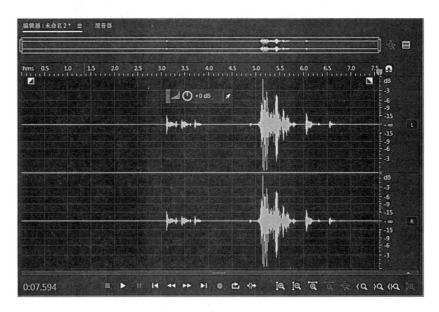

图 4.95 音频录制完毕时的界面

2."多轨"编辑模式录音

单击"多轨"按钮，出现"新建多轨会话"对话框，如图 4.97 所示。可以在"会话名称"文本框中输入文件的名称，选择合适的音频参数，然后单击"确定"按钮。文件的存放位置，建议不要使用默认位置。

如果只需在一个轨道上进行录音，则在"多轨"面板要录制的轨道上单击"录制准备 R"，这时可以看到此轨道上的"电平"在闪烁，证明录音设备和软件正常，即可录音。如果计算机配置了比较好的声卡，则也可以选择"监视输入"，并调好如"回声""变音"等效果。

如果要在多条轨道上进行录音，则在"多轨"面板要录制的多条轨道上单击"录制准备 R"，这时可以看到所选轨道上的"电平"都在闪烁，证明录音设备和软件正常，即可录音。

图 4.96 "另存为"对话框　　　　　图 4.97 "新建多轨会话"对话框

（三）用 Adobe Audition CC 软件进行音频的基本编辑

在"多轨"编辑模式下，可以对单个音频文件进行简单编辑，也可以对多个音频文件做混合处理。

1. 基本编辑与音频剪辑

（1）插入音频文件。可以利用"文件/导入…"命令、"文件/打开…"命令，在"文件"浮动面板中单击要插入的音频文件，单击鼠标右键，选择"插入到多轨混音中"；或在"文件"浮动面板中选择一个要插入到轨道上的音频文件，直接拖拽到某条音频轨道。

说明：

①轨道上" <kbd>M S R I</kbd> "的字母 M 表示静音；S 表示独奏；R 是准备录制；I 是监视输入。

②" 🔊⏲ -0.9 ▶⏲ 0 ⦅⦆ "第一个图标是音量调节，数值越大，音量越高，但要注意不要超过电平的标准值，否则会失真；第二个图标是立体声平衡，在调的时候会出现 L 和 R；第三个图标是合并到单声道。

（2）移动音频文件。选择轨道上的音频文件，按住鼠标左键不放，就可以移动轨道上的音频文件。

（3）剪裁音频文件。在轨道时间线上，将编辑线定位到要剪辑的位置，单击鼠标右键，选择"拆分"，或按"Ctrl+K"组合键，剪裁后原来的一个音频片段变为两个音频片段，如图 4.98 所示。也可以在轨道时间线上按住鼠标左键不放，拖动鼠标，选择一个区域，单击鼠标右键，选择"拆分"。

（4）音频片段的合并。选择要合并的音频片段，单击鼠标右键，在快捷菜单中选择"合并剪辑"即可。

（5）剪裁音频片段的删除。选中要删除的音频片段，按键盘上的"Delete"键即可删除。在删除音频片段后，轨道上出现一段空白区，如果要让后面的音频快速地和前面的连到一起，可以在空白区单击鼠标右键，选择"波纹删除/间隙"即可。

（6）复制音频。选择要复制的片段，通过"复制"和"粘贴"来复制此片段。

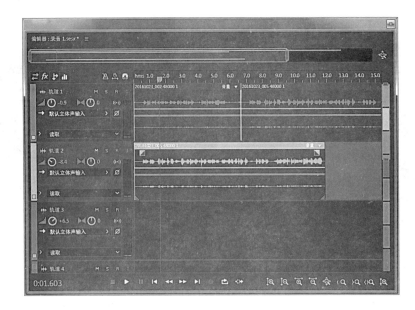

图 4.98 插入音频文件和裁剪效果

（7）淡入/淡出设置。选中要设置淡入/淡出的音频片段，用鼠标拖动前面■和后面的
■，就可以设置音频片段的淡入和淡出效果，通过左右、上下拖动，可以将线拖动成曲
线或直线，如图 4.99 所示。

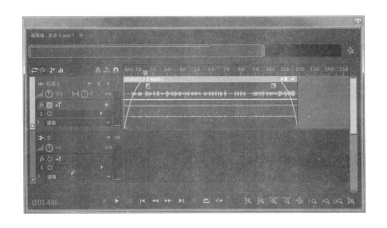

图 4.99 设置淡入/淡出

2. 音频效果器的使用

使用音频效果器的目的就是美化声音。音频效果器的添加方法如下：

（1）选择"效果组"浮动面板中的"预设"效果，如图 4.100 所示。Adobe Audition
CC 软件提供了很多的音频预设效果，选择好后，进行视听。如果对"预设"效果不满意，
则也可以对其进行编辑，在添加的"预设"效果上单击鼠标右键，在快捷菜单中选择"编
辑所选效果"，出现相对应的编辑对话框，如图 4.101 所示，通过调整曲线来进行进一步
的调整，直到满意为止。

如果对添加的"预设"效果不满意，也可以移除，在添加的"预设"效果上单击鼠标右键，选择"移除所选效果"或"移除全部效果"即可。

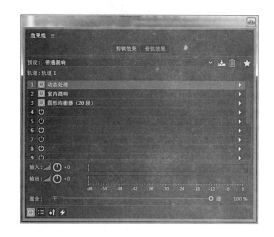

图 4.100　"预设"效果

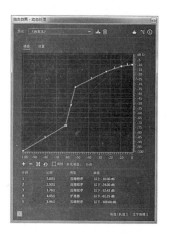

图 4.101　"预设"效果编辑对话框

（2）选择"效果组"浮动面板自行添加效果。如果是专业人员，则可以在"效果组"浮动面板中自行添加效果。

单击轨道下面的数字"1""2"……所对应的"三角形"，在下拉菜单中选择相应的效果，并在弹出的效果设置对话框中进行相应的调整。这种添加效果的方法可以添加多个效果。下面对几种常用的效果做简单的介绍。

①"图形均衡器"的使用。单击菜单栏中的"效果/滤波与均衡/图形均衡器"命令，弹出"组合效果—图形均衡器"面板，如图 4.102 所示，可以进行更精准的调整。

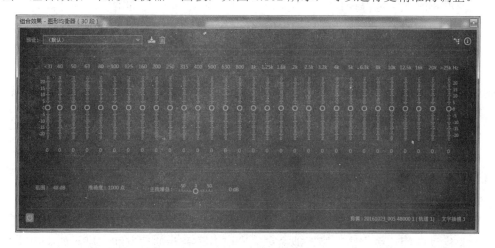

图 4.102　"组合效果—图形均衡器"面板

通过图形均衡器面板上推拉键的分布，可直观地反映出所调出的均衡补偿曲线，各个频率的提升和衰减情况一目了然，它采用恒定 Q 值技术，每个频点设有一个推拉键无论提升还是衰减某频率，滤波器的频带宽都始终不变。

图形均衡器调音小常识。超低音：20Hz～40Hz，适当时声音强而有力，能控制雷声、低音鼓、管风琴和贝司的声音，过度提升会使音乐变得混浊不清。低音：40Hz～150Hz，是声音的基础部分，其能量占整个音频能量的 70%，是表现音乐风格的重要成分，适当时，低音张弛得宜，声音丰满柔和，不足时声音单薄，过度提升会使声音发闷，明亮度下降，鼻音增强。中低音：150Hz～500Hz，是声音的结构部分，人声位于这个位置，不足时，演唱声会被音乐淹没，声音软而无力，适当提升会感到浑厚有力，并提高声音的力度和响度，提升过度会使低音变得生硬，300Hz 处过度提升 3～6dB，如再加上混响，则会严重影响声音的清晰度。中音：500Hz～2KHz，包含大多数乐器的低次谐波和泛音，是小鼓和打击乐器的特征音，适当时声音透彻明亮，不足时声音朦胧，过度提升会产生类似电话的声音。中高音：2KHz～5KHz，是弦乐的特征音（拉弦乐的弓与弦的摩擦声，弹拨乐的手指触弦的声音），不足时声音的穿透力下降，过强时会掩蔽语言音节的识别。高音：7KHz～8KHz，是影响声音层次感的频率，过度提升会使短笛、长笛声音突出，语言的齿音加重和音色发毛。极高音：8KHz～10KHz，合适时，节奏清晰可辨，过度提升会使声音不自然，易烧毁高频单元。

②"混响"的使用。

声波在室内传播时，要经过多次反射和吸收，当声源停止发声后，若干个声波混合持续一段时间，这种现象叫作混响，这段时间称为混响时间。混响器是进行音频效果处理的，将主音进行延时以后再与主音进行混合。

单击菜单栏中的"效果/混响/混响"命令，弹出"混响"对话框，如图 4.103 所示。

混响调音小常识。衰减时间：也就是整个混响的总长度，不同的环境会有不同的长度，空间越大、越空旷、物体越少、表面越光滑，衰减时间越长，反之越短。一般很多人喜欢把混响时间设置得很长，其实真正的一些剧院、音乐厅的混响时间并没有我们想象中那么长。例如，波士顿音乐厅的混响时间是 1.8 秒，纽约卡内基音乐厅的混响时间是 1.7 秒，维也纳音乐厅的混响时间是 2.05 秒。

对音乐节目来说，混响声虽可提高音乐的丰满度，但它在提高音乐丰满度的同时却会降低声音的清晰度和语言的可懂度，因此这个成分不可没有（太小时会使声音发"干"），也不能过大。

③"强制限幅"的使用。

单击菜单栏中的"效果/振幅与压限/强制限幅"命令，弹出"强制限幅"对话框，如图 4.104 所示。

"强制限幅"：是随着输入信号电平增大而本身增益减少的放大器。

预测时间：是指当信号电平超出所设置的阈值电平时，压限器在多长时间内开始工作。如果启动时间速度太快，则可能会稍微影响音乐音头的动态和力度；如果启动时间太慢，则会影响音乐的自然程度和瞬态，还会产生一定的延迟感和浑浊感，因此两者相比还是调到启动时间较短一点要好一些。

恢复时间：较长的恢复时间有利于信号的平缓过渡，否则恢复时间太短会有突兀感，声音会显得断断续续。

图 4.103 "混响"对话框

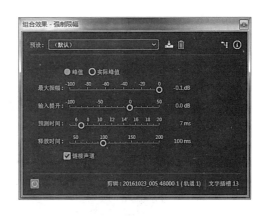

图 4.104 "强制限幅"对话框

④ "延迟"的使用。

延时器是产生混响或回声的效果器。延迟时间可以从 50 毫秒到 1 秒以上，时间短则产生混响效果；时间长则产生回声；通过使用延时器可以使声音丰富、饱满、有空间感。

单击菜单栏中的"效果/延时与回声/延时"命令，弹出"组合效果—延时"对话框，如图 4.105 所示。

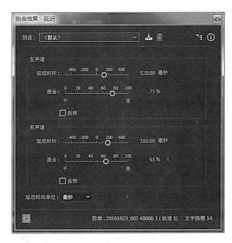

图 4.105 "组合效果—延迟"面板

3. 歌曲翻唱录制

（1）在网上下载伴奏音乐，并保存。

（2）选择"多轨"编辑模式，在要导入伴奏音乐的轨道，单击鼠标右键，在快捷菜单中选择"插入/文件"，将伴奏音乐导入到"轨道 1"上。

（3）在"轨道 2"上录制自己的唱声，单击"轨道 2"的"R"准备录音按钮，按红色的录制按钮进行录音。注意：为了使录制效果更好，应将"轨道 1"上的伴音的音量调小一点。

（4）录制完毕，应将"轨道 1"上的伴音的音量复原。

（5）对"轨道 2"上进行录制的唱声添加一些效果，使其更好听。

4. 声音噪声去除

（1）打开项目工程文件，在轨道中查看"噪波"，并选择一个区域，如图 4.106 所示。单击菜单栏中的"效果/降噪/恢复/捕捉噪声样本"命令，出现"捕捉噪声样本"对话框，如图 4.107 所示，单击"确定"按钮。

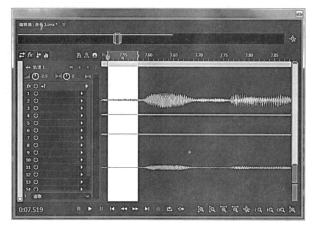

图 4.106　在轨道中查看"噪波"

图 4.107　"捕捉噪声样本"对话框

（2）单击菜单栏中的"编辑/选择/全选"命令，或按"Ctrl+A"组合键，全部选中。

（3）单击菜单栏中的"效果/降噪/恢复/降噪处理"命令，出现"降噪处理"对话框，如图 4.108 所示，单击"应用"按钮。

（4）在"效果组"中添加降噪效果。操作与前面的添加效果方法一样，调整成自己满意的效果即可。

（5）在降噪处理后，如果发现效果仍然欠佳，则可以添加预设效果。

5. 歌曲人声去除办法

（1）下载一首原唱歌曲。选择"多轨"编辑模式，导入原唱歌曲到轨道上。

（2）单击菜单栏中的"编辑/选择/全选"命令，或按"Ctrl+A"组合键，全部选中。

（3）单击菜单栏中的"效果/立体声声像/中置声道提取"命令（因为在有伴奏的歌曲中，人声处于中间位置），出现"组合效果—中置声道提取"对话框，如图 4.109 所示，在"预设"中选择"人声移除"，单击"应用"按钮，就可以将原唱中的人声去除。

6. 混音器的使用

混音器实际上就是调音台，它将多个音频文件、线路输入音频信号混音后，整合至一个立体音轨（Stereo）或单音音轨（Mono）中。混音器的混音输入可以是数字音频文件或线路输入音频信号，输出则为数字音频文件。

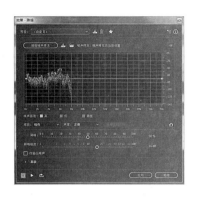

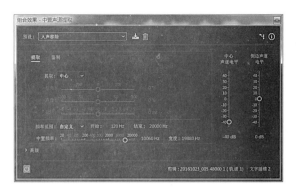

图 4.108　"降噪处理"对话框　　　　　**图 4.109　"组合效果—中置声道提取"对话框**

在混音的过程中，混音师会将每一个原始信号的频率、动态、音质、定位、残响和声场单独进行调整，让各音轨最佳化，之后再叠加于最终成品上。每路信号输入都有独立的音量调节器，确保音色清晰、动听。

注意：①较低的混音电平会使人的耳朵一直处于"灵敏"状态且不易疲劳；较高的混音电平可以使人的全身血液沸腾，但是不利于察觉到电平中的细微变化。

②在开始录音时就要为混音做准备。获得优秀混音最关键的要素之一就是在录音时尽量保证各轨声音的干净。

③不要把音量调到差不多的位置就不管了，如果有必要，则微调所有乐章、乐句，甚至音节的平衡。

当要将合成的效果输出时，可以使用"文件/导出/多轨混音"菜单下的"整个会话"命令，在弹出的"导出多轨混音"对话框中进行输出音频的相关设置，然后单击"确定"按钮，导出一个具有混音效果的音频文件。

第四节　数字视频资源

一、视频的基本知识

视频文件是指拍摄、记录和再现真实人物、事物和景物的一组连续播放的数字图像（Video）和一段随连续图像同时播放的数字伴音共同组成的多媒体文件。其中的每一幅图像称为一帧（Frame），随视频同时播放的数字声音简称为"伴音"。由于视频中包含声音信息，因此在对视频进行压缩时，也要对其中的声音信息进行编码和压缩。

二、视频文件的格式及特点

目前，视频文件的格式越来越多，不同的多媒体课件集成工具软件可能兼容不同的视频文件格式。常用的视频文件格式及特点，如表 4.3 所示。

表 4.3 常用的视频文件格式及特点

格式	特点
.avi	AVI 是 Microsoft 公司开发的一种伴音与视频交叉记录的视频文件格式。AVI 格式与硬件无关，可以在 PC 机和 Microsoft Windows 环境下使用，图像质量好，压缩标准可任意选择（同是 AVI 文件，如果压缩标准不同，则在解压时也需要各自不同的算法，因此会出现支持 AVI 格式的软件打不开某个 AVI 文件的情况），文件容量大
.mpg/.mpeg/ .dat/.vob/.mp4	MPEG 格式是 VCD、DVD 中常用的格式，压缩比高，有 MPEG-1、MPEG-2 和 MPEG-4 等多种压缩编码标准，其中 MP4 格式目前常用于高质量的网络流媒体传播
.rm/.rmvb	RM 格式是 Real Networks 公司开发的流媒体视频文件格式。RM 格式文件小、画面仍能保持相对良好，适用于在线播放。RMVB 格式是由 RM 视频格式升级延伸出的新视频格式，画质优于 RM 格式
.mov	MOV 是 Apple 公司为在 Macintosh 微机上应用视频而推出的视频文件格式。同时，Apple 公司也推出了为 MOV 视频文件格式应用而设计的 QuickTime 软件。QuickTime 软件有在 Macintosh 机上使用的和在 PC 机上使用的两个版本。QuickTime 软件和 MOV 视频文件格式已经非常成熟，应用范围非常广泛
.flv	FLV 流媒体格式是 Sorenson 公司开发的一种视频格式，全称为 Flash Video。FLV 格式文件极小、加载速度快，目前在线视频网站多采用这种格式。访问网站时只要能看 Flash 动画，无须再额外安装其他视频播放软件，就能观看 FLV 格式的视频
.wmv	WMV 是微软公司开发的一种数字视频压缩文件格式。WMV 文件包含视频和音频两部分，视频使用 Windows Media Video 编码，音频使用 Windows Media Audio 编码。在同等视频质量下，WMV 格式文件非常小，因此很适合在网上播放和传输
.3gp	3GP 是一种常见视频格式，是 MPEG-4 Part 14（MP4）格式的一种简化版本，常用于手机

三、视频资源的获取

在多媒体教学资源建设中，视频资源获取的主要途径有以下几种：

（一）自行拍摄。通过数字摄像机、带录像功能的数码照相机、手机等直接拍摄而获取数字视频图像数据。

（二）从资源库中获取。从农村远程教育工程提供的教学光盘、电影光盘、卡拉 OK 光盘等获取视频图像。

（三）网络下载。视频文件也可以通过网络搜索进行下载，具体方法参见"网络教学资源的获取"部分的操作方法。

（四）屏幕录像。在日常教育教学中，可利用屏幕录制工具录制计算机屏幕上的任意内容，包括线上教学、会议视频，目前常见的屏幕录制工具有 Camtasia、EV 录屏、钉钉、腾讯会议、拍大师、芦笋录屏、KK 录像机等，可根据录制需要选择相应的屏幕录制工具。

四、数字视频资源的加工处理

目前，在教育教学中常用的视频素材处理工具软件有 Adobe Premiere Pro、Vegas、Camtasia Studio、必剪及会声会影等。这里以会声会影为例介绍视频素材的处理与加工方法。会声会影是一款由 Corel 公司开发的视频编辑软件，其英文名称为 Corel Video Studio。这款软件以其简单易用、功能丰富的特点赢得了良好的口碑，在国内的普及度较高。

（一）使用会声会影制作电子相册

使用会声会影的"影片向导"能够轻松快捷地制作出动感十足的电子相册，步骤如下。

1. 启动会声会影软件，单击"影片向导"按钮，打开"影片向导"的面板，如图 4.110 所示。单击"插入图像"，弹出"添加图像素材"对话框，如图 4.111 所示。

2. 在"添加图像素材"对话框中，选择需要制作电子相册的照片，按住"Ctrl"键，依次单击选择需要的照片或按下"Ctrl+A"组合键，选中所有照片文件，然后单击"打开"按钮，选中的照片将被添加到媒体素材列表中，如图 4.112 所示。

3. 在媒体素材列表中选中需要旋转方向的照片，单击媒体素材列表上方的 ![按钮] 或 ![按钮] 按钮，逆时针或者顺时针旋转调整照片的方向，如图 4.113 所示。在媒体素材列表中选中需要调整顺序的照片，按住并拖动鼠标左键，将它拖动到新的位置，松开鼠标左键，完成照片调整。

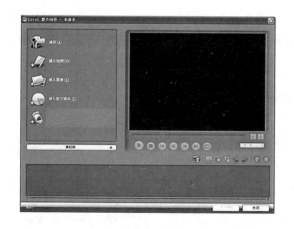

图 4.110　"影片向导"面板

图 4.111　"添加图像素材"对话框

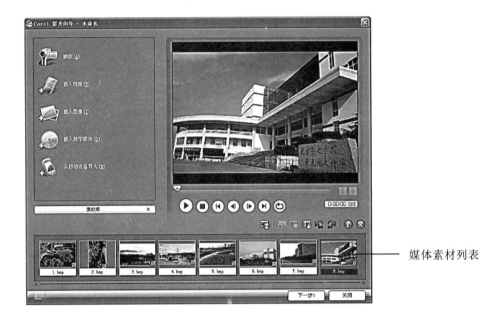

图 4.112　媒体素材列表

图 4.113　照片旋转后的效果

4. 按下"Ctrl+A"组合键，选中素材列表中的所有照片，在其中一张照片的缩略图上单击鼠标右键，在弹出的快捷菜单中选择"区间"，在弹出的"区间"对话框中，设置照片的播放时间，设置完成后单击"确定"按钮，如图 4.114 所示。

图 4.114　"区间"对话框

5. 单击"下一步"按钮，进入模板选择界面，如图 4.115 所示。在模板选择界面左侧的缩略图上单击鼠标左键选择要使用的模板，程序会自动添加片头、片尾、背景音乐，并将自动摇动和缩放效果应用到照片中，单击右边预览窗口下的控制条中的"播放"按钮进行效果预览。

图 4.115 模板选择界面

6. 单击预览窗口下方的"背景音乐"右侧的 按钮，打开"音频选项"对话框，如图 4.116 所示。单击"音频选项"对话框右侧的 按钮，删除当前使用的背景音乐；单击"音频选项"对话框上方的 按钮，在"打开音频文件"对话框中选择需要添加的一个或多个背景音乐，单击"打开"按钮，弹出"改变素材序列"对话框，如图 4.117 所示。

图 4.116 "音频选项"对话框

图 4.117 "改变素材序列"对话框

7. 在"改变素材序列"对话框中通过直接拖拽素材文件名的方式调整素材的序列，然后单击"确定"按钮，选中的音乐文件便添加到音乐列表中，也可在"音频选项"对话框中调整素材序列，如图 4.118 所示。

8. 在模板选择界面单击"标题"右侧的三角形按钮，从下拉列表中选择需要编辑的标题名称，如图 4.119 所示。在预览窗口的文本框中双击鼠标左键，输入新的标题，如图 4.120 所示。

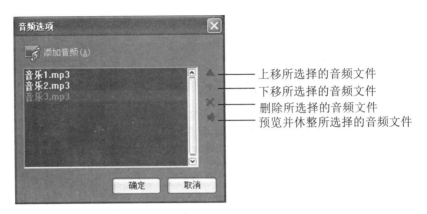

图 4.118　音频选项中的"音乐列表"

图 4.119　"标题"下拉列表

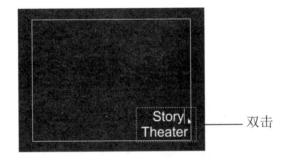

图 4.120　输入新的标题

9. 单击"标题"下拉列表右侧的"文字属性"的"T"按钮，弹出"文字属性"对话框，如图 4.121 所示，设置文字的属性，然后单击"确定"按钮。

图 4.121　"文字属性"对话框

10. 输出电子相册。单击"下一步"按钮，进入影片输出界面；单击"创建视频文件"输出方式，从下拉菜单中选择要创建的电子相册的文件格式。在打开的"创建视频文件"对话框中设置电子相册的保存路径和文件名称，然后单击"保存"按钮，程序开始渲染影片，并将影片保存到指定的路径中；在渲染完成后，将自动弹出"Corel 影片向导"信息提示框，单击"确定"按钮，完成电子相册的制作。

在电子相册完成后，如果需要刻录成光盘，则可以选择影片输出中的"创建光盘"；如果需要做得更加精细，则可以选择影片输出中的"在 Corel 会声会影编辑器中的编辑"。

（二）会声会影软件的基本操作

1. 会声会影软件的界面。

启动会声会影，在启动界面中选择"会声会影编辑器"按钮，即可进入会声会影软件的界面，如图 4.122 所示。会声会影编辑器提供了完整的视频编辑功能，包括导入图像素材、添加标题和效果、添加音频及按用户所需要的方式刻录或输出影片。

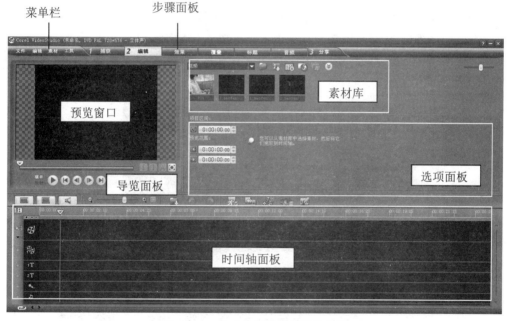

图 4.122　会声会影编辑器操作界面

（1）菜单栏。菜单栏提供了常用的文件、编辑、素材及工具的命令集。

（2）步骤面板。步骤面板包括了视频编辑器中不同步骤对应的按钮。

（3）素材库。素材库保存和整理所有的媒体素材。

（4）预览窗口。预览窗口能显示当前的素材、视频滤镜、效果和标题。

（5）导览面板。导览面板中的按钮可以浏览所选的素材，进行精确的编辑或修整。

（6）时间轴面板。时间轴面板显示项目中包含的所有素材、标题和效果。

（7）选项面板。选项面板包含控件、按钮和其他信息，可用于自定义所选素材的设置，它的内容将根据用户所在的步骤不同而有所变化。

2. 影片的剪辑与调整。

（1）从素材库中添加视频素材，步骤如下：

第一步：启动会声会影编辑器，单击步骤面板上的"编辑"按钮进入"编辑"模式。

第二步：单击素材库左上角的三角形按钮，在下拉菜单中选择"视频"。

第三步：单击素材库上方的"加载视频" 📁 按钮，在"打开视频文件"对话框中选择所需要添加的视频素材，单击"确定"按钮，选中的视频素材即添加到素材库中，如图 4.123 所示。

图 4.123　添加到素材库中的视频

第四步：单击素材库中需要添加的视频素材，并按住鼠标左键将其拖拽到故事板上，释放鼠标后，视频素材即被添加到故事板上，如图 4.124 所示。

新添加的素材并不是一定要放到影片的最后位置，如果将素材拖拽到需要插入的位置，则在插入的位置前方将显示"+"标志，释放鼠标后，素材将被插入到设置的位置。

图 4.124　添加了视频素材的故事板

（2）从文件中添加视频素材。如果将视频素材直接添加到影片中，则可以用从文件中添加视频的方法，步骤如下：

第一步：单击故事板上方的"将媒体文件插入到时间轴"按钮 🔽，在弹出的菜单中选择"插入视频"，如图 4.125 所示。

图 4.125　"将媒体文件插入到时间轴"按钮下拉菜单

第二步：在"打开视频文件"对话框中，选择需要添加的一个或多个视频文件，单击"打开"按钮。

第三步：在"改变素材序列"对话框中，根据需要以拖曳的方式调整素材的排列顺序，单击"确定"按钮，所有选中的视频素材，插入故事板的最后一段视频的后面，如图4.126所示。

图4.126　插入后的故事板

（3）添加图像素材。在会声会影编辑器中，还可以在影片中插入静态的图像素材，图像素材可以从素材库中添加，也可以从文件中添加，其方法与添加视频素材大致相同。

（4）使用缩略图修整视频素材。最为常见的视频修整就是去除头部与尾部多余的内容，使用缩略修整素材是最快捷和直观的修整方式，步骤如下：

第一步：添加素材到故事板上。

第二步：按键盘中的"F6"快捷键，打开"参数选择"对话框，如图4.127所示。在对话框中选择"常规"选项卡，在"素材显示模式"下拉菜单中选择"仅缩略"选项，然后单击"确定"按钮，以略图模式显示时间轴上的素材。

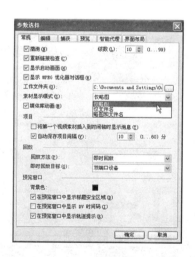

图4.127　"参数选择"对话框

第三步：单击"模式切换"按钮，切换到时间轴模式，如图4.128所示。

图4.128　"模式切换"按钮

第四步：选择需要修整的素材，选中的视频素材的两端以黄色标记表示。在左侧的黄色标记上按住鼠标左键并拖动到需要保留内容的位置，然后释放鼠标，鼠标释放位置之前的内容将被去除，如图 4.129 所示。用同样的方法把尾部多余的内容去除。

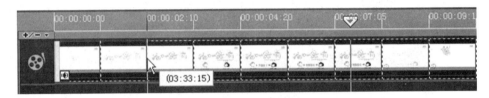

图 4.129　去除头部多余部分

结合时间轴上方的缩放按钮可以让修整点更精确。

（5）分割素材。在剪辑视频素材时，常常需要去除中间的某个片段，这时就需要把素材分割成两部分，然后删除不需要的内容，步骤如下：

第一步：将视频素材添加到时间轴上，如图 4.130 所示。

图 4.130　在时间轴上添加素材

第二步：将时间线或飞梭拖动到需要分割的位置，如图 4.131 所示。

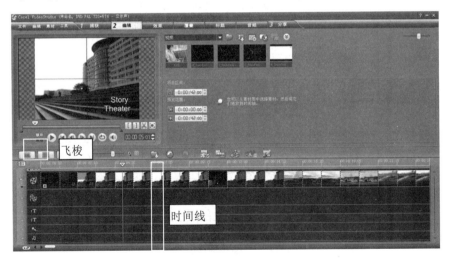

图 4.131　将时间线或飞梭拖动到需要分割的位置

第三步：单击分割视频按钮，视频素材便从时间线所处的位置分割成两段素材，如图 4.132 所示。

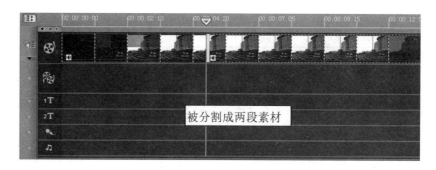

图 4.132　分割后的效果

第四步：重复步骤二和步骤三的操作，素材被分割成三段，如图 4.133 所示。

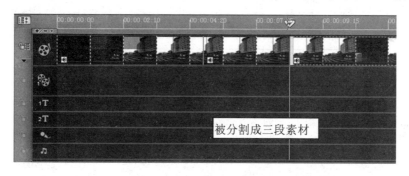

图 4.133　再次分割后的效果

第五步：选中需要删除的素材，按下键盘中的"Delete"键，选中的素材便被删除了，后面的素材自动移到前一段素材的末尾，如图 4.134 所示。

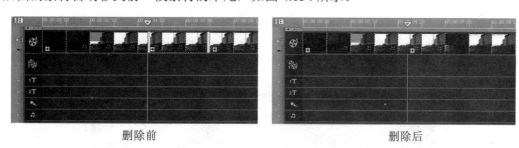

删除前　　　　　　　　　　　　　　　删除后

图 4.134　素材被删除前后

⑥调整素材的播放顺序。将素材添加到故事板中以后，要更改素材的排列顺序，只需要在调整的素材上按住鼠标左键并拖动鼠标，将它拖拽到希望放置的位置释放鼠标即可。

3. 添加转场效果。会声会影为用户提供了多种转场效果。转场必须添加到两段素材之间，因此，在操作之前需要先把影片分割成素材片段，或者直接把多个素材添加到故事板上，步骤如下。

（1）导入两段素材到故事板上。

（2）单击步骤面板上的"效果"按钮，进入"效果"步骤界面，如图 4.135 所示。

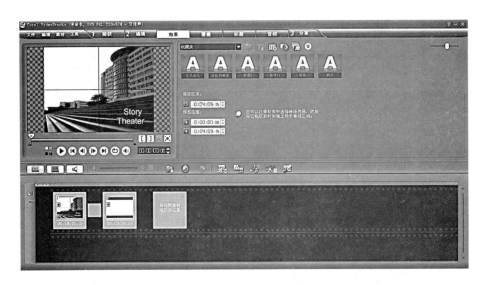

图 4.135　"效果"步骤界面

（3）单击素材库右侧的三角形按钮，如图 4.136 所示，在下拉菜单中选择需要的类别，然后选择素材库中显示的当前类别中包含的一种转场。

图 4.136　选择需要的转场

（4）将选中的转场缩略图拖曳到故事板上的两个素材之间，如图 4.137 所示。

图 4.137　添加转场后的故事板

（5）根据需要调整选项面板中转场的设置，如图 4.138 所示。

图 4.138　设置选项面板

如果需要更改转场，则只需要把新的转场拖拽到故事板中原来添加的转场上，释放鼠标就行了。如果需要删除转场，则只要选中转场，然后按下键盘中的"Delete"键即可。

4. 添加和编辑标题。

会声会影的"标题"面板能够很方便地创建出专业化的标题。会声会影的素材库中提供了丰富的预设标题，可以直接把它们添加到标题轨上，然后修改标题的内容，使它们与影片融为一体。步骤如下：

（1）单击"步骤"面板中的"标题"按钮，进入"标题"步骤界面，如图 4.139 所示。

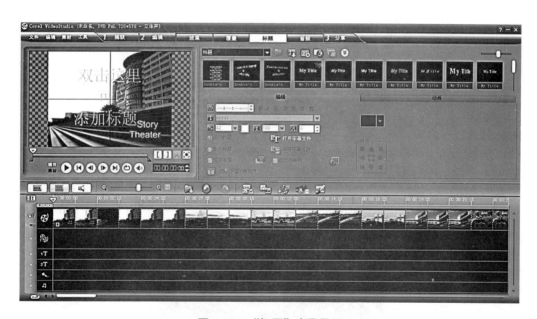

图 4.139　"标题"步骤界面

（2）在素材库中选择需要使用的标题模板，把它们拖拽到"标题轨"上，如图 4.140 所示。

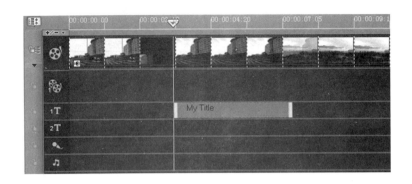

图 4.140　添加标题模板

（3）在"标题轨"上选中已经添加的标题，然后在预览窗口中单击鼠标，使当前标题处于编辑状态，在标题框中双击鼠标左键，输入新的文字内容。

（4）按下键盘中的"Ctrl＋A"组合键选中所有的文字，然后在"选项"面板中设置标题的属性，如图 4.141 所示。

图 4.141　在"选项"面板中设置标题的属性

（5）将鼠标移到文字上，将文字拖曳到画面中合适的位置。

（6）在"标题轨"上把标题拖拽到合适位置，并向左拖动标题右侧的黄色标记，调整它的长度，使它与水平素材的内容相对应，如图 4.142 所示。

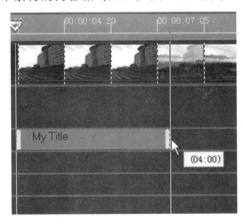

图 4.142　调整标题长度和位置

5. 添加与编辑声音。会声会影的"音频"面板可以为项目添加声音和音乐，一般来说，声音添加到音轨，音乐添加到音乐轨。声音的添加与编辑和视频的添加与编辑方法大致一样，这里不再赘述。

6. 保存影片。在会声会影中视频、图像、音频素材的转场效果都设置好后，单击"步骤"面板中的"分享"按钮，进入影片的"分享"选项面板，如图 4.143 所示。保存影片的方法，步骤如下。

图 4.143 "分享"选项面板

（1）影片完成后，单击步骤面板上的"分享"按钮，进入影片"分享"步骤。

（2）单击选项面板上的"创建视频文件"按钮，根据输出目的在下拉列表中选择需要创建视频文件的类型。在打开的"创建视频文件"对话框中指定视频文件保存的名称和路径，然后单击"保存"按钮，以指定的格式保存。

（3）在保存完成后，生成的视频文件将在素材库中显示一幅缩略图，如图 4.144 所示，单击预览窗口下方的"播放"按钮，即可查看保存后的影片效果。

图 4.144 保存后显示的缩略图

第五章　多媒体教学课件的设计与开发

在当今信息化高速发展的时代背景下，多媒体教学课件已成为教育教学不可或缺的重要工具。本章将深入探讨多媒体教学课件的设计与开发，旨在揭示其背后的相关基础知识、设计理念和技术实现。多媒体教学课件以其直观性、交互性和丰富性等特点，为课堂教学提供了全新的可能性，不仅极大地丰富了教学手段，而且有效提升了学生的学习兴趣和效果。通过对本章的学习，读者将能够掌握多媒体教学课件设计与开发的基本理论和方法，为实际教学提供有力的技术支持。

第一节　多媒体课件

一、多媒体课件概述

（一）多媒体课件的含义

多媒体课件是在一定的教学理论和学习理论的指导下，根据教学大纲的要求，经过教学目标的确定、教学内容和教学任务的分析、教学活动结构及界面的设计等环节，利用计算机语言、系统开发工具或平台来表现特定的教学内容，反映一定教学策略的计算机教学程序。多媒体课件利用计算机语言或计算机多媒体开发工具将文字、图形/图像、声音、动画、视频等多种媒体综合起来，用来呈现、传递、处理和存储教学信息。

（二）多媒体课件的特点

多媒体课件能充分发挥学习者的主体地位，通过情境创设、协作学习，促进学习者主动思考、主动探索，使学习者在学习过程中真正成为信息加工的主体以及知识意义的主动建构者，其基本特征包括以下几个方面：

1. 表现教学内容的直观性

设计制作多媒体课件，应根据教学目的与要求，发挥多媒体图文并茂、形声并举的优势来直观地呈现教学内容，同时把抽象的问题具体化，使学习者获得充分的感知，对学习者获取知识、发展能力和培养品德等方面起到良好的教育作用。

2. 突出教学重点，突破教学难点的片断性

多媒体课件是为了解决某一学科的教学重点与教学难点而开发的，在设计过程中必须根据教学大纲的要求，围绕教学重点、难点或关键性的问题来设题立意。要充分发挥多媒体的优势，采用恰当的表现方法，将复杂问题或难点问题简单化。知识点可以不连续，也可以是对教学难点的分割，主要用于课堂演示教学，注重对学习者的启发、提示，能够反映问题并得到解决的全过程。

3. 反映最新知识和信息的及时性、新颖性

多媒体课件最终是用来服务于教学的，其目标是改革教学手段和提高教学质量，而不是一味地照搬课本内容。通过周密的计划，科学的设计，能反映课件内容的新颖性与真实性，并及时地将最新知识和信息传递给学习者。

4. 信息表征方式的多样性

教师应在多媒体课件的制作过程中分析信息的各种呈现方式对学习者表征的影响，选择合适的教学材料呈现策略，以方便学习者的认知，帮助学习者提高学习效率。教学内容的呈现方式有文本、图片、动画、音频、视频等，对于不同的教学内容、不同的学习目标、不同的学习人群，所采取的呈现方式不同，带来的教学效果也会不同。

（三）多媒体课件的类型

目前多媒体课件的用途多样、种类繁多，可以从不同的角度对多媒体课件进行分类。

1. 根据使用对象分类

（1）助教型。助教型多媒体课件是从教师的角度出发设计的多媒体课件，为解决教学的重点和难点而开发的多媒体课件，主要用于配合教师的课堂讲授、讨论、练习和示范。

（2）助学型。助教型多媒体课件主要用于学生的自主学习，具有完整的知识结构，反映一定的教学过程和教学策略，具有良好的人机交互界面和环境，并提供相应的练习和测试供学生进行学习评价。

（3）教学结合型。教学结合型多媒体课件兼具助教型和助学型多媒体课件的特点和要求。

2. 根据使用环境分类

（1）单机型。在独立的计算机中运行，人和计算机具有良好的交互性。

（2）网络型。网络型多媒体课件是指采用 Web 等技术开发，在计算机网络上运行的多媒体课件，能够突破时间和地域限制，交互性较强。除具有单机型多媒体课件的特点外，还要求数据量尽可能小，信息量大，并有练习、测试和评价。

3. 根据教学功能分类

（1）教学演示型课件。教学演示型课件利用文字、图形、图像、声音、视频和动画等形式，将所涉及的事物、现象和过程再现于课堂教学之中，或将教学人员的教学过程，按照教学要求逐步地呈现给学习者。

（2）个别引导型课件。个别引导型课件按教学目标将知识分为许多相关知识点或多种教学路径，设计分支式的教学流程，根据学习者具体的反馈信息检查其掌握情况，从而决定学习者进入哪条路径学习新内容，或者返回复习旧内容。该类多媒体课件根据学习者的具体进程对其进行引导，从而达到个别化教学的目的。

（3）练习测试型课件。练习测试型课件通过大量的练习与测试来达到学习者巩固已学知识和掌握基本技能的目的。它以问题的形式来训练强化学习者某方面的知识和能力，加深对重点和难点知识的理解，提高学习者完成任务的速度和准确度。

（4）教学模拟型课件。教学模拟型课件利用计算机运算速度快、存储量大、外部设

备丰富，以及信息处理的多样性等特点模拟真实过程，表现某些系统的结构和动态行为，使学习者获得感性的印象。常用教学模拟课件有实验模拟、情景模拟，以及模拟训练等形式。

（5）协作学习型课件。协作学习型课件依托计算机网络与通信技术，实现不同地域之间教授者与学习者的实时交流，或者在学习者之间进行小组讨论、小组练习、小组课题等各种协作性学习，达到共同学习的目的。

（6）资料工具型课件。资料工具型课件包括各种电子工具书、电子字典及各类图形库、音频库、动画库、视频库等，不提供具体的教学过程，重点是其检索机制可供学习者在课外进行资料查阅，也可根据教学需要事先选定有关内容，配合教学人员讲解，在课堂上进行辅助教学。

（7）教学游戏型课件。教学游戏型课件以游戏的形式呈现教学内容，为学习者构建一个富有趣味性和竞争性的学习环境，激发学习兴趣，通过让学习者参与一个有目的的活动，遵守游戏规则以达到某种特定的目标，其把知识性、教育性和趣味性融为一体，并将知识的传授和技能的培养融于各种愉快的情境中。

（四）多媒体课件开发工具

多媒体课件开发工具是指能够把文字、声音、图像、动画、视频等多种媒体素材集成为一个交互式软件的工具。一般来说，多媒体课件开发工具可以划分为以下几种类型：

1. 电子书页式。电子书页式编辑工具也称为卡片式编辑工具，它采用的是类似于书本的一"页"或者"卡片"来实现对各种多媒体信息的管理，其中每一"页"就是显示在屏幕上的一个窗口。PowerPoint 就是一个典型的书页式的多媒体课件开发工具。

2. 流程图式。流程图式编辑工具也称图标式编辑工具。Authorware 就是基于图标的编辑工具，它的特点是以流程图为依据，将各种图、文、声、像等加工过的素材用形象的图标方式依次连接在流程图中，并进行编辑整理后，集成为交互式的软件。

3. 时间顺序式。时间顺序式的多媒体编辑工具按照时间顺序来管理多媒体信息，以"帧"为单位依次播放出来。Director 编辑工具就是时间顺序式多媒体编辑工具的一个代表。

4. Web 式。Web 式工具主要用于开发制作在网络上运行的多媒体软件，如 Macromedia 公司推出的 Dreamweaver 软件。

二、多媒体课件开发的基本流程

多媒体课件开发是一项较为复杂的系统工程，涉及教育学、心理学、传播学、美学、计算机科学等多学科领域知识和不同背景的专业人员，需要开发小组全体人员的通力合作，共同完成。一般说来，多媒体课件开发包括环境分析、系统设计、脚本设计、软件编写和评价与修改等几个阶段，如图 5.1 所示。

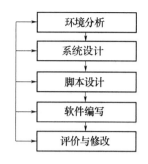

图 5.1　多媒体课件开发的流程

（一）环境分析

多媒体课件的设计与开发，首先要进行教与学的需求分析，即在某门课程的教学过程中确定如何利用课件弥补传统教学方式的不足，确定采用何种教学模式等。找到了这个需求点，就是找到了课件对应的主题（题材），也就可以决定设计和制作什么内容的、什么类型的课件。

1. 教学目标的确定。在课件的主题和类型确定后，就可以对教学内容做详细的分析，并在了解学习者特征的基础上制定可行的教学目标，以便指导和控制课件的设计与制作，如图 5.1 所示。

2. 教学内容的选择与排序。教学内容的选择应以教学大纲为依据，并对教学内容做周密的安排，以确定哪部分内容先呈现，哪部分内容后呈现。一般来说，最简单、最基础的内容先呈现，然后向具体的、细节性的知识内容发展，应尽量突出教学中的重点和难点。

3. 运行环境分析。课件的运行环境包括硬件环境和软件环境两个方面。课件的设计和开发既要考虑课件的开发平台、计算机语言的选用，也要考虑教学系统中相应的教学环境和教学设备等。

4. 开发成本估算。多媒体课件开发成本的估算也是不可缺少的。开发的总费用一般包括开发组成员的劳务费，各种参考资料费，磁盘、打印纸等各类消耗材料费及软件维护费等。

（二）系统设计

系统设计是在环境分析的基础上进行课件开发的具体的方案、策略和技术办法的整体设计，主要包括教学设计、结构设计、导航策略设计、交互界面与视觉元素设计四个环节。

1. 教学设计

课件开发过程中的教学设计最能体现教师的教学经验和教师的个性，也是教学思想最直接和具体的表现。该阶段的主要任务包括对学习者特征的分析、教学目标的确定、教学内容的分析、教学模式的选择、教学策略和教学方法的应用及教学效果的评价等。

有关教学设计的详细内容请参见本书第六章信息化教学设计与评价。

2. 结构设计

多媒体课件信息量大，具有集成性、交互性、控制性等特点，所以须根据教学设计的结果对课件的整体结构做好设计和规划，它是教学设计的思想在软件设计上的具体体现。

（1）课件的总体结构。

多媒体课件既有一般计算机软件的结构和组成，同时又具有教材的结构和组成，它是由每一页或每一幅的画面组成的。多媒体课件的总体结构一般包括以下内容：

①封面和封底。封面是运行课件时出现的第一幅框面，一般呈现制作单位的名称或课件的名称，常以几秒钟的视频或动画形式表现。封底用于标注课件的出版社、版权、开发时间等。

②帮助。帮助通常放在扉页，用于介绍课件的使用方法，帮助用户解决使用过程中的问题。

③菜单。菜单一般按课件的功能来设计，常用的功能菜单和快捷键要符合主流软件习惯，也有一些课件不使用菜单。

④内容。内容是课件呈现的主要框面部分，用来呈现教学内容。各部分、各知识单元之间、知识点与知识单元之间、各知识点之间通常利用"热键""图标""按钮"等方式实现跳转。

⑤界面。课件与一般的软件一样，需要设计用户与计算机交互界面，通常包括菜单、按钮、对话框，屏幕的图形、声音、色彩、动画等。

⑥导航。当多媒体课件系统信息量大，内部的信息结构关系复杂时，学习者在学习过程中很容易迷失方向，常常不知道自己处于信息网络的何种位置，这时需要为学习者提供引导措施，这就是课件的导航系统。

（2）课件的内容结构。

课件的内容结构一般由引入、指导和练习三部分构成。

①引入部分。通过对本部分的学习有助于学习者顺利地进入后面的学习，从而达到预定的教学目标。

②指导部分。指导部分包括两种成分——主指导成分和补充指导成分。主指导成分用于概念、法则、理论等基本内容的学习，是使用课件的每一位学习者必须学习的内容；补充指导成分用于对主指导成分的学习进行某种补充。

③练习部分。练习部分包括主练习成分和补充练习成分。

（3）课件结构设计的基本步骤。

①设计课件的封面和导言。封面要求形象生动，并能自动进入导言部分；导言部分要阐明教学目标与要求，介绍课件的使用方法，呈现课件的基本结构。

②确定课件的菜单组成与形式。确定课件的主菜单和各级子菜单，并设计菜单的表达形式。

③划分教学单元并确定每个教学单元的知识点构成。将教学内容划分成若干教学单元，确定每个教学单元所包含的知识点。

④设计屏幕的风格与基本组成。根据不同的教学单元设计相应的屏幕类型，使相同的知识点具有相对固定的屏幕风格，并考虑每类屏幕的基本组成要素。

⑤确定屏幕内各要素的跳转关系。屏幕内各要素的跳转不会引起屏幕整体框架的翻

转，只是屏幕内部某个要素的改变。

⑥确定屏幕与屏幕之间的跳转关系及屏幕向主菜单或子菜单的返回。

⑦确定屏幕向结束的跳转关系。

3. 导航策略设计

多媒体课件的导航类型有很多，如检索导航、帮助导航、线索导航、浏览导航、书签导航等。

（1）检索导航。检索导航供学习者在任何位置都可利用关键词、标题等快速检索所需的学习信息，查询自己的位置，迅速找到自己想要学习的内容。

（2）帮助导航。设计帮助菜单，当学习遇到困难时，学习者借助帮助菜单可获得软件提供的解决问题的方法和途径。

（3）线索导航。线索导航为学习者在浏览访问系统的链和节点时，可以设置和记录学习者的学习历史途径，使学习者按原来的学习路径返回。

（4）浏览导航。浏览导航用可视化的图形标识出超文本的结构，包括超文本的网络结构中的各个节点及各节点之间的联系，以帮助学习者明确自己的位置，直接进入任何节点浏览。

（5）书签导航。学习者在浏览学习的过程中，将其认为重要或感兴趣的学习信息标上书签号，以后只要输入某书签号，就能快速检索到该学习的信息，并返回设置书签的位置。

4. 交互界面与视觉元素设计

交互界面与视觉元素设计主要是对多媒体课件显示界面的元素进行组织安排、色彩搭配等方面的设计。

（1）界面对象布局。合理安排界面对象的布局是界面设计的第一步，在进行界面布局设计时要注意以下几点。

①恰当布置，主体突出。在界面上的对象应力求上下左右达到平衡；每一个界面对象，如窗口、按钮、菜单条等的外观和操作应做到一致化；显示内容应恰当，不应过多，切换不宜过快，界面不应过分拥挤，四周应留出一定的余地。显示不完全可采用分页或滚动技术，应选用笔画丰满的字体，大小标题可用不同字体、字号，以区分层次和段落；文字的色彩也应有一定的对比，从而突出主体。

②重点集中，视觉明确。由于屏幕尺寸较小，要求重点集中，视觉明确。在同一画面上，不应出现两个以上的兴趣中心，以免分散注意力。

③合理预留空行、空格。必要的空行、空格会使结构合理，条理清楚，阅读、查找方便；相反，过分密集的显示会损害学习者的视觉，也不利于学习者把注意力集中到有用的信息上。

④美观大方，层次清晰。界面设计要美观大方，不落俗套，但也不宜过分花哨。如果必须引入多种媒体，则最好能让操作者控制并依次展示，给人以清晰、有序的感觉。

（2）色彩的选用。色彩的选用最重要的是明确色彩使用的目标和任务。要合理运用色彩，应注意以下几点。

①避免同时使用太多的色彩，在同一画面中一般不超过四种色彩，过多的色彩会增

加学习者的反应时间，增加出错的机会，容易引起视觉疲劳。

②在选择色彩时注意色彩的可分辨性和协调性。既要选择在光谱上有一定间隔的色彩，又要尽量避免将对比强烈的色彩放在一起。

③活动对象与非活动对象色彩应不相同。活动对象的色彩要鲜艳一些，非活动对象的色彩要暗淡一些。

④定义色彩的含义要与用户的色彩经验和期望相一致。不同国家、民族、宗教、年龄层次、社会地位的人往往对色彩有着不同的理解。

⑤要注意色彩的空间分布位置。

⑥要注意色彩的顺序。如果要用一个色彩的渐变序号来表达某种顺序信息，那么色彩编排应与光谱顺序相吻合，以符合人们的视觉习惯。

（3）多媒体元素设计。多媒体信息的呈现形式有文本、图形/图像、音频、视频、动画等。这些媒体元素的主要功能是提供感性材料，加深感知深度；提供具体经验，促进记忆理解；克服时空障碍，丰富课堂教学。

①文本。多媒体课件中应尽量用最少的文字来表明事实的含义。当必须使用大量文字时，应尽量不要使文字集中在一起或在一屏上出现太多的文字。文本中必须选用容易阅读的字体，颜色也要认真设计，避免花花绿绿。

②底图。很多课件的框面都加入了底图，将教学内容呈现在底图上。建议将底图设置为白色或淡一点的色彩，在框面的右下角加入小块修饰图起平衡画面之用。

③声音。多媒体课件中的声音一定要根据声音的功能来设计。声音不能太多；音量尽量能够可调；声音的选取应配合文字、图像、视频等内容。

④动画、视频。在屏幕上出现的位置要保持基本一致，一般放在屏幕的中央，为方便学习者操作，在动画、视频窗口下方设计播放、停止、快进、倒退等按钮。

（4）交互界面设计。交互界面的设计要求方便操作，应具有一致性、容错性、兼容性。多媒体课件中进行人机交互的方式主要有菜单、按钮、图标、窗口和对话框等，交互界面如图5.2所示。

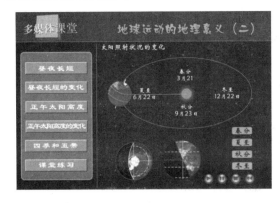

图5.2 交互界面

①菜单交互。菜单可以把用户当前要使用的操作命令以项目列表的方式显示在屏幕上，供学习者按需选择。菜单的形式多种多样，常用的有条形菜单、弹出式菜单、下拉

菜单、图标式菜单等。

②按钮交互。按钮通常含有一套源程序，当被使用者激活时可以完成课件的某种功能操作。按钮的形状通常有三角形、矩形、圆形等平面图像，也可以是立体图形。当然，用户也可以根据需要使用 Flash、Photoshop 等工具制作不同形状、不同颜色的按钮。

③图标交互。多媒体课件中的图标交互用简洁的图形符号模拟现实中的事物，从而形象、逼真地反映各种操作功能，如用"喇叭"图标表示声音等。

④窗口交互。窗口是指屏幕上的一块矩形区域。窗口内包括其他组成屏幕的各种要素，并且可以缩放、移动、多级窗口叠放等。

⑤对话框交互。对话框通常以弹出式窗口呈现。通过对话框学习者和系统可以进行更细致、更具体的信息交流活动，常由一些选择项和参数设定空格组成。

（三）脚本设计

脚本是在教学设计基础上所做出的计算机与学生交互过程方案设计的详细报告，是下一阶段进行软件编写的直接蓝本，也是课件设计与实现的重要依据。脚本的设计包括总体设计和具体设计两个方面。总体设计是对课件的版面、图形文字、内容呈现方式、颜色和音乐等项目进行的整体规划和设计，根据课件的目标、学生的特点和教学内容的需要，提出设计的标准、原则和方向，以保证课件中各媒体要素具有一致的内部设计；具体设计是根据总体设计所确定的原则和标准，进行有关屏幕细节的设计，并通过脚本卡片给予准确的描述。

多媒体课件的设计包括教学设计和软件的系统设计，多媒体课件的脚本有文字脚本和制作脚本两种。

1. 文字脚本

文字脚本是由学科教师按照教学要求对课件所要表达的内容进行的文字描述，即"教什么""如何教"和"学什么""如何学"的文字描述，它包括教学目标的确定、教学内容和知识点的划分、学习者特征的分析、学习模式的选择、教学策略的制定和教学媒体的选择等内容。表 5.1 为多媒体课件文字脚本的一种样表。

表 5.1 多媒体课件文字脚本样表

多媒体课件名称			脚本编著者		
适用对象			编著者单位		
使用方式	□课堂演示 □学生自学 □模拟实验 □复习 □资料				
内容知识点划分和媒体选择					
序号	教学单元	知识点	教学目标	媒体类别	呈现方式

2. 制作脚本

多媒体课件的开发，还应考虑所呈现的各种媒体信息内容的位置、大小、显示特点，所以需要将文字脚本改写成制作脚本。制作脚本是在文字脚本基础上改写而成的能体现软件结构和教学功能，并作为软件编制的直接依据的一种具体描述。表 5.2 为多媒体课件制作脚本的一种样表。

表 5.2　多媒体课件制作脚本样表

多媒体课件名称	
制作脚本编者	
制作脚本编者单位	
制作单位	
适用对象	
功能与作用	
1	
2	
主要模块分析	
1	
2	
序号	课件框架结构
1	屏幕设计草图　　屏幕设计说明： 颜色： 窗口大小： 进入效果： 擦除效果： 解说词： 交互方式：

在多媒体课件的脚本设计中，计算机屏幕布局的合理与否，在一定程度上反映了课件的质量。在脚本设计中，通常都将屏幕划分为若干个功能区，使得在同一个课件中各种类型的信息都有相对固定的位置，以避免学生每次花时间在屏幕上寻找重点内容而无法集中精力学习。图 5.3 给出了一种适合于指导型和练习型课件的典型的屏幕功能区划分。当然，图中的划分也不是一成不变的，它可以随着信息容量的变化而做相应调整。

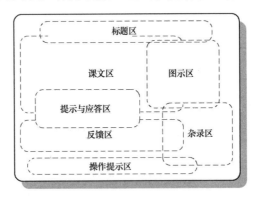

图 5.3　课件界面布局

（四）软件编写

软件编写阶段的任务是将教学设计阶段所确定的教学策略及脚本设计阶段所编写的制作脚本用某种计算机语言或多媒体软件工具加以实现，主要包括数据准备、编辑制作与测试等基本环节。

1. 数据准备

数据准备阶段的工作主要是进行文本的输入、图形/图像的扫描与处理、动画的制作及视频的编辑等。为了提高效率，应该尽量收集、利用现有的多媒体素材，根据教学内容和教学设计的媒体内容进行编辑加工。素材的选择和应用要贴近教学内容和教学设计的媒体内容，尽量不用与教学规律和教学内容不符合的素材。

2. 编辑制作与测试

在多媒体素材采集、编辑完成后，利用多媒体集成工具或某种计算机高级语言进行编程，制作成多媒体课件。

课件程序编写完成后应进行仔细的调试，调试的目的是找出程序中隐含的各种可能错误并加以排除，其中包括教学内容上和计算机语言文法上的各种错误。

（五）评价与修改

在多媒体课件初步制作出来后，首先要进行全面的试用和评价，以发现其中的错误与不足，然后做出修改和完善，从而进一步提高课件的质量。事实上，课件的评价与修改应该贯穿课件的各个环节。

课件的评价要包括以下5个方面：

1. 科学性：如课件内容表述是否准确、有无科学性错误等。

2. 教学性：如课件设计与表现是否体现教学功能、是否符合学习者的认知规律等。

3. 技术性：如课件的稳定性、容错能力、兼容性等。

4. 操作性：如课件的操作是否简单、使用是否方便等。

5. 艺术性：如课件界面设计是否简洁、美观布局是否合理，声音与画面是否相协调等，多媒体课件评价指标如表5.3所示。

通过检测和评价后，就可以对课件打包发行使其成为可以应用的最终产品。所谓打包就是将制作完成的多媒体作品生成一个可执行文件，使课件可以脱离开发环境独立运行，以实现教学实践中的价值及优秀资源的推广共享。

表 5.3　多媒体课件评价指标

一级指标	二级指标	评价标准
科学性 （10分）	教学内容 （2分）	教学内容表述准确、无科学性错误；教学内容思想健康，有利于学生身心发展
	科学规范 （8分）	引用资料正确权威，资料来源可靠；文字、符号、单位、公式、图表、配音准确无误；模拟、仿真形象、操作示范、模仿过程等符合相关规定
教学性 （40分）	教学目标 （5分）	教学目标明确，课件内容符合课程教学大纲要求，符合教学设计目标
	内容选择 （5分）	课件内容覆盖教学的基本要求，突出重点、难点问题、主次分明
	内容编排 （5分）	课件结构清晰合理，符合教学内容表述的需要
	学习激励 （10分）	能应用多种媒体设计策略激发和维持学习者的学习动机与兴趣

一级指标	二级指标	评价标准
教学性 （40分）	认知规律 （15分）	窗口中显示的文字大小、数量适当；能采用多样化的媒体设计方式，如图像、动画、视频、声音、解说等恰当地表现内容；教学内容的展现符合学习者的认知规律
技术性 （20分）	稳定可靠 （5分）	课件运行可靠，运行过程中不出现故障，即使出现意外中断，也能重新开始；没有链接错误
	素材质量 （10分）	媒体格式符合有关技术规范；图片清晰度高，色彩还原正常；视频清晰无马赛克现象；声音清楚、流畅
	通用兼容 （5分）	课件对硬件及软件具有良好的兼容性，能跨平台运行；在推荐运行环境下所有动画、声音和视频都能正常播放；课件安装、卸载方便、可以自由复制到硬盘上；课件的安装、保存、退出设置科学合理，简单易行
操作性 （10分）	操作使用 （5分）	课件操作简单易行、简洁明了，能使初学者尽快掌握操作要领；跳转设计简捷、准确、快速；有方便学习者随时中止课件的功能
	导航链接 （5分）	良好的交互操作界面、操作界面上设置简单、含义明确的按钮和图标（如文字提示、光标变形提示、热区和按钮变化提示等）；导航菜单的设计应该清晰地展现课件内容的结构；避免层次太多的交互菜单
艺术性 （20分）	视觉效果 （15分）	界面设计简洁、美观、布局合理；风格统一；色彩协调、搭配得当；表现教学内容的画面主体突出、构图均衡
	听觉效果 （5分）	使用的声音效果与画面相协调，音量适度；配音标准，语速适中

三、多媒体课件制作注意事项

（一）文本精练

教师不可以把自己讲课的字字句句全部呈现在幻灯片上，因为那样文字太多。如果缩小字号，那么大部分学生根本看不清楚文字，即使学生能够领会课件上的文字、语句的意思，也是"转瞬即逝"，会使学生视觉疲劳甚至产生抵触情绪而厌"学"。

（二）界面清晰

1. 课件模板要映衬文本内容，以"服务"文本内容为宗旨，模板不能过于复杂，让人眼花缭乱。

2. 字体最好选用"经典"字体，如黑体、宋体、楷体等，字号一般是28号字以上，不要小于24号字。

3. 图片与教学内容之间协调一致，起到相互辅助、衬托的作用。不能仅从观赏性出发来选择图片插入，要以内容的需要为前提；不能以插入图片"多多益善"为标准，而要以"锦上添花"为要旨，而且尽可能选用具有针对性的照片。

4. 媒体集成。利用多媒体的集成性原则，选择性地使多种媒体对抽象的、概括的理论及历史的过去式具有较强的表现力和感染力。应避免多种媒体在教学中简单移植和堆砌。

5. 操作便利。制作课件的任何一步都要考虑可操作性，还要考虑所制作出来的多媒体课件对运行环境的要求，所需的操作系统要求不能太先进，配置不能太高。

第二节　演示型多媒体课件

演示型多媒体课件制作软件类型多样，目前最流行的是 PowerPoint（简称 PPT）和WPS 演示文稿制作软件。下面以 PowerPoint 为例介绍演示型多媒体课件制作的技巧和方法。

一、PowerPoint 课件常见的误区

（一）把 PPT 课件当作发言稿。有些人把 PPT 当作发言稿来撰写，使用 PPT 替代发言稿，没有充分发挥 PPT 在报告讲授过程中的视觉辅助作用，使讲课变成了照本宣科，让人昏昏欲睡。

（二）字体颜色与背景颜色混为一体。PPT 字体的颜色与背景的颜色混为一体，让人看起来十分费力。

（三）塞满了各种图表与曲线。PPT 页面上塞满了各种图表和曲线，让学习者看起来十分费力。

（四）使用标准模板。大多数人设计使用 PPT，选用标准的模板以文字表达为主。人们在各种场合看到的 PPT 千人一面，没有特色，不能够给学习者留下深刻的印象。

（五）所见即所得。PPT 上的文字过多、文字太小、图片不清晰，以为计算机屏幕效果就是投影效果，以及不站在学习者的视角思考呈现的内容，都会让实际的效果大打折扣。讲演者在自己的计算机屏幕上面设计 PPT，无论字体大小、色彩还是图片细节都看得十分清楚，但是到了会场，投影器将 PPT 投射到墙上或屏幕上，坐在后面的听众却感觉一片模糊。

（六）堆积过多的内容元素。在 PPT 上面堆积过多的内容元素（文字、图片、色彩、动画等），干扰了学习者对主题的注意和记忆，造成重点不明显、主题不突出。

（七）前后内容缺乏逻辑。屏幕版式排列杂乱，前后幻灯片之间的内容缺乏逻辑，容易使学习者丈二和尚摸不着头脑。

（八）无关的"美景"干扰主题。过多的插图会分散注意力，过于复杂的画面会增加认知负荷，导致插图与背景混淆。

（九）文字过大或过小。PPT 上的文字大小没有固定的标准，具体取决于离 PPT 投影面最远的距离。

（十）超链接文件找不到。在播放 PPT 时发现 PPT 上的超链接文件（文件、音乐、视频等）无法打开，提示"无法打开指定的文件"错误，这就是在转存 PPT 课件时，只转存了单独的 PPT 文件，而没把那些超链接的文件也同时转存。

（十一）图片变形。有些讲演者随意拖拉图片，造成图片长宽比例失调，影响呈现效果。

二、PowerPoint 制作课件的基本技巧

PowerPoint 内置丰富的动画、过渡效果和多种声音效果，并有强大的超级链接功能，可以直接调用外部众多文件，能够满足一般教学要求，而且简单易学，所以是目前大多数教师制作多媒体辅助教学课件的常用软件。利用 PowerPoint 制作课件的基本技巧有以下几点：

（一）结构要清晰

在传统的课堂教学中，教师通过板书呈现重要的教学内容。要让 PPT 做到结构清晰，首先，课件中的文字要精练，教材上的大段文字阐述不必在课件中重复出现，即使要出现，也要尽量浓缩，以浅显、精练的文字归纳出要点；其次，在课件中可多次重复目录页，每讲完一个大问题，都重复播放目录页，使走神的学生也能追上课程的思路；最后，整个课程的项目符号和编号要统一，并尽量与教材保持一致，以方便学生做笔记。

（二）版面要合理

1. 课件的首页要整洁

课件的首页一般来说是一个欢迎页面或者课件的标题，不需要太多的内容，但可以稍华丽一点，如一幅符合主题的画面加上一段简洁的欢迎词或者标题内容。

2. 课件的目录要简洁

课件的目录就像是一个导向牌，完整的目录至少应该具备：标题、导航条和退出按钮。尽量做到简洁、统一，风格一致，让人看上去一目了然。

3. 文字的安排要合理

在处理文字时要注意以下几点：

（1）字体的设计。字体可以用来刺激学习者，影响学习者的看法、态度和情感。但是，对于字体而言，最重要的是清晰易读。常见的字体安排是：①标题的字体。标题的字体一般选用笔画粗壮而醒目、装饰感强的字体。②正文的字体。正文字体一般选用加粗后的宋体、细黑、幼圆等笔画简单、识别率高、内白较多的字体。

（2）字号的设计。一般规律而言，字号的大小决定文字在界面信息中的地位和作用，也决定文字信息的阅读层次。字号越大，地位越重要，层级也越高；反之层级越低。字号大小要根据学习者在阅读文字时离界面的可视距离决定。

（3）字距、行距的设计。良好的字距与行距的编排，应该使学习者在阅读过程中难以觉察字间与行间的间隔偏差，表现出极强的整体感。字距的确定是由字体自身的字符所占用空间结构来决定的，行距最小在字高的二分之一比较合适。

（4）文字的强调。采用变大、变体、拉长、换色、加粗、加框、加下划线等加工润色方法对文字进行强调，从而引起学习者的注意。对标题的强调可采用更粗壮的字体，或用比页面更高明度和饱和度的颜色，也可以对标题进行适当的艺术字设计或增加文字投影、给文字勾边等处理。

（5）转换成 SmartArt 图形。SmartArt 图形是 Microsoft Office PowerPoint 2007 最让人耳目一新的改进。学科教师和设计者可以把有层级的文字通过"一键转换"的方式转换成 SmartArt 图形。

（6）文字的色彩。字体设计是文字在"形"上的设计，而文字色彩的选择是文字的"魂"，"形魂"合一，文字才真正有了传递信息的实力。文字色彩的选择要与背景颜色相区分，不能单纯地考虑文字，必须两方面结合起来，和谐搭配，形成一个有机的整体，才能产生美的效果。不同层级关系的文字选取的颜色要有区别，起到一种导读的作用。当文字信息较多时，通过对文字色彩的区分，很容易使页面建立明确的视觉阅读范围和清晰的页面思维脉络，使学习者轻松识别教学内容的主次。

4. 整体色调、风格要协调

（1）按钮的设置要统一。在课件中按钮可以采用文字、图片或图标来设置。在设置时应注意：一是按钮的大小、位置要适当，尽量放在底部；二是按钮尽量不要吸引观众的注意力，但在需要时能让操作人员很容易找到，而且效果相同的按钮尽量使用统一图标。

（2）整体色调、风格要协调。优秀的课件其整体的色调、风格应该是统一的，主要体现在对背景色的处理上，切忌花哨、凌乱。没有特别的要求一般不需要更改背景设置的色调或风格。

5. 多媒体元素的应用要恰当

（1）图片。单张图片的应用：单张图片用来做封面、背景、解释说明文字等，通常都要与文字搭配使用，主要有三种搭配形式，即上下搭配、左右搭配、居中搭配。多张图片的应用：在 PPT 中，如果一页 PPT 要同时用到多张图片，则首先调整图片的颜色、大小等，使整体色调差别不太大。然后可按照三种原则排版：①整齐摆放，找到某一基准线，使图片对齐；②大小规律，可以插入某一形状，使图片形状统一，然后用图片填充形状，根据图片内容调整合适大小，再对齐；③制作图片背景墙，如果图片排版难以做到和谐摆放，则可以调整图片大小，颜色至近和谐，然后添加一个蒙版，遮住所有图片，制作出图片背景墙的效果。

（2）音乐。把握播放时机，一般来说在观看图片或等待时插入比较合适。

（3）视频。尽可能通过插入对象来完成，尽量不直接链接到外部文件，这样可以不用通过切换到媒体播放程序就可以打开并控制所需要插入的视频文件。

（4）动画。GIF 动画的插入一般没有太大的问题，对于自制的 Flash 动画，由于底色不能和课件模板的底色相融，因此可以在动画的周围画一个边框加以修饰，使页面看上去比较协调。

6. 超链接、动作的设置要完整

放映当中为了实现便捷放映效果，可以将目录幻灯片设置超链接，也可以对某一张幻灯片的内容进行设置，这样可以根据需求直接跳到某张制定的幻灯片当中。在设置完后，一定要通过播放来检查一下链接和动作的正确性，以防出现死链或不应有的动作，这是保证一个课件质量最重要的一个环节。

三、PowerPoint 制作课件的基本方法

（一）构思

根据 PowerPoint 的特点，按照幻灯片一张一张的样式，考虑模板的选取、版式的选择、效果的设置、动画出现的时间及放映时的链接等，然后精心构思场景，写出多媒

课件制作的方案。

（二）用 PowerPoint 制作课件的基本过程

1. 新建文档

（1）新建空白文档。当启动 PowerPoint 软件时，系统会自动创建一个空白文档，即一张有主标题、副标题占位符的空白标题幻灯片，用户可以在该幻灯片的相应位置键入需要的标题文字。

在"开始"菜单里找到"幻灯片"栏目，单击"新建幻灯片"命令，如图 5.4 所示，创建一个包含一张新幻灯片的演示文稿，然后可以根据自己的需要，更改新建立幻灯片的版式。

图 5.4　新建幻灯片

（2）根据模板新建。为制作统一风格的幻灯片模式课件，可以根据教案设计，精心选择设计模板。PowerPoint 提供了几十种经过专家精心制作、构思精巧、设计合理的模板。利用模板，可以在最短的时间内制作出较为理想的幻灯片，大大节省了时间和精力。当然模板在制作课件的过程中，可随时更换和修改。

2. PowerPoint 视图方式

PowerPoint 提供了多种视图方式，有 3 种常用视图方式：普通视图、幻灯片浏览视图、从当前幻灯片开始放映，如图 5.5 所示。

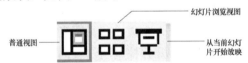

图 5.5　"视图切换按钮"工具栏

（1）普通视图。幻灯片视图每次只能显示一张幻灯片，演示文稿窗口所占的区域较大，能够方便地建立和编辑幻灯片中的对象。

（2）幻灯片浏览视图。在幻灯片浏览视图下，演示文稿以一系列缩小了的幻灯片形式按行依次排列，如图 5.6 所示。这时可以同时观看多张幻灯片；单击需要调整的幻灯片，当其具有黑色边框时，即可对其进行调整；按 Delete 键可将其删除；或者单击幻灯片之间的某处，当出现光标插入点时，可插入新幻灯片。

（3）从当前幻灯片开始放映。这种视图方式可以将演示文稿从当前窗口显示的幻灯片开始，按照预先设计好的方式进行播放。在放映过程中按下 Esc 键，便可返回到演示文稿窗口。

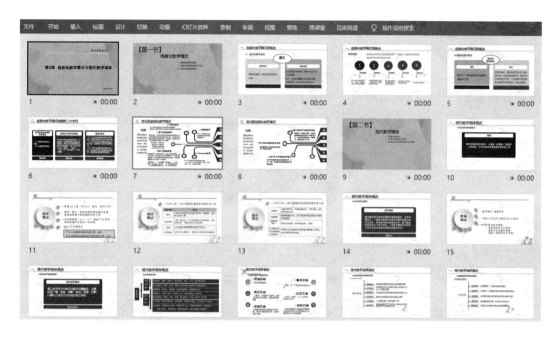

图 5.6　幻灯片浏览视图

3. 插入幻灯片

可以直接单击"新幻灯片"来插入，也可以单击工具栏中的"插入"选项来插入新幻灯片。

（1）可以选择空白版式，自由发挥你的想象力，创建有个性的页面。

（2）可以选择合适的版式，加快制作进程；程序默认的是包含大小标题的两个文本框版式；如果不用这种版式，则要记得将文本框删除，否则在编辑时文本框总是弹出来干扰编辑。

4. 添加文本

在教学用多媒体课件中，文字在信息传递方面无疑起主要作用，在制作课件时要精心考虑文字内容。要将文字内容详略、繁简做到增之一个嫌多、减之一个嫌少的程度。

PowerPoint 中的文本可在幻灯片视图中输入，也可在大纲视图中输入，一般选择在幻灯片视图中输入。PowerPoint 中文本的类型主要有：占位符文本、形状图形文本、文本框文本、艺术字文本。

（1）占位符文本。在不同的幻灯片版式中均包含了不同形式的文本占位符。利用文本占位符可以快速将文字输入幻灯片中，单击文本占位符中的任意位置，光标就会在插入点闪烁，此时直接输入文字即可。占位符的大小、位置、格式都可以进行修改，占位符文本如图 5.7 所示。

图 5.7　占位符文本

（2）形状图形文本。在制作演示文稿时，常常会用到一些简单的图形，形状图是一个很方便的作图工具，并且可以在形状图中输入文本信息。当在形状图中键入文本后，文本附加到图形，并随图形移动或旋转等操作。形状图可以设置边框、填充、阴影或三维等各种效果，还可以编辑形状，如图 5.8 所示。

图 5.8　形状图形文本

（3）文本框文本。页面上的文本是以"文本框"的形式呈现的，所以要插入文本框才能输入文本。可以在工具栏中直接单击插入文本框图标，也可以单击菜单栏中的"插入/插入文本框"命令插入。在 PowerPoint 中可以输入横向的文本，还可以输入竖向的文本。

（4）艺术字文本。适当变换字体能让人耳目一新，艺术字的插入可以单击工具栏中的艺术字图标，也可以单击菜单栏中的"插入/图片/艺术字"命令。PowerPoint 中艺术字是以图形的形式出现的，是一个整体，只能整体编辑。艺术字样式对话框，如图 5.9 所示。

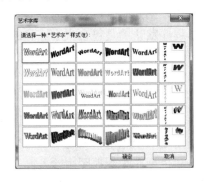

图 5.9　艺术字样式对话框

文本输入后就可编辑了，编辑的方式与"word"相似，PowerPoint 中的文字有字体、字型、字号、颜色、格式和排列等属性。

5. 添加图形

将图形和文字配合在一起，可以大大增强课件的渲染能力和演示效果。

（1）插入图片。在 PowerPoint 中可以从剪贴画中为幻灯片添加图片，更多的是插入外部图片，如图 5.10 所示。

图 5.10　插入图片

无论是插入的剪贴画还是来自文件的图片，当不符合要求时，都可以对图像进行一定的调整、缩放、裁剪等加工处理。

（2）绘制图形。有时为了使要表达的内容更直观，往往要借助图形加以表现。如在做数据对比时需要用到柱形图、饼状图，分析课文结构常用到大括号和箭头，分析选项常用到标注性的图形。对编辑好的多个图形可以进行"组合"，效果如图 5.11 所示。

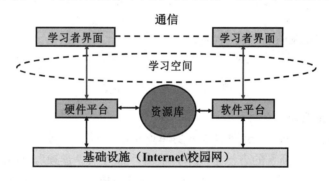

图 5.11　绘制图形效果

6. 插入图表和结构图

（1）插入图表。在插入新幻灯片时，选择带有图表版式的幻灯片，在【单击图标添加内容】处单击需要插入图表的图标，即可插入图表，如图 5.12 所示。

图 5.12　插入图表

（2）插入组织结构图。为了形象地表达结构、层次关系，可以在幻灯片中插入组织结构图。在新幻灯片版式图中选择组织结构图的版式，双击组织结构图的占位符，就可启动组织结构图处理窗口，如图 5.13 所示，这时利用"组织结构图"编辑工具可方便地进行增加、删除组织结构图，并单击文本框添加文本。

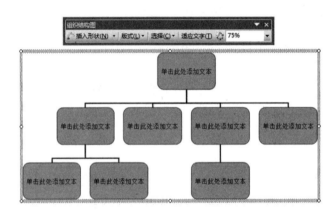

图 5.13　插入组织结构图

7. 插入声音和视频

（1）插入声音。PowerPoint 可以插入剪辑库中的声音、录制的声音、文件中的声音。

①插入音频。音频插入的方法很简单，单击"插入"/"音频"，打开文件的路径，找到音频，再单击插入即可。这时，页面将出现音频播放口，可以播放音频及调节音量，如图 5.14 所示。

图 5.14　插入音频

②裁剪音频。PPT 制作可以直接裁剪音频，选择"裁剪音频"选项，会出现"裁剪音频"对话框，拖动左右标尺，就可以裁剪音频，如图 5.15 所示。

图 5.15　裁剪音频

（2）插入视频。插入视频和插入声音操作是非常相似的。单击菜单栏中的"插入/影片和声音/文件中的影片"命令，弹出"插入影片"对话框，选择要插入的电影文件，单击"确定"按钮。系统提示"是否需要在幻灯片放映时自动播放影片"，单击"是"按钮确认，用鼠标左键双击该视频即可播放。

8. 插入 Flash 动画

在幻灯片里插入 Flash 动画可以有两种方法。

（1）利用控件。在幻灯片中单击需要插入动画的位置，再单击菜单栏中的"视图/工具栏"命令，出现"控件工具箱"对话框，单击对话框中的"其他控件" 按钮。在下拉菜单选择"Shockwave Flash Object"，出现"十"字光标，将该光标移动到 PowerPoint 的编辑区域中，画出适合大小的矩形区域，也就是播放动画的区域框。用鼠标左键双击矩形区域，出现 VB 界面，单击窗口左边的属性对话框中"自定义"旁边的"三点" ，弹出"属性页"对话框。在"影片 URL"中输入 Flash 动画的完整地址（可以是网络地址也可以是本地地址），单击"确定"按钮，即可将 Flash 动画插入幻灯片中。

（2）插入对象。在幻灯片中单击需要插入动画的位置，再单击菜单栏中的"插入/对象"命令。在弹出的"插入对象"对话框中，选择"由文件创建"选项，单击"浏览"按钮，选择需要插入的 Flash 动画文件，单击"确定"按钮。这时，在幻灯片中就出现了一个 Flash 文件的图标，我们首先更改图标的大小或者移动它的位置，然后在这个图标上单击鼠标右键，选择"动作设置"选项，在弹出的窗口中选择"单击鼠标"或"鼠标移动"选项，再单击"对象动作"命令，在下拉菜单中选择"激活内容"选项，最后单击"确定"按钮，完成插入动画。

9. 设置对象动画

动画在课件设计中有极其重要的地位，好的动画效果可以明确主题、渲染气氛，产生特殊的视觉效果。PowerPoint 中的动画效果有以下几种。

（1）幻灯片切换。为了增强演示文稿的放映效果，可以为每张幻灯片设置切换方式。首先选中需要设置切换方式的幻灯片，单击菜单栏中的"幻灯片放映/幻灯片切换"命令，幻灯片切换对话框如图 5.16 所示。在"幻灯片切换"对话框中选择切换方式，并根据需要设置好"速度""声音""换片方式"等选项。

（2）幻灯片动画方案。幻灯片动画方案定义幻灯片中各个元素（文本、图形、声音、图像和其他对象）的动画，如图 5.17 所示。

（3）自定义动画。自定义动画分别定义幻灯片中各个元素（文本、图形、声音、图像和其他对象）的动画。选中需要设置动画的对象，单击菜单栏中的"幻灯片放映/自定义动画"，在弹出的"自定义动画"对话框中，单击"添加效果"命令，在弹出的下拉列表中，选择要添加的动画效果。

图 5.16　幻灯片切换对话框　　　图 5.17　幻灯片动画方案

10. 幻灯片的链接

在默认情况下，放映幻灯片是从前往后一张一张依次出现的，在 PowerPoint 中可以通过创建超级链接，使得单击链接后跳转到其他演示文稿、幻灯片或文本中。

（1）超级链接。创建超级链接的方法如下：

①选择幻灯片中需要创建链接的文本，然后选择"插入/超链接"命令，出现"插入超链接"对话框，如图 5.18 所示。

②在"插入超链接"对话框中，选择要链接到的演示文稿、幻灯片或电子邮件即可。

（2）动作按钮。建立一些动作按钮，如"上一步""下一步""帮助""播放声音"和"播放影片"文字按钮或图形按钮等。在放映时单击这些按钮，就能跳转到其他幻灯片或激活另一个程序、播放声音、播放影片、实现选择题的反馈、打开网络资源等，实现交互功能，其设置方法为如下。

①选择需要创建超链接的幻灯片，然后选择"幻灯片放映/动作按钮"命令，在弹出

的菜单中选择任意一种按钮。

图 5.18 "插入超链接"对话框

②在幻灯片中拖动绘制按钮，出现"动作设置"对话框，如图 5.19 所示。在其中设置该按钮链接的位置。

图 5.19 "动作设置"对话框

11. 幻灯片的放映

（1）改变演示文稿中的幻灯片播放顺序。在"幻灯片浏览"视图中修改幻灯片的次序，也可以使用自定义放映来决定要播放哪些幻灯片和以什么次序播放。

（2）让演示文稿自动播放。单击菜单栏中的"幻灯片放映/排练计时"命令，进入幻灯片计时状态。在屏幕左上角出现一个排练计时器，可以通过"暂停""重复"按钮，设置当前幻灯片放映时间。如果认为时间不合适，则可以选择"重复"按钮，重新为当前幻灯片计时。在计时状态下进行排练演示，当演示结束到达幻灯片末尾时，单击"是"按钮接受排练时间，单击"否"按钮重新开始。此时再进行放映时，演示文稿便可以根据排练时间进行自动放映。

（3）在放映时可以将屏幕作为黑板使用。在放映状态下，单击鼠标右键，在弹出的快捷菜单里的"指针选项"中选择"绘图笔"和"绘图笔颜色",便可用彩色线条将重点部分勾画出来,从而引起观众注意。要擦除彩色线条可按键盘上的"E"键。

（4）让演示文稿中的音视频在其他计算机上也正常播放。因为音视频对象在插入幻灯片的时候是以链接方式插入的,所以在播放时需要音视频对象对应的文件的支持,不能改变演示文稿和音视频文件存放的相对路径。在制作演示文稿的时候,将演示文稿和音视频文件存放在同一目录下,到时候一起拷贝。

（5）在没有安装 PowerPoint 的计算机上播放演示文稿。在编辑好演示文稿之后,单击菜单栏中的"文件/打包成 CD"选项,出现"打包成 CD"对话框,单击"复制到文件夹"按钮,在弹出的对话框中选择要存放打包文件的地址及输入演示文稿的名字之后,单击"确定"按钮。将已打包好的文件夹拷贝到要运行演示文稿的另一台计算机上,用鼠标左键双击文件夹中的 ppview32.exe 文件,再单击要运行的演示文稿即可。

四、PowerPoint 制作课件的高阶方法

PPT 在我们的工作、学习、生活中经常用到,相信很多人都有这样的感受:别人制作的 PPT 都很好看,自己制作的却很普通。

（一）PPT 课件制作的高阶技巧

1. 墨迹笔刷效果

运用墨迹笔刷的效果,会让整个页面看起来更有创意,具体制作方法如下:

首先准备一些笔刷素材,如图 5.20 所示。插入到 PPT 中,然后选中并用鼠标右键单击笔刷素材,选择"填充"—"图片"选项,就可以制作出笔刷填充效果了,如图 5.21所示。

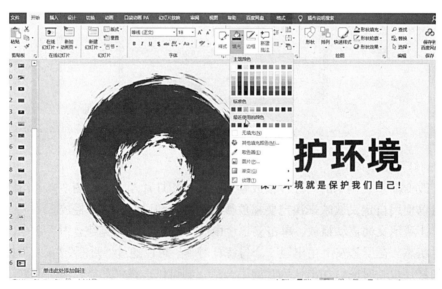

图 5.20 "保护环境"笔刷素材

图 5.21　墨迹笔刷填充效果

2. 图文穿插效果

运用图文穿插效果中文字穿插的设计，瞬间会提升整个画面的层次感和空间感，三步就能轻松制作出来，具体制作方法如下。

（1）找一张贴合主题场景的图片，然后将图片填充为幻灯片背景，接着插入文本框并输入文字，如图 5.22 所示。

图 5.22　插入文字

（2）在插入形状里，找到"任意多边形"工具，然后沿着高楼画出遮挡文字的轮廓；画得越精细，做出来的穿透效果越好，如图 5.23 所示。

图 5.23　插入形状

（3）选中并用鼠标右键单击形状，在弹出的菜单中选择"设置形状格式"—"幻灯片背景填充"选项，文字遮挡效果就出来了，剩下的文字效果的设置使用同样的操作方法，如图 5.24 所示。

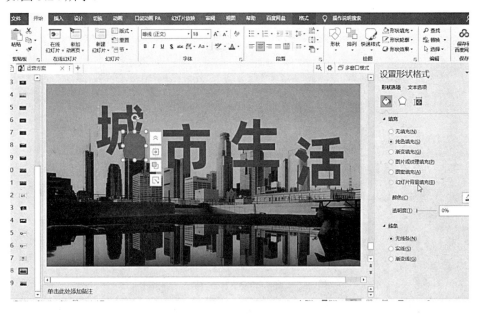

图 5.24　设置形状格式

3. 渐隐文字效果

渐隐文字也是比较常见的一种字体设计，顾名思义，就是营造字体渐隐消失的感觉，这种字体往往会增加画面的立体感。虽然渐隐文字看上去复杂，但做起来也很简单，具体制作方法如下。

（1）在 PPT 中插入文本框，输入文字，然后将文字单独拆分，如图 5.25 所示。

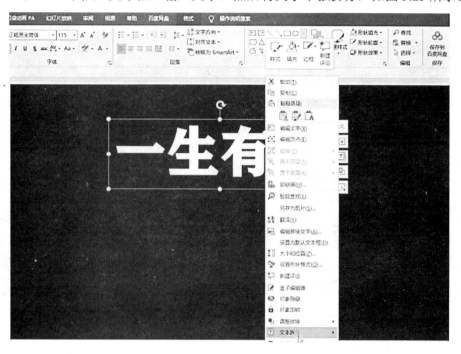

图 5.25　文本拆分

（2）在设置形状里，对每个文本框进行渐变填充，将文字最右边的颜色透明度调为 100%。这样文字的右边就能形成隐藏消失的效果了，如图 5.26 所示。

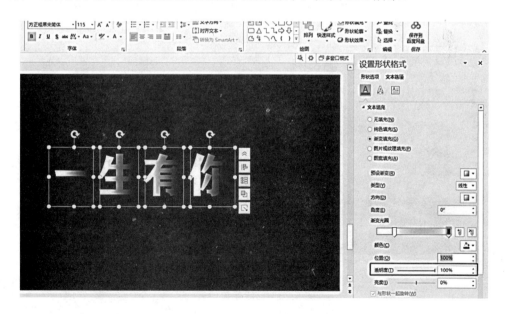

图 5.26　设置文本的形状格式

4. 三维字体效果

很多人都以为将文字融入到具体图片中，像把字写在马路上一样的效果，一定要用 Photoshop 才能完成，其实在 PPT 中，只要利用三维旋转就能轻松完成，如图 5.27 所示。

图 5.27　三维效果

具体制作方法如下。

（1）选中文本框，在绘图工具下，依次单击"格式"—"形状效果"—"三维旋转"—"透视：适当宽松"命令，就可以看到文字向前倾斜了，如图 5.28 所示。

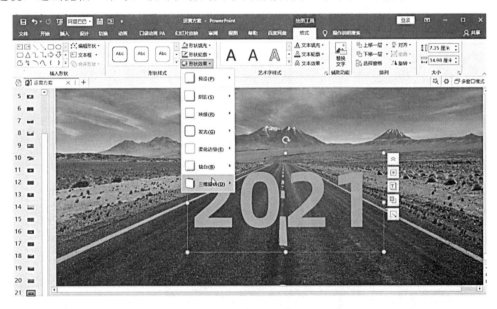

图 5.28　三维字体倾斜

（2）我们右键单击"设置图片格式"将文字调整到一个合适的角度，这里只需要调整"Y轴"和"透视"即可，最终效果如图 5.29 所示。

图 5.29 最终效果

（二）PPT 课件制作高级方法

1. 文字超级链接的设置

利用文字的超级链接设置，可以建立漂亮的目录。在设置超级链接时，建议不要设置字体的动作，而要设置文字所在的边框的动作。这样既可以避免使文字带有下划线，又可以使字色不受母板影响。具体操作为：选中字框，单击鼠标右键，选择"动作设置"选项，链接到所要跳转的页面。

2. 文字的出现与课堂讲演同步

为使文字与旁白一起出现，可以在"自定义动作"中按字母形式向右擦除。但若是一大段文字，文字的出现速度就会太快。这时可将这一段文字分成一行一行的文字块，再分别按顺序设置每个字块中文字的动画形式为按字母向右擦除，并在时间项中设置与前一动作间隔一秒到三秒，就可使文字的出现速度和旁白一致了。

3. 解决课件中的菜单问题

为了让课件的界面不是那么单调，我们有时在 PowerPoint 中设置超链接来打造菜单，但会遇到以下的问题：制作的菜单在幻灯片播放过程中，单击相应链接就可以实现菜单功能，但如果无意中单击链接以外的区域，PowerPoint 就会自动播放下一张幻灯片，使得精心设计的菜单形同虚设。也就是说，此时菜单根本就没有发挥应有的作用。这是因为，在默认情况下，幻灯片的切换方式是单击鼠标时换页。

解决办法：在编辑状态下，单击菜单所在的幻灯片，然后单击"幻灯片放映"—"幻灯片切换"命令，打开"幻灯片切换"窗口，去掉"单击鼠标时"前面的"√"号即可。下面的时间选项使用默认设置，即不设置时间。

4. 在播放幻灯片的过程中进行画图的方法

首先使用鼠标左键或者右键单击屏幕右下角的图标（或者按下"Ctrl+P"组合键），然后单击"画笔"，鼠标变为一支画笔，再在需要进行画图的第一点单击鼠标左键，然后拖动鼠标依次到第二点、第三点……进行单击即可进行画图。如果需要擦掉刚画的图形，则按下"E（擦除）"键即可（如果此时先切换到别的 Windows 应用程序，再切换回来，则刚画的图形会自动消失）。

5. 利用热键超文本链接功能实现跳转，提高交互性功能

热键方式是进行人机对话的另一种常用的形式，精巧的设置可使软件具有专业水准。在 PowerPoint 中利用热键超文本链接功能实现跳转，其交互性功能也是相当不错的，设计起来也不困难。

（1）热键可以是 PowerPoint 里"动作按钮"（菜单栏上的"幻灯片放映"—"动作按钮"）中的各种按钮。

（2）选定该热键（单击该键，使其周围出现带点的处理框，此框意味着可以对该框内容进行编辑处理），从"幻灯片放映"中选择"动作设置"，打开对话框，这时可选择"单击鼠标"和"鼠标移动"两种方式来控制热键动作。

（3）在同一对话框中单击"超级链接到"，再打开它下面的下拉菜单，可以选择任意一张幻灯片、一段影片或声音，作为该热键的链接对象。

（4）单击"播放声音"。

（5）单击"单击时突出显示"，以增强画面的效果。

（6）单击"确定"按钮。

6. 制作特效字幕

在看电影时，有些电影字幕是从画面中的下部慢慢地出来，然后在画面的上部消失的。其实利用 PowerPoint 强大的演示功能，也能制作出这样一张幻灯片，其制作过程如下。

（1）在"新建"幻灯片中选择"空白"格式的幻灯片，单击"确定"按钮。

（2）在"插入"菜单上选择"图片"中的"来自文件"选项，选择已设计好背景图片的文件名，单击"插入"按钮，这时选择好的背景图片就出现在幻灯片上了。

（3）调整好图片的大小，选定图片框，在"编辑"菜单中选择"复制"，以备后面反复调用这幅图片。

（4）用图片上的"裁剪"工具保留图片下部约 1/5 的部分，将保留的图片移出幻灯片外，以方便后面的操作。

（5）单击"编辑"菜单，选择"粘贴"，以下操作同第 4 条，保留约 3/5 的上部图片。

（6）单击"编辑"菜单，选择"粘贴"，在屏幕下面的"绘图"菜单中选择"叠放次序"，单击"置于底层"命令。此时，灯片上有了三幅图片：完整的背景图、上部图片和下部图片。

（7）将完整的背景图在幻灯片上放好，然后将上部图片和下部图片在背景图片上拼放好，注意要看上去像是一幅图。

（8）单击"插入"菜单，选择"文本框"中的"文本框"，在文本框中输入要演示的文本。

（9）将文本框在"叠放次序"中"置于底层"，然后将文本框"上移一层"。

（10）决定文本框的动画样式。单击"幻灯片放映"命令，选择"自定义动画"，在动画效果中选择"从下部缓慢移入"选项，单击"确定"按钮。

（11）在放置文本框时，要注意将文本框的框底线放在背景图片的上部。

（12）单击"幻灯片放映"的快捷键，查看制作的字幕。

7. 巧改模板

在用 PowerPoint 做一组幻灯片时，通常这一组幻灯片的背景都是由同一个模板的图案所决定的。如果我们改变其中一张幻灯片的模板，那么这一组幻灯片的模板也就随之改变了。有时我们为了得到良好的演示效果，需要在演示过程中使用几种不同的模板，可以通过以下两种方法来解决：

（1）利用背景的变换。首先利用 Windows 中的"画图"或者其他图形编辑软件，将所需的模板存为图形文件。然后进入 PowerPoint，在工具栏"格式"中选择"背景"，运用"填充效果"在"图片"中选择相应的图形文件，回到"背景"后，选择"忽略母板的背景图形"，最后按"应用"按钮即可。

（2）运用"超级链接"。将整组幻灯片按照次序播放并且将使用同一个模板的幻灯片依次存为一组文件，每个文件中可以只有一张幻灯片，也可以有多张幻灯片，但同一文件中的幻灯片具有相同的模板，相邻文件中的幻灯片具有不同的模板，然后利用 PowerPoint 工具栏"插入"中的"超级链接"将一个个的文件链接起来。

8. 插入 MP3 音乐

PowerPoint 的"插入/影片和声音/文件中的声音"不支持 MP3 格式，但若一定要插入 MP3 格式的文件，则可以这样操作：单击"插入/对象"，命令在"插入对象"对话框中选择"由文件创建"选项，单击"浏览"命令，指出 MP3 文件的路径，单击"确定"按钮，插入文档后，在"动画效果"设置中除"时间""效果"外，再选择"播放设置/对象动作/激活内容"即可（系统内必须有 MP3 播放器）。

9. 为课件插入影片

在课件中插入影片有以下三种方法：

（1）直接播放视频。这种播放方法是将事先准备好的视频文件作为电影文件直接插入到幻灯片中，PowerPoint 只提供简单的"暂停"和"继续播放"控制，而没有其他更多的操作按钮供选择，具体操作步骤如下。

①运行 PowerPoint 程序，打开需要插入视频文件的幻灯片。

②将鼠标移动到菜单栏中，单击其中的"插入"选项，从打开的下拉菜单中执行"插入影片文件"命令。

③在随后弹出的文件选择对话框中，选中事先准备好的视频文件，并单击"添加"按钮，这样就能将视频文件插入到幻灯片中。

④用鼠标选中视频文件，并将它移动到合适的位置，然后根据屏幕的提示直接点选"播放"按钮来播放视频，或者选中自动播放方式。

⑤在播放过程中，可以将鼠标移动到视频窗口中，单击视频，视频就能暂停播放。如果想继续播放，再用鼠标单击一下视频即可。

（2）插入控件播放视频。这种方法就是将视频文件作为控件插入到幻灯片中的，然后通过修改控件属性，达到播放视频的目的。使用这种方法，有多种可供选择的操作按钮，播放进程可以完全自己控制，更加方便、灵活。该方法适合 PowerPoint 课件中图片、文字、视频在同一页面的情况，具体操作步骤如下。

①运行 PowerPoint 程序，打开需要插入视频文件的幻灯片。

②将鼠标移动到菜单栏，单击其中的"视图"选项，从打开的下拉菜单中选中"控件工具箱"选项，再从下级菜单中选中"其他控件"按钮。

③在随后打开的控件选项界面中，选择"Windows Media Player"选项，再将鼠标移动到 PowerPoint 的编辑区域中，画出一个合适大小的矩形区域，随后该区域就会自动变为 Windows Media Player 的播放界面。

④用鼠标选中该播放界面，然后单击鼠标右键，从弹出的快捷菜单中选择"属性"命令，打开该媒体播放界面的"属性"窗口。

⑤在"属性"窗口中，在"File Name"设置项处正确输入需要插入到幻灯片中视频文件的详细路径及文件名。这样在打开幻灯片时，就能通过"播放"控制按钮来播放指定的视频了。

⑥为了让插入的视频文件更好地与幻灯片组织在一起，还可以修改"属性"设置界面中控制栏、播放滑块条及视频属性栏的位置。

⑦在播放过程中，可以通过媒体播放器中的"播放"、"停止"、"暂停"和"调节音量"等按钮对视频进行控制。

（3）插入对象播放视频。这种方法是将视频文件作为对象插入到幻灯片中的，与以上两种方法不同的是，它可以随心所欲地选择实际需要播放的视频片段，然后播放，实现步骤如下。

①打开需要插入视频文件的幻灯片，单击"插入/对象"命令，打开"插入对象"对话框。

②选中"新建"选项后，再在对应的"对象类型"设置栏处选中"视频剪辑"选项，单击"确定"按钮。

③PowerPoint 自动切换到视频属性设置状态，执行"插入剪辑/Windows 视频"命令，将事先准备好的视频文件插入到幻灯片中。

④执行"编辑/选项"命令，打开选项设置框，在其中设置视频是否需要循环播放，或者是播放结束后是否要倒退等，单击"确定"按钮返回到视频属性设置界面。

⑤点选工具栏中的视频"入点"按钮和"出点"按钮，重新设置视频文件的播放起始点和结束点，从而达到随心所欲地选择需要播放视频片段的目的。

⑥用鼠标左键单击设置界面的空白区域，就可以退出视频设置的界面，从而返回到幻灯片的编辑状态。还可以使用预览命令，检查视频的编辑效果。

10. 直接为课件配音

有时需要就课件内容进行配音讲解，当然可以到电教室录制成配音文件，但如果经常要配，又觉得麻烦，就利用 PowerPoint 自己直接配音。

（1）计算机主机后面有许多插口，其中声卡有一个插口是"line in"，可将麦克风插头插进去。

（2）单击 PowerPoint 菜单栏上的"插入"的下拉菜单中的"影片与声音"—"录制声音"命令，出现新的对话框，准备好后单击录音键，开始录音，录完后单击"停止"键，预放确认无误，再取一个文件名后单击"确定"按钮完成。

（3）在 PowerPoint 中找到需要配音的幻灯片和具体的画面动作，单击"幻灯片放映"—"自定义动画"，打开新的对话框，在"效果"栏中打开第一个下拉菜单，选定动画方式，然后打开第二个下拉菜单，选取刚才录制保存的文件名，最后单击"确定"按钮完成整个设置。以后每当 PowerPoint 播放到该动画的时候，就会同时播放出配音了。

第三节　移动时代课件——H5

一、H5 课件

（一）H5

H5 作为 HTML5 的简称，是第五代超文本标记语言，人们通过上网或社交软件等获取的信息，多数都是由 HTML 写成的。HTML5 语言以其对多媒体良好的支持性、交互性以及支持跨平台性，备受人们青睐。但使用 HTML5 语言直接制作页面需要用户具有较好的技术功底，使用困难较大。在这样的背景下，为帮助广大用户可以快速有效地传播信息，2015 年以来，一大批基于 HTML5 语言的编辑工具应运而生，人们将之简称为 H5 工具。

（二）H5 课件特点

H5 课件是指以 H5 为载体的新媒体课件，即用 H5 制作的页面。H5 课件能将各种课件形式融合起来，实现文字、图片、表格、音频、视频、交互、色彩、创意的有机结合。HTML5 的优势在于它支持跨平台，可实现文字、图片、表格、音频、视频的有机结合，并富有良好的交互性。移动性、协同性、超媒体性、跨平台性、交互性、数据分析等是 H5 课件的几大特点。

1. 移动性。H5 课件主要用于手机端和平板电脑端，一般在教学过程中教师会发放教学专用的平板电脑，这样学生就可以进行课件的观看和使用，对于喜欢视觉效果好的年轻人来说，H5 课件是非常好的学习课件。

2. 协同性。任何一个 H5 课件都有其独特的特点，有一类 H5 课件，学生可以参与协同编辑，和教师一起完善，这样学生可积极参与到课件的建设中来，学生既是使用者也是创造者，极大地提高了学生的积极性。

3. 超媒体性。与普通的 PPT 课件及 Flash 课件不同的是，H5 课件具备时间轴和非线性的特征，以及丰富的图片、音频、视频、其他多媒体资源，通过时间轴顺序的变幻、教师精心的设计，产生了丰富的视觉效果。

4. 跨平台性。一套课件在多个终端都可以应用，有助于学生在不同的学习终端均能获得良好的学习体验，也契合当前"互联网+"教育时代师生移动学习、交互的需求。

5. 交互性。H5 课件能够实现良好的教学交互。教师可结合教学内容，设计一些学习交互活动，通过寓教于乐的互动教学课件，使学生在学习知识的过程中，能更多地参与到学习研讨的互动活动中，有利于学生得到更多启发。

6. 数据分析。借助 H5 网页的数据库功能，教师可以了解到学生对 H5 课件的平均访问时长、分享数等信息，同时还能收集到学生学习课件内容的互动数据、测试结果等，这些数据能为教师对课件优化和改进教学策略提供相应的参考。

二、常见的 H5 课件制作工具

在教育教学中，课件的资源类型由文字、图片、动画、音频、视频构成，结合课件内容制作需求的不一样，适用于制作课件的 H5 工具也不同。

（一）模板制作类 H5 工具

在教师使用中，故事型课件占比量大，这类课件主要由文字、图画及简单的动画组成，基础制作类的 H5 工具即可完成此类课件。常见的基础类 H5 工具主要有易企秀、美篇、初页、兔展、人人秀等，这些 H5 工具均面向普通用户提供一定的使用模板，用户可自定义模板和在使用免费模板的基础上创建幻灯片，对文字、图片等进行编辑。此类工具可提供的模板量大，用户操作简单易上手，动画类型也相对简单，但交互性有待加强。

（二）专业制作类 H5 工具

ih5 互动大师、epub360 等专业制作类的 H5 工具大多面向大型用户，对于课件而言，主要适用于产品级微课资源建设。与模板制作类工具相比，专业制作类工具功能强大，但使用较为复杂，需要专业学习。对于个人用户而言需要具备一定的语言基础知识，且制作周期较长，工具使用有一定难度。此类工具的优点在于能实现复杂的交互动作，并提供互动类工具包。

（三）速课网

速课网是一个专业提供 H5 课件制作和 PPT 转化 H5 的应用工具平台，易学易用，制作的课件画面美观、有较强交互性，课件超级链接的兼容性和扩展性强，完全可以满足一般教学式、简易探索、研究式课件的制作要求，制作出的课件具有开放性、网络共享性好，易修改、分享等特点。

三、H5 课件制作

采用移动课件辅助教学是一种现代化的教学方式，是推广现代教育技术的重要内容。教师设计制作 H5 课件，要根据移动互联网时代手机阅读和学习的特点。与阅读书籍比较，手机的屏幕小，支持移动学习，具有图文声音视频和 AR 镜像，还具有支持朋友圈互动交流和分享学习资源的功能，所以在课件制作过程中要注意技巧和原理。

（一）课件的选题

选题是创作课件最关键的一步。不是各学科的每个单元内容都适用于课件制作，正确选题是十分重要的。

1. 内容形式统一。课件应该对课堂教学起到化难为易、化繁为简、变苦学为乐学等作用，决不能"牵强附会""画蛇添足"。

2. 选取那些用常规方法无法演示或不易演示、演示观察不清的内容。

3. 选取课堂上用常规手段不能很好解决的问题，主要是解决教学重点、难点问题。

4. 能通过提供与教学相关的媒体信息，创造良好的教学环境、资源环境，扩大学生的知识面、信息源。

（二）课件制作的原则

1. 教学性：课件的应用必须是能优化课堂教学结构，提高课堂教学效率的。设计 H5 课件要明确主题，就要分析学生、课程等现状，主要解决教学的重点、难点、学生易错点等内容。集中解决好一个教学知识点，不要放太多的内容，内容多效果差，时间最好控制在 10 分钟以内，以 3～5 分钟为佳。

2. 可操作性：课件的操作要尽量简便、灵活、可靠，以便于教师和学生控制，尽量避免复杂的键盘操作，交互操作层次不应太多。

3. 科学性：课件制作要符合科学性，不要出现知识性的错误。否则用课件还不如做实验，但课件永远不可以取代实验。

4. 可视化设计：由于移动式设备屏幕小，详细的表格文字等无法看清楚等原因，因此要尽量把需要说明的问题和证据采用可视化的图形展示，让读者一目了然，做到文字少而精，图片鲜明醒目。

5. 艺术性：一个课件的展示不但要追求良好的教学效果，而且应赏心悦目，使人获得美的享受，激发学生的兴趣。整体考虑 H5 课件的版式、结构、文字、图片、色彩等，统一风格。另外，由于受到手机屏幕大小的限制，H5 课件的文字型简练，每行大约 17 个字，刚好是手机屏幕的宽度。H5 课件设计平台提供了很方便使用的多种特技动画技术，如手绘、动漫、渐隐、旋转等，丰富的特效可以吸引注意力。但是需要的点睛之处巧用特技，要选择合适的方式进行。

6. 互动和参与设计：教师可以在设计 H5 课件时，根据学习的需求和教学活动的不同情况，在 H5 课件设置问卷调查、答题比赛、关键词接龙、提交自己的答案到群里分享等活动，并给出明确的活动提示和 H5 课件跳转的按钮，充分发挥 H5 课件能够让学习者参与互动，分享思想和智慧的优点。

7. 适度使用：要注意不同教学媒体的有机结合，优势互补，才能收到事半功倍的教学效果。

（三）H5 课件制作案例——家长会邀请函

下面以人人秀 H5 页面制作工具为例制作一份家长会邀请函，具体制作步骤如下。

1. 打开人人秀 H5 页面制作工具，在其首页"搜索框"中搜索"家长会邀请函"，家长会邀请函模板如图 5.30 所示。

图 5.30　家长会邀请函模板

2. 创建 H5 页面，如图 5.31 所示。

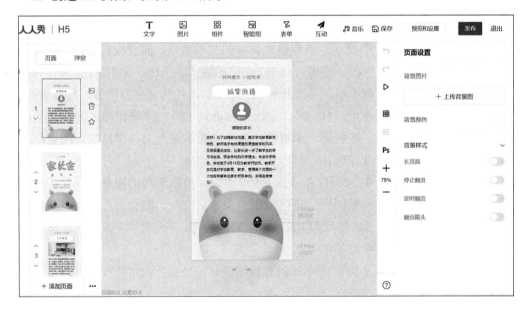

图 5.31　创建 H5 页面

3. 双击模板中的"文本"，更改 H5 场景制作的标题和内容，并对标题和正文内容文字进行字体、颜色、大小等设置，如图 5.32 所示。

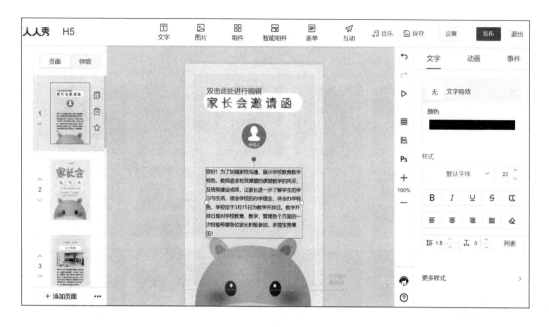

图 5.32 H5 文字制作页面

4. 选择"动画",并设置参数,如图 5.33 所示。

图 5.33 选择"动画"

5. 替换背景图片,选择图片库中的"背景库",如图 5.34 所示,选择所需要的图片进行替换。

图 5.34　选择"背景库"

6. 选择合适的素材修饰画面，如图 5.35 所示。

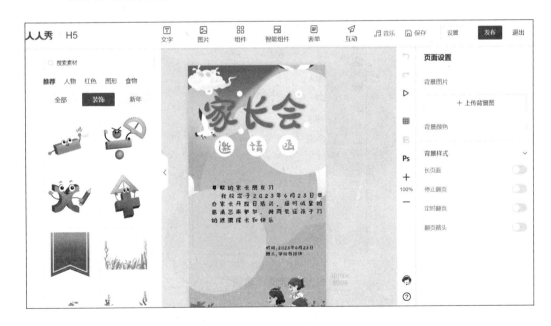

图 5.35　素材修饰画面

7. 插入"音乐"，可以上传"音乐"，也可以在音乐库中选择"音乐"，如图 5.36 所示。

图 5.36 插入"音乐"

8. 课件中需要其他组件，可以在组件中进行选择，主要有特效、趣味、组件和高级四种组件，如图 5.37 所示。

图 5.37 组件

9. 其他页面的操作同上，最后保存、发布，如图 5.38 所示。

链接分享　　小程序　　海报分享　　网站嵌入　　部署公众号　　短信营销　　全员推广

下载到手机

下载到电脑

https://h.rrxiuh5.cc/v/sdgfft?v=1

复制

图 5.38　发布

（四）需要注意的问题

利用 H5 课件制作工具制作课件时，需要注意以下问题。

1. 保证页面流畅度。单个页面需要控制内部各元素的文件大小：一个页面的呈现包括底层背景图、前景图片（包括动图）和视音频文件等。我们在制作单个 H5 网页的时候，图片元素的文件大小要进行严格控制。若图片过小，则文字等内容会不清晰；若文件过大，则打开网页就会慢。

2. 制作平台安全性的保障。平台具有完善的审核及发布机制。

3. 发布方式的多样性。H5 既可以通过原型生成的二维码让用户以直接扫码的方式进入，也可以通过微信转发分享的方式传播。

第四节　微课

一、微课概述

微课由于其自身具有入门门槛低、结构情景化、容量小、时间短、传播形式灵活、反馈及时、针对性强等特点，得到了广大一线教师的青睐。微课这一概念是在 2011 年被提出的，但实际上在这之前已经有了微课的雏形，许多大型教育网站开始尝试提供以计算机编程教学内容为主的系列短视频。

（一）微课的概念

对微课的概念，可以从以下三个方面理解：

1. 从"课"的角度看，微课是一种短小的"教学活动"。

2. 从"课程"的角度看，要有一套完整的教学资料，包括课程计划（微教案）、课程目标、课程内容（学科知识点）、课程资源（微课、微练习、微课件）。

3. 从"教学资源"的角度看，微课可以是在线教学视频，也可以是数字化学习资源包。

微课的本质还是一堂课，因此，一个微课的结构应该是完整的，目标和内容应该是具体的，时间应该是可控的，呈现方式一般是视频格式。

（二）微课的特点

微课具有短、小、精、撼、便特点，如图 5.39 所示。

图 5.39　微课的特点

（三）微课制作的重点

微课制作具有一个中心、两个原则、三个关键、四个步骤重点内容，如图 5.40 所示。

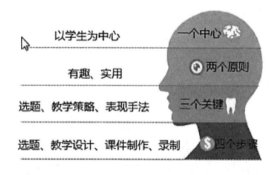

图 5.40　微课制作的重点内容

（四）微课设计与制作的注意事项

1. 主题选取应鲜明、忌宽泛。微课要在较短时间内对某一知识点和技能进行介绍与分享，具有知识性和普及性，因此，选题鲜明而具体，应聚焦小妙招、小技巧进行设计制作。

2. 标题拟写应精准、忌笼统。微课标题应高度概括课程内容，并引起学习兴趣，可以用总结概括式、提问式，以及用大家熟知的词语，注意微课的标题不宜像宣传类的文章。

3. 结构设计应恰当、忌生硬。微课的结构设计应注意结构与内容深度的匹配。注意结构与时间分配的合理性。微课虽短，但片头、导入、主要内容、总结等各环节的设计应恰当合理。

4. 语言表述应规范、忌错误。微课的语言表述规范清晰，不能产生歧义，更不能有错误。

5. 展现形式应生动、忌单一。微课制作应生动有趣，激发学习热情，并体现一定的艺术性。

（五）微课设计与制作问题的对策与建议

1. 强化教育技术专题培训，提升教师微课设计与制作水平。

2. 以学习者视角开发微课，丰富微课呈现形式。

3. 借助网络教学平台，建立配套网络资源。

4. 组建课程团队，各个成员之间优势互补。

二、微课的设计与制作

（一）微课录制的准备步骤

1. 选择要讲的知识点，尽量选择热门的考点、重点、难点。

2. 将知识点按照一定逻辑分割成很多个小知识点。

3. 进行教学设计。

4. 做课件。

5. 准备好计算机、摄像头、DV 数码摄像机、智能手机和麦克风等摄录像设备和录屏软件。

6. 熟悉录屏软件和图像、视频处理软件的操作。

7. 开始录制。

（二）提高微课的视觉效果

1. 课件的排版建议。

（1）动静结合。充分利用动作效果，可以给人动态感、空间感的美。

（2）图文并茂。图版率在 50%～90%；使用表现亲和力的插图要比使用照片好，使用表现专业性的照片也要比使用插图好。

（3）图片合适。表现力最强的图片：脸部图片，适合表现主题，不适合做背景；表现力最弱的图片：云海，适合做背景，不适合做主题。

（4）字体搭配。微软雅黑（标题）+宋体（正文）或黑体（标题）+楷体（正文），不乱用艺术字。

（5）颜色搭配。一般来讲，除黑色和白色外，最多搭配 3 种颜色。

2. 美学设计。

（1）在整个课件中，应当是 50%图片、30%文字、20%空白，整个 PPT 文字颜色不要超过 3 种色系。

（2）上下一致，左右协调，不出现头重脚轻和一边重一边轻的现象，左半页与右半页协调。

（3）翻页动画可以有数种，但是不能太多，2～5 种翻页效果是合适的。

（4）审美不疲劳，不要出现连续的好几张都是图片或者都是文字的情况。

（三）微课录制的方法

微课的录制有几种方法，除用摄像机专业设备可以进行录制外，普通教师也可以使用智能手机拍摄、录屏软件录制等方法。生成的视频格式为 FLV、MP4、WMV 等，视频尺寸可随播放设备而定。录屏时屏幕分辨率可设为 1920 像素×1080 像素，适于全屏录制。

1. 智能手机拍摄（手机有足够的存储空间，会使用视频处理软件）。

（1）工具与软件：智能手机、白纸、笔、相关教学演示文案。

（2）方法：使用智能手机对教学过程进行录制。

（3）注意：可在他人帮助下进行拍摄，也可使用黑/白板进行录制。

2. 录屏软件录制（推荐）（会使用录屏软件和视频处理软件）。

（1）工具与软件：计算机、耳麦（附带话筒）、视频录屏软件，PPT 课件。

（2）方法：对 PPT 演示进行屏幕录制，辅以录音和字幕。

（3）在计算机屏幕上同时打开视频录像软件和教学课件，执教者戴好耳麦，调整好话筒的位置和音量，并调整好课件界面和录屏界面的位置，然后单击"录制桌面"按钮开始录制，执教者一边演示一边讲解，可以配合标记工具或其他多媒体软件或素材，尽量使教学过程生动有趣。

（4）对录制完成后的教学视频进行必要的格式处理和美化。

（四）注意事项

1. 注意周围环境的安静，麦克风要事先调试好，减少杂音。

2. 在录屏时，讲解之前要关闭可能影响录制效果的其他软件，如防止讲解中间弹出微信消息、手机铃声、输入法图标、下载工具图标等。

3. 在录制时不要将计算机的"任务栏"录制进去。

4. 左下角不要出现时间日期。

5. 应确保导出后视频画面的清晰和不变形。

6. 在录制过程中，即使讲错了，也不用重录，可以更改、剪辑、补录，一遍就行，也可以用已有的视频资料再加工，时间最好控制在 5~7 分钟。

7. 口语讲解，尽可能少地使用古板、枯燥的书面语，应使讲解通俗易懂；讲话声音响亮，节奏感强。

三、微课制作软件——万彩动画大师

（一）万彩动画大师功能特点介绍

与传统的微课制作工具相比较，万彩动画大师所制作出来的微课具有 3D 演示效果，能够使课件更加丰富多彩，提升课件的吸引力。万彩动画大师可以制作出无限制的画布，使微课内容能够随意扩展到任何范围，通过鼠标的滑动能够实现画布的放大与缩小，方便了学生学习。同时，可以对画布进行无限制的旋转和移动，使所展现出来的效果更好，画面更加清晰，学生能够更加有效地学习知识。另外，万彩动画大师还可以实现 PPT 课件的导入和思维导图风格演示，使课件更加富有魅力，学生能够在更加系统化、精确化的视频画面中获得知识，从而有助于促进学生更好地掌握知识。万彩动画大师具有以下特点：

1. 操作简单，可轻松上手

万彩动画大师软件界面整洁，用它制作 PPT，可在无边空白画布进行拉拽移动，随意添加图片、文本、角色及背景等元素，所有操作即点即得，简单易上手，万彩动画大师软件界面如图 5.41 所示。

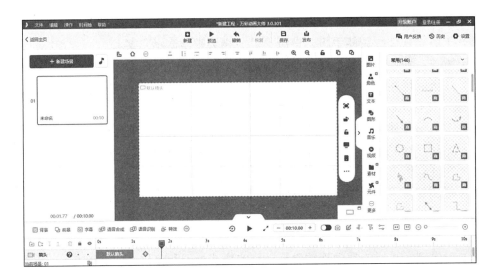

图 5.41　万彩动画大师软件界面

2. 功能强大，使用方便

万彩动画大师软件功能齐全，用它制作 PPT 很是方便，无论是自定义图表、设置镜头播放，还是添加公式符号、编辑动画，只需稍微设置，就都能做出精美的 PPT，自定义图表如图 5.42 所示。

图 5.42　自定义图表

3. 提供丰富动画，演示效果炫酷

利用万彩动画大师制作 PPT，还可以为文本、图片等元素添加各种炫酷动画，或者添加 3D 镜头缩放、旋转和平移特效，打破常规，让 PPT 演示更流畅，像 3D 电影般播放，动画窗口如图 5.43 所示。

图 5.43　动画窗口

（二）运用万彩动画大师制作微课的流程

微课的制作有固定的流程，具体如下。

1. 选择主题

微课的时间一般比较短，属于短小精悍型，因此教师要合理选择微课的主题。一般来说微课的主题要从众多的知识点中进行拆分和提取，所选择的主题要能够突出微课视频的重点和难点。

2. 教学设计

在主题选择好以后，就要合理进行教学设计，教学设计主要包含三个方面，即展示案例设计引领问题、新知识介绍、总结回顾强化记忆。

3. 处理素材

要做好图像、文本以及视频等的处理，所选用的素材要根据微课的内容来选择，使素材能够与具体内容相符合。

4. 视频录制

在演示课件制作完成以后，就要进行视频的录制，通过视频的形式将知识点呈现给学生。

5. 后期编辑

在后期编辑时可以采用剪映进行视频片头与片尾的制作。

（三）用万彩动画大师制作课件的基本环节

1. 创建工程文件

万彩动画大师提供三种方式来创建工程文件：新建空白项目、打开在线模板、导入PPTX新建项目。

需要说明的是，在初次使用"导入PPTX新建项目"时，会弹出Java路径配置窗口，只需单击窗口中的链接，按照链接页面的指导，安装配置好Java路径，然后按照上述步骤导入PPT。

2. 场景设置

（1）合并场景。在万彩动画大师使用过程中，用户可以轻松实现场景合并，从而提高动画视频制作的效率，场景合并如图5.44所示。

具体步骤如下（把场景2合并到场景1中）：

第一步：进入场景2，使用快捷键"Ctrl+A"选中场景2中的所有元素。

第二步：单击右键，选择"复制"选项或使用快捷键"Ctrl+C"，复制场景2。

第三步：进入场景1，单击"+"号，适当增加场景时长。

第四步：将"播放头"拉至场景1的结束处，右击选择"粘贴"，或使用快捷键"Ctrl+V"，将刚复制的场景2粘贴到此，即可完成将场景2合并到场景1中。

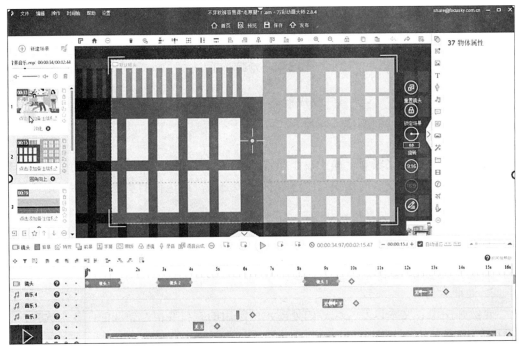

图 5.44　场景合并

（2）替换场景。用户可以根据需要自由替换场景，替换场景的方法有两种。

方法一：把当前场景替换成自定义场景。

首先单击场景缩略图右侧的"替换场景"图标，选择"自定义场景"，如图5.45所示。

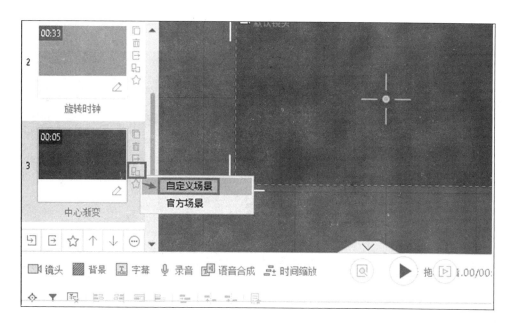

图 5.45　自定义场景

　　然后选择一个本地保存的场景，单击"打开"按钮，即可把当前场景换成相应的本地场景，如图 5.46 所示。

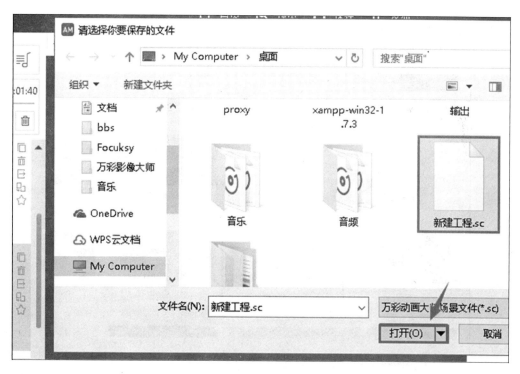

图 5.46　单击"打开"按钮

　　方法二：把当前场景替换成软件自带的场景。

首先单击场景缩略图右侧的"替换场景"图标，选择"官方场景"，如图 5.47 所示。

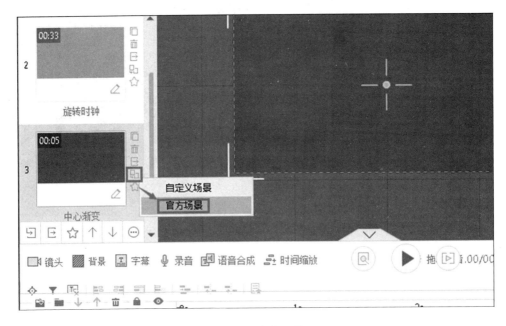

图 5.47　官方场景

然后选择一个场景分类，选出一个场景，即可把当前场景换成相应的软件提供的场景，如图 5.48 所示。

图 5.48　替换场景

（3）导出场景。用户可以导出相应场景，以供下次使用。方法是单击场景缩略图右侧的"导出"图标，选择保存目录，单击"保存"按钮，如图5.49所示。

图 5.49　导出场景

（4）删除场景。万彩动画大师提供了两种方法，可以轻松删除不必要的场景，如图5.50所示。具体操作如下。

方法一：单击场景缩略图右上角的"删除"图标。

方法二：单击"更多"图标，选择"删除场景"。

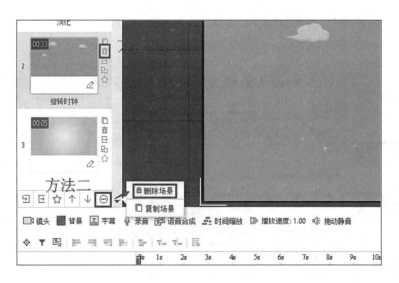

图 5.50　删除场景

（5）新建、选择场景。用户也可以通过自己构建场景做出一个精彩的动画视频，如图5.51所示。具体操作如下。

第一步：新建场景，单击"新建场景"—"空白场景"。

第二步：选择场景，单击"新建场景"，选择一个场景分类，从而选择一个合适的场景模板。

图 5.51 新建场景

（6）创建切换效果。在万彩动画大师中，用户可以添加不同的场景切换效果，包括左移、渐入、溶解、展开、手型拖动等，使动画演示变得更加富有层次感和画面感。

操作方法：单击场景间的按钮，之后选择切换效果列表中的任意一种切换效果应用即可（以"手型拉动"切换效果为例），如图 5.52 所示。

图 5.52 切换效果

3. 画布编辑区域

（1）物体侧边栏介绍。当在画布中选中物体/元素后，可以通过其侧边栏选项进行编辑，包括定位物体所在时间轴、旋转舞台，以适应对象角度及删除选中物体等。

　　具体操作：单击"滚动到并选择该对象的时间轴"按钮，可定位到该物体所在的时间轴，如图 5.53 所示。此时，单击"旋转舞台以适应对象角度"按钮，可旋转画布预览物体摆正后的效果，单击"调整元素到当前窗口大小"按钮，可以调整物体大小适应当前窗口，单击"恢复原始比例"按钮，可以使变形的物体恢复到最初的长宽比形态，单击"恢复原始大小"按钮，可以使改变了大小的物体恢复到原始尺寸。然后单击"替换内容"按钮，选择本地保存的物体图片并单击"打开"按钮，此时可以把当前物体图片替换成本地保存的其他物体图片，单击"删除"则可以把物体从场景中删去。

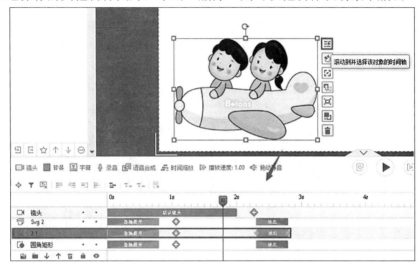

图 5.53　滚动到并选择该对象的时间轴

（2）调整显示比例。用户可以按照设计需要自定义视频输出的显示比例。

　　具体操作：单击"16:9"按钮即可显示为 16:9 的视频显示比例，如图 5.54 所示。

图 5.54　调整显示比例

（3）旋转、锁定画布。旋转画布操作方法如下。

方法 1：调节"旋转圆圈半径"，旋转画布如图 5.55 所示。

方法 2：输入旋转角度数值，然后单击键盘上的"Enter"键即可旋转画布。锁定和解锁画布，如图 5.56 所示。

第一步：单击"锁定画布"按钮即可锁定画布。

第二步：单击"解锁画布"按钮即可解锁画布。

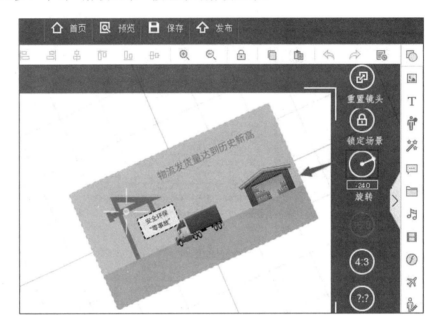

图 5.55　旋转画布

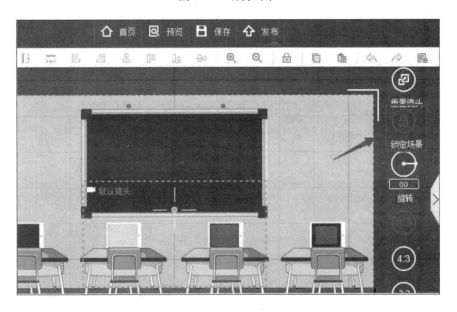

图 5.56　锁定和解锁画布

4. 时间轴

（1）万彩动画大师时间轴。用户可控制每个场景中元素的播放顺序与时长，根据时间顺序，配合图文、镜头、背景、字幕、语音，把一方面或多方面的事件鲜活地串联起来。万彩动画大师时间轴界面，如图 5.57 所示。

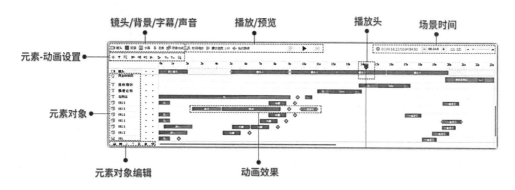

图 5.57　时间轴界面

万彩动画大师时间轴界面主要划分为 8 个区域，分别是：镜头/背景/字幕/声音、播放/预览、播放头、场景时间、元素-动画设置、元素对象、元素对象编辑和动画效果。

（2）自定义动画移动路径。用户可利用动作路径自定义元素物体动画效果，增强动画视频的趣味性和形象性。万彩动画大师支持轻松自定义元素的动画移动路径，具体操作如下。

第一步：单击元素所在时间轴上的"+"图标，在弹出窗口中选择"移动效果"，单击"确定"按钮，如图 5.58 所示。

图 5.58　选择移动

第二步：在画布中单击要移动的元素，出现箭头指向元素复制体，拖动元素复制体设置元素直线移动路径或直接拖动虚线部分来调整移动路径，如图 5.59 所示。

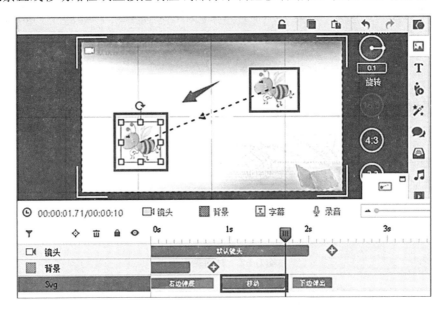

图 5.59 移动路径

第三步：单击元素和元素复制体中间的虚线，出现圆点，拖动圆点设置物体移动的弧度，使元素曲线移动，如图 5.60 所示。

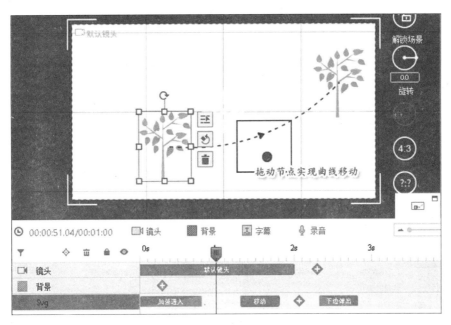

图 5.60 曲线移动

第四步：单击小圆点恢复直线路径，如图 5.61 所示。

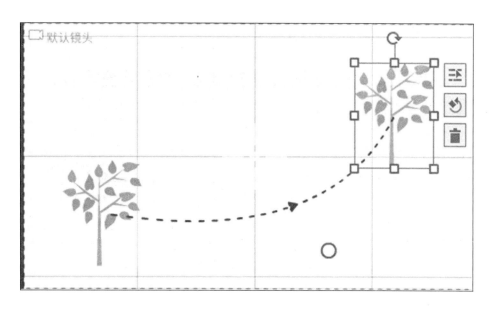

图 5.61　恢复直线路径

5. 输出、预览、保存与发布

（1）输出设置。用户完成编辑后，可以将工程文件输出为在线或本地视频。

（2）预览、保存及发布动画视频。制作完成后可预览及保存工程文件，同时可发布输出到云、分享到微信，或者发布输出成视频格式。

发布工程文件单击工具栏上的"发布"按钮进入发布页面，进入发布输出页面后，可选择"输出到云"或者"输出成视频"，如图 5.62 所示。

图 5.62　发布工程文件

第六章　信息化教学模式与教学系统设计

随着信息技术的迅猛发展和普及，教育领域迎来了前所未有的变革。信息化教学模式作为这场变革的重要产物，以其独特的优势逐渐改变着传统的教学方式和学生的学习体验。而随着信息技术在教育领域的广泛应用，人们开始将先进的教学理论与信息技术深度融合，孕育出信息化教学设计的新理念。通过对本章的学习，读者将能够深入理解信息化教学模式的内涵与价值，掌握信息化教学设计的基本技能，为实践信息化教学奠定坚实的基础。

第一节　信息化教学模式

信息技术与课程整合的实质与落脚点是变革传统的教学结构，即要改变以教师为中心的教学结构，创建既能发挥教师主导作用又能充分体现学生主体地位的新型"主导-主体型教学结构"，而新型教学结构的创建要通过相关的教学模式才能实现。信息技术所创建的信息化教学环境和数字化教学资源促进了教学模式的变革与创新，形成了多元的信息化教学模式。对信息化教学模式的深刻理解和把握，有助于为课堂教学提供新的信息化教学手段并丰富课堂教学活动的开展形式。

一、信息技术与课程

我国信息技术的发展从开始的计算机教育，到计算机辅助教育，再到信息技术教育，一脉相承。随着新工具、新技术的研发，越来越多的新媒体、新技术被逐步应用到信息技术课程之中。信息技术与课程的融合程度也在不断加深，从最初将信息技术作为课程整合为辅助教学的手段，发展到信息技术与课程全方位深度融合的阶段，信息技术与课程融合已经成为新课程改革的重要内容之一。

（一）信息技术与课程整合

1. 信息技术与课程整合的内涵

整合即将零散的要素组合在一起，并最终形成有价值、有效率的一个整体。所谓课程整合是指对课程设置、各课程教学的目标、教学设计、教学评价等要素作为整个系统的参考，用整体的、关联的、辩证的观点，认识和研究教育过程中各种教育教学要素之间的关系。

什么是信息技术与课程整合？不同学者给出了不同的定义。《中小学教师教育技术能力标准（试行）》中给出的定义是："信息技术与课程整合是指在学科教学过程中把信息技术、信息资源和课程有机结合，建构有效的教学方式，促进教学的最优化。"南国农先生认为：信息技术与课程整合是指将信息技术以工具的形式与课程融为一体，将信息技术融入课程教学体系各要素中，使之成为教师的教学工具、学生的认知工具、重要的教材形态、主要的教学媒体。何克抗教授认为：信息技术与课程整合即为信息技术与学科课程的整合，就是通过将信息技术有效地融合于各学科的教学过程，来营造一种信息化教学环境，实现一种既能发挥教师主导作用，又能充分体现学生主体地位的以"自主、探究、合作"为特征的教与学方式，从而把学生的主动性、积极性、创造性充分地发挥出来，使传统的以教师为中心的课堂教学结构发生根本性变革，从而使学生的创新精神与实践能力的培养真正落到实处。汪基德教授认为：信息技术与课程整合是指在学科教学过程中，把信息技术和课程教学要素有机结合，借助信息技术的优势营造良好的教学环境，建构有效的教学方式，突破教学的重点难点，达成学科教学目标，促进学生的全面发展，实现教学的最优化。

2. 信息技术与课程整合的层次

对于信息技术与课程整合的层次，美国苹果公司在其"苹果明日教室"项目中，将教师应用于信息技术的过程分为以下几个阶段：①尝试阶段，教师学习使用技术的基本技巧；②采纳阶段，教师使用新技术去支持传统教学；③适应阶段，把新技术结合到传统的课堂中，使用文字处理软件、电子表格、图形工具提高学生的注意力；④灵活运用阶段，强调合作、面向项目和交互约束的工作，技术成为必需的工具之一；⑤创造性应用阶段，发现技术工具新的应用。

我国学者依据达到课程整合最终目标的难易程度，将其分为三个层面"学习目标层面""教学的工具层面"和"学科课程层面"。在不同的层面，技术与教学要素、课程要素的融合程度是不一样的。

（1）学习目标层面。在学习目标层面，信息技术本身作为一门学习的课程，也就是说，信息技术知识内容是学生学习的对象和目标，即信息技术课程教学。从某种意义上讲，信息技术课程教学可视为信息技术与课程整合的准备阶段，是整合的最低层次。

（2）教学的工具层面。工具性整合，即从学科特点和学习方式出发，将信息技术作为工具引入教学和学习过程，解决那些运用其他教学手段难以解决的问题。这一层次的整合，要求广大教师和学生都应该熟练掌握信息技术，就像用粉笔、黑板、教科书一样使用信息技术解决教与学过程中的相关问题。在这个层面，信息技术可以作为演示工具、个别化学习工具、协作学习工具、学习交流工具、信息加工和认知工具等。

（3）学科课程层面。随着信息技术与课程整合理论研究和实践探索的深入，人们越来越认识到，信息技术与课程整合为课程带来的不仅仅是教学工具的变化，更重要的是教学理念、内容、模式、策略、方法的改革。这一层次的整合强调将信息技术合理地整合到各个学科、各门课程的结构、内容、资源和方法当中，从课程整体改革的高度去认识和利用信息技术。

3. 信息技术与课程整合的意义

信息技术与课程整合的意义即信息技术与课程整合的价值和作用，信息技术与课程整合的意义包括以下几个方面：

（1）有利于改革教学方式，提升教学效果。信息技术与学科教学的整合，就是通过营造一种信息化的教学环境，将信息技术有效融合于学科教学中。在该环境中，传统的"教师讲、学生听"的教学方式需要革新，一种既能发挥教师主导作用，又能体现学生主体地位的以"自主、探究、合作"为特征的教学方式应运而生，新兴教学方式把学生的主动性、积极性、创造性充分地发挥出来，使传统的以教师为中心的课堂教学结构发生根本性变革。在这样一种教学环境中，教师充分利用信息技术进行备课授课、师生交流、评价，大大提升各种教学活动的效率，并能获取良好的效果。学生充分利用信息技术开展自主式、探究式学习，在平等、民主的氛围中，从丰富的资源中获取更多的知识，并在该过程中锻炼自己解决问题的能力。

（2）有利于培养学生的创新能力。学生创新能力的培养需要理想的教学环境的支持，将信息技术整合于学科教学，则可为培养学生创新能力营造理想的环境。主要体现在以下几个方面：第一，现代教育技术的最新理论为学生创新能力的培养提供理论支撑。第二，基于计算机的多媒体课件平台有利于发展学生的直觉思维。第三，优秀的多媒体课件可以提升学生的形象思维。第四，基于计算机网络的"协作式学习"和"发现式学习"，有助于学生辩证思维和发散思维的培养。

（3）有利于提高学生的信息素养。信息技术与学科课程整合是培养学生信息素养的有效途径。所谓信息素养，一般包括信息能力、信息意识和信息道德。信息能力是指具备获取、判断、处理、利用、发布、传递信息的能力；信息意识是指运用信息的习惯，知道什么时候运用信息；信息道德是指在利用信息时要遵守伦理道德、社会公德、法律法规等，是对信息技术行为的更高要求。在信息技术与课程整合的过程中，于信息技术课堂中学到的信息能力有了实际运用的机会；经常性地使用又可以养成良好的信息意识；整合时所完成的贴近生活的问题或任务，有助于学生知识的迁移，让信息技术的使用成为一种习惯；另外教师的言传身教还可以让学生产生更多的信息道德体，有助于学生信息道德的培养。随着整合的深入，信息技术与课程整合将成为学生信息素养培养和应用的重要阵地。

（4）有利于优化课程结构，促进不同学科的融合。受社会大分工的影响，当前学校课程以分科课程为主，常见的如自然科学（理科）与人文科学（文科）分离，自然科学的内部和人文科学的内部也存在着不同程度的分离。此课程体系容易造成理科生缺少人文素养，文科生则缺乏科学思维，学生难以全面发展。而在信息技术与课程整合中，现代信息技术为学生的全面发展提供了物质基础，使被割裂的课程走向融合成为一种可能。借助信息技术，课程内容的组织形式发生变革，不同学科之间可以通过超文本的方式联系在一起，原来固化的课程体系被打破，新型的组织形式使课程内容更丰满、更立体、更开放，也更有利于学习者综合能力的培养。

（二）信息技术与课程融合

1. 信息技术与课程融合的内涵

"融合"即是将两种或多种不同的事物合为一体。信息技术与课程融合是指以在现代教育理论指导的前提下，将信息技术高效地运用到课程教学中来，将信息技术与课程实现最优化融合，使之成为与课程内容和课程实施高度和谐的组成部分。信息技术与课程融合是信息技术支持课堂教学的阶段性发展过程，是在经历了计算机辅助教学（CAI）、信息技术与课程整合后的第三个阶段。计算机辅助教学强调的是教师利用其编制的课件，采用对话的方式对学生进行训练；信息技术与课程整合强调的是把作为客体的信息技术与作为主体的教育相整合，并在课堂教学中开展信息技术，支持学生自主、合作、探究的学习活动；信息技术与教学深度融合强调的是教育技术与教育相互改变、不断适应的过程。信息技术支持课堂教学方法、模式的变革，已经成为教学开展的核心要素，教学模式创新是实现信息技术与教学深度融合的必经之路。信息技术与课程融合的目的是实现以教师为中心的传统教学模式向以学生为中心的资源丰富的个性化、数字化学习模式的转变。

2. 信息技术与课程融合的目标

信息技术与课程融合是一场系统、全面、深刻的教育方式的变革。在当前以学生为中心的教学理念下，信息技术与课程融合的目标具体表现在如下几个方面：

（1）促进培养学生的创新、创造能力。学生的创新、创造能力培养需要理想的教学和学习环境的支持，信息技术与课程的融合正好为学生的创新、创造能力培养营造了理想的环境。在这样的环境中信息技术成为学生创新、创造的工具。现代教育技术的最新理论基础支持着学生创造性能力的培养，使用现代教育技术媒体工具学习有利于培养学生的直觉思维、形象思维。同时，基于计算机网络的发现式学习可以有力地培养学生的辩证思维和发散思维。

（2）促进培养学生终身学习的态度和能力。在当前信息大爆炸的时代背景下，知识和信息在不断地更新，为了跟上时代的步伐要求每一个人都要树立终身学习的理念。通过信息技术与课程融合的方式能改变传统的学习方式，对于端正终身学习的态度、提升终身学习的能力都有极大的帮助。

（3）促进培养学生良好的信息素养。信息技术与课程融合是培养学生良好信息素养的有效途径。

（4）促进培养学生的适应能力、独立思考能力。信息技术与课程的融合可以激发学生的学习动机，调动学生学习的积极性，培养他们的适应能力和独立思考的能力，使学生真正成为课堂的主人，不断提高应变能力与解决实际问题的能力。

3. 信息技术与课程融合的层次

信息技术与课程融合是全面的、多维度的、多层面的。2010年普特杜拉（Dr. RubenR. Puentedura）博士依据信息技术在教育教学领域中渗透的深浅程度，提出了SAMR模型，如图6.1所示。

该模型为信息技术与课程融合的层次分析提供了新的思路。依据该模型，信息技术与课程融合大体可以分为两大层面、四个层次。两大层面分别是改善层面（Enhancement）和变革层面（Transformation）。其中，改善层面包含替代（Substitution）和增强（Augmentation）两个层次；变革层面涵盖修改（Modification）和重塑（Redefinition）两个层次。若将信息技术与课程融合看成一个信息技术教学应用的连续系统，那么，替代层次是最低程度的，重塑层次则是最高程度的。

图 6.1 SAMR 模型图

（1）替代层次。替代层次表示信息技术只是作为一种工具替换了原先传统课堂教学过程中的某种做法，但对课堂教学结构没有发生任何改变，只是在内容实现的技术方式上不同而已。例如，过去我们使用纸与笔来完成做笔记的任务，而现在我们可以使用平板电脑实现相同的功能；又如，过去我们用挂图和现在用 PowerPoint 进行内容的展示并没有实质区别。

（2）增强层次。增强层次与替代层次中的信息技术运用方式非常相似，只不过信息技术的应用会对原先的教学带来某些增强性的功能，但是对课堂教学结构会产生一些变化。同样以做笔记为例，如果我们通过平板电脑完成笔记后并保存到云端，就可以随时随地通过不同的移动终端进行访问，这是传统方式所无法实现的。再如，使用交互式电子白板可以改变传统白板只能静态呈现内容的不足，实现学习者借助手势触摸与内容发生互动，帮助学习者更好地建立起知识意义。

（3）修改层次。修改层次允许信息技术对内容和任务本身进行重新定义。例如，我们可以将增强现实技术融入电子课本中，使得课本内容兼具图文声像并茂的立体感，让学生置身于一个连接了现实与虚拟环境的更为开放的全息环境之中，获得超强的身临其境的直觉体验。又如，我们允许学生采用视频录制的方式完成作业，将其上传到视频网站上供教师和同学分享，并相互评价。

（4）重塑层次。在重塑层次，信息技术能让我们真正重新定义任务本身或创造出过去根本想象不到的新任务。该层次的技术应用会触发课堂教学结构发生变革。例如，我们可以将内容以知识为单位制作成微视频，在课前发布在网上或者推送到移动设备上让学生自行观看，在课堂则通过测试系统反馈学生在课前的学习情况，然后针对性地开展知识讲解和问题讨论等。再如，我们可以利用知识可视化工具、3D 打印设备、移动设备等开展概念建模学习、项目学习、远程实践共同体学习。

二、信息化教学模式的概念

（一）模式与教学模式

1. 模式

模式方法是现代科学研究方法论中的一种重要研究方法。关于什么是模式，目前还没有公认的定义。通常模式被定义为："再现现实的一种理论性的简化形式"。以语词、图解和数学的形式构建一种用于思考问题的框架。模式的建立，一般来说包括三个步骤。首先，要把复杂的事物、现象分解为若干个组成要素；其次，明确要素与要素之间的相互关系；最后，用理想的、简化的形式表示要素间的层次结构。

2. 教学模式

教学模式作为教学论概念被提出和系统阐述，始于美国学者乔伊斯（Joyce，B. R.）和威尔（Weil，M.）1972 年出版的《教学模式》一书。乔伊斯和威尔认为教学模式是构成课程（长时间的学习课程）、选择教材、指导在教室和其他环境中进行教学活动的一种计划或范型。不同的学者对教学模式有不同的认识，华东师范大学叶澜教授给出的定义是："教学模式俗称大方法，它不仅是一种教学手段，而且是从教学原理、教学内容、教学的目标和任务、教学过程直至教学组织形式的整体、系统的操作样式，这种操作样式是加以理论化的。"中国教育科学研究院朱小蔓教授给出的定义是："教学模式是在一定的教育理念支配下，对在教育实践中逐步形成的、相对稳定的、较系统而具有典型意义的教育体验，加以一定的抽象化、结构化的把握所形成的特殊理论模式。"何克抗教授认为教学模式是在一定的教育思想、教学理论和学习理论指导下，为完成特定的教学目标和内容，而围绕某一主题形成的比较稳定且简明的教学结构理论框架，及其具体可操作的教学活动方式。本书遵循何克抗教授的教学模式定义。

教学模式具有以下五大特征：

（1）整体性。教学模式一般是由理论基础、教学目标、操作程序、实现条件、评价等要素构成的有机整体，它自身有一套比较完整的结构和机制，其组成要素及其关系具有相对的内在联系，在运用时，必须从整体上把握，透彻了解其理论原理，切实掌握其方式、方法。

（2）简约性。教学模式是对教学理论或实战经验的概括和浓缩，在表现形式上，它采用精练的语言、象征的图形和明确的符号来表示其构成要素之间的复杂关系，具有简约的特性。

（3）指向性。每种教学模式都是为实现特定教学目标而设计的，它不是万能的，有其特定的运用条件和运用范围，因而具有较强的针对性与适应性。

（4）可操作性。教学模式不是空洞的思辨理论，它提供的教学理论、操作要求和教学程序便于人们理解把握和运用，为实际教学工作提供一套可供操作的范型、程式。这是教学模式区别于一般教学理论的重要特点。

（5）开放性。教学模式是一个动态开放的系统，有一个产生、发展、完善的过程，虽然教学模式一旦形成，其基本结构就会保持稳定，但这并不意味着该教学模式一成不变，它可以在运用中加以变通。

教学模式具有以下两大功能：

（1）教学模式的中介作用。教学模式的中介作用是指教学模式能为各科教学提供可以凭借的模型、程式，在理论与实践之间搭起一座桥梁，这就是说教学模式以简约化的形式表达一种教学思想或教学理论，便于人们掌握和运用，能有力地指导教学实践。同时，教学模式对具体教学活动经验进行概括，形成探索性框架，再通过不断地实践和试验，在理论上进一步系统化、规范化，为教学理论的研究提供素材。因此，教学模式又是特殊经验转化为一般理论的中介环节，对教学理论的丰富和发展做出了贡献。

教学模式的这种中介作用，是由于它既来源于实践，又是某种理论的简化，一方面，教学模式来源于实践，是对一定的具体教学活动方式进行优化、概括、加工的结果，其操作框架有着内在的逻辑关系，已经具备理论层面的意义；另一方面，教学模式又是某种理论的简化表现方式，它可以通过简明扼要的象征性符号、图示和关系的解释，来反映它所依据的教学理论的基本特征，便于人们理解某一教学理论，同时也是抽象理论得以发挥其实践功能的中间环节。

（2）教学模式的方法论意义。教学模式的研究是教学研究方法论上的一种革新。长期以来人们在教学研究上习惯于采取单一刻板的思维方式，注重运用分析的方法对教学的各个部分进行研究，而忽视各部分之间的联系或关系；或习惯于停留在各部分关系的抽象理解上，缺乏教学特色和可操作性。教学模式的研究指导人们从整体上去综合探讨教学过程中各因素之间的互相作用和其多样化的表现形态，以动态的观点去把握教学过程的本质和规律，同时对加强教学设计、研究教学过程的优化也有一定的促进作用。

（二）信息化教学模式

信息化教学模式是教学模式在信息化时代条件下的新发展，是基于技术的教学模式或数字化学习模式。信息化教学模式是技术丰富的教学环境，直接建立在学习环境设计理论与实践框架基础上，包含相关教学策略和方法的教学模型。信息化教学模式是根据现代化教学环境中信息的传递方式和学生对知识信息加工的心理过程，其充分利用现代教育技术手段的支持，调动尽可能多的教学媒体、信息资源，构建一个良好的学习环境，在教师的组织和指导下，充分发挥自身的主动性、积极性、创造性，对当前所学的知识进行意义建构并用所学知识解决实际问题。信息化教学模式为课堂教学提供了新的信息化教学手段，丰富了课堂教学活动的开展形式。

三、信息化教学模式的构建

根据信息化教学的理念和信息化教学环境的特点，结合传统的教学模式，我们将信息化教学模式归纳为以下几种：

（一）新型讲授式教学模式

当前，ChatGPT 席卷全球，风行一时。智能时代，人类进入了一个知识外包的全新的教育生态，越来越多的知识被外包给信息技术，学校并不需要抛弃基础知识和基本技能，恰恰相反，要更加注重学生的基础知识和基本技能的培养。因此，传统的讲授式教学模式因为自身价值而需要留存，只不过伴随时代发展需要转向新型讲授式教学模式，本书以祝智庭教授的智慧型讲授式教学模式为例。

智慧型讲授式教学模式的核心目标是在技术的支持下，通过教师的教授，启发与培养学生的智慧能力。智慧型讲授式教学模式仍然可以大致遵循传统讲授式教学模式的教学活动程序，即"创设情境—复习旧知—讲授新知—师生交互—巩固应用—检查评价"（在具体教学过程中可根据教学情境及教学任务的需要适当调整），但教学活动必须表现为蕴含问题的智慧活动，即教学活动设计要指向学生智慧能力的发展，强调在掌握知识与技能的基础之上引导学生主动发现问题、解决问题，进行问题决策，在愉快的学习体验中提升高阶思维能力和问题解决能力。智慧型讲授式教学模式的技术实现要根据教学目标和教学活动的需要进行设计，与学生的智慧学习活动高度适切，从而促进学生智慧的发生。智慧型讲授式教学模式的评价指向是由智慧能力、信息素养和课程目标组成的三元立体评价取向模型。智慧型讲授式教学模式的具体实施过程包括以下四点。

（1）目标设计：从智慧的缺失走向智慧的高度融入。

（2）情境创设：从缺失智慧问题走向蕴含智慧问题。

（3）技术实现：从技术与教学的低适切走向高适切。

（4）评价取向：从一元评价走向三元立体评价。

（二）小组协作式教学模式

小组协作式教学模式主要是指教师通过小组或团队的形式，组织学生进行学习，学生之间为了达到小组学习目标，可以采用合作、商讨、争论等形式对问题进行充分论证，以获得达到教师要求的学习目标。在小组协作式教学模式下，学习者遵循共同学习目标，一起参与学习过程，达到知识的意义建构。小组协作式教学模式的一般过程包括以下几点：

1. 创建小组，提出问题

小组协作式学习方式是一种人际关系互动的方式，在开展学习分组之前，需要教师对学习环境进行设计，给学生创建出进行小组学习的氛围。学习小组如何组建可以参考异质分组。所谓异质分组是指将能力水平方面均存在差异的学生分配在同一个小组。在创建好学习小组之后，教师创设问题情境，提出小组协作学习的问题或任务，并向每个小组介绍任务完成情况的评价标准。

2. 任务分解，自主探究

在小组组建完成之后，每个小组在老师的指导下围绕学习主题进行活动任务分解。每个小组确定一名小组长，负责整个小组的任务分配与组内协调管理工作。组长在进行任务分解时，小组成员间进行协商沟通，根据自己的兴趣爱好选择活动任务小组，小组成员也要根据自己的优势主动承担相应的责任，根据分工进行自主探究。

3. 组内协作，解决问题

小组成员根据小组分工将探索、发现的相关学习资料及时地与小组其他成员共享，在收集和整理资料过程中对遇到的问题要开展论证、谈论，直至组内达成共识。在小组协商过程中，经过小组内交流讨论可以解决一些重点与难点问题。小组通过组内协商总结，共同完成教师布置的任务，协作学习活动最终完成的结果形式是灵活多样的，如报告、设计方案、模型、表格等。

4. 展示汇报，评价反馈

教师可以组织各个小组在全班范围内进行成果的展示与汇报，一个小组汇报，其他小组提出质疑，汇报小组进行答疑。一般情况下，教师在小组进行协作学习之时就将评价方式与标准明确地告诉学生，让学生按照评价标准完成任务，这样参与活动的目的性更强。例如，可以采用评价量表的形式，对小组的角色分工情况、任务完成情况、组织安排情况、小组成员补充知识情况、汇报人员的文字表达和肢体语言展现情况等进行评价。评价方式可以分为教师评价、小组自我评价和小组之间相互评价等。

（三）基于电子学档的教学模式

随着计算机技术和网络技术的迅速发展，以数字化形式记录的学生学习档案——电子学档（E-Learning Portfolio）应运而生。电子学档又称电子档案袋，是指在信息技术环境下，学习者运用信息手段表现和展示学习者在学习过程中关于学习目的、学习活动、学习成果、学习业绩、学习付出、学业进步，以及关于学习过程与学习结果进行反思的有关学习的一种集合体。

电子学档的教学模式涉及教学内容、方法、手段、实践和综合考评等方面，基于电子学档的协作学习模式如图 6.2 所示。

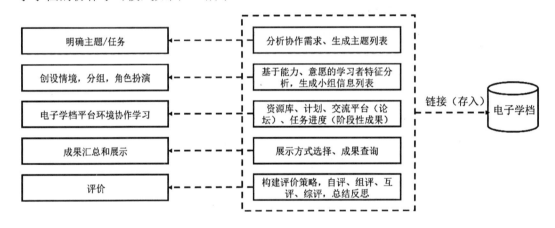

图 6.2　电子学档的协作学习模式流程图

（四）翻转课堂教学模式

翻转课堂（Flipped Classroom）作为一种新型的教学模式，近年来受到了众多教育研究者与实践者的关注。翻转课堂要颠覆的不仅仅是课堂的形式，还要将学生自定步调的个性化学习权利还于学生，让课堂回归思维碰撞和多维互动的本真特质，其中学生的真切参与和持续投入是关键。翻转课堂是指将学习过程中的课内知识传授与课外知识内化两个阶段翻转过来（将"先教后学"倒置为"先学后教"）。翻转课堂的核心在于通过对传统课堂模式的翻转，把大量的知识讲授移到课外，从而释放了宝贵的课堂时间用来进行有意义的深层学习。翻转课堂在信息化教学应用实践中主要表现在以下几点：

（1）自定步调学习，体现"生本"思想。课前学习者可根据提供的自主学习材料，按照自己的节奏学习，甚至反复学习。翻转课堂把学生还原到人的特性：他们具有个体差异、能够思考、会用工具、可以自学、需要沟通。所以翻转课堂模式在一定程度上体现了"以学生为本"的人本主义思想。

（2）人机合理分工，双边优势互补。机器适合完成具有逻辑性、单调性、重复性的工作，教师适合完成具有情感性、创造性、社会性的工作。因此，翻转课堂将知识传播、测练提供、消息传递、数据处理交给机器，让教师专注于学案设计、解难答疑、点拨启发、个性关照等工作。通过这种人机分工，学习者可以获得更加优质的学习服务。

（3）采纳混合学习，优化学习策略。翻转课堂连接了课前学习（含网络学习）与课堂学习（面对面学习），将网络学习与面对面学习的优势结合起来。在网络学习中，学习者可以跨越时空限制，自定学习步调，反复使用学习资源；在面对面学习中，教师可以利用更多的时间开展丰富的学习活动，促进师生之间、学生与学生之间的情感交流。这就避免了传统课堂中单一的灌输式教学，实现了优势互补，整体优化。

（4）注重人际协同，发挥集体智慧。翻转课堂改变了传统的单一备课模式，也改变了单一的师生问答互动模式，注重协同作用，发挥集体智慧。课前教师团队集中备课、相互合作、集思广益地为学生设计高品质的教学活动，提供优质的学习资源；课内教师鼓励学生以小组为单位，相互协作、相互学习，大幅提高学习效果。

（5）领导敏捷决策，革新有勇有谋。很多人认同这样的观点：信息技术对教育具有革命性影响，那么我们就得搞清楚要依靠谁。祝智庭提出二次革命论：学校信息化教育的革命分为机会主义（赶超强者的争锋夺势）与理想主义（超越自我的本体革命）。纵观我国学校信息化变革大势，多数革命性行为产生于相对薄弱的学校。这些学校通过信息化改变自身地位，与名校一较高下。信息化搞得好的学校的共同特征是，学校领导能够抓住机遇、勇于变革、精心组织，且有切实的机制保障。

（五）对分课堂教学模式

对分课堂是一种课堂教学改革新模式。2014 年，复旦大学教授张学新立足于我国教育实情，以教育心理学为依据，提出中国原创的教学模式——对分课堂。对分课堂的核心理念是把一半课堂时间分配给教师进行讲授，另一半时间分配给学生，并以讨论的方式进行交互式学习。对分课堂强调学生与这生、教师与学生互动，鼓励自主性学习。在时间上对分课堂分为三个过程，即讲授（Presentation）、内化（Assimilation）和讨论（Discussion），因此也可简称为 PAD 课堂，如图 6.3 所示。

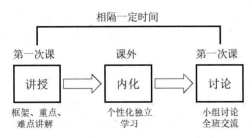

图 6.3　对分课堂基本流程

第一环节，讲授。教师只介绍知识的基本框架，讲解基本概念，突出重点难点，并不穷尽教材内容，而是引导学生自学，自己掌握所学知识。对分课堂不要求学生预习，学生在教师讲解后再自学更能抓住重点，不会先入为主地形成错误的观点，可使学习更有效率。

第二环节，内化。学生要在教师讲解的基础上，自己内化所学知识，要总结出学习过程中自己感受最深及最欣赏的内容。这一过程，如果自己学会了，则可以帮助没有学明白的同学。如果自己没弄明白，则可以寻求别的同学的帮助，这个叫作"帮帮我"。

第三环节，讨论。在学生自学及内化的基础上进行。学生有备而来会更自信，讨论更能有的放矢，更有效率。课堂讨论环节分为小组讨论、全班讨论、教师总结等部分。学生讨论环节可以发挥学生学习的主动性，调动学生学习的积极性，培养学生的语言表达能力、沟通能力、合作能力等核心素养，提高学习效果。教师总结阶段可以突出重点与难点，加深学生印象。

第二节 教学系统设计

教学系统设计是 20 世纪 60 年代以来逐渐形成和发展起来的一门实践性很强的新兴学科，是教育技术学领域中的一个重要分支。教学系统设计以解决教学问题、优化学习为目的，是一个跨学科研究的领域。

一、教学系统设计发展简介

教学设计的发展历程与其他学科的发展一样，都要经历思想萌芽、理论形成、学科建设等几个阶段。

早期人们对教学的研究把主要精力放在探索学习机制和教学机制上，对教学过程中涉及的教师、学生、教学内容、教学方法和手段等各个要素和它们之间的相互关系进行了大量的研究，但是在实践中遇到了许多问题，如对这些要素如何协调、如何控制等问题，从而萌发了教学设计的构想，最初提出这种构想的代表人物是美国教育家杜威和美国心理学家桑代克。杜威在 1900 年提出应建立一门连接学习理论和教学实践的"桥梁科学"，其目的是建立一套系统的、与设计教学活动有关的理论知识体系，可以达到优化教学的目的。桑代克也曾提出过设计教学过程和程序学习的主张。

在第二次世界大战期间，由于战争的需要，美国要在最短的时间内为军队输送大批合格的士兵和为工厂输送合格的工人。这一急迫任务把当时的心理学和视听领域专家的视线引向学校正规教育体系之外，关注当时社会所能提供的一切教学手段，关注教学的实际效果和效率，由此产生了教学设计的最初尝试。

20 世纪 60 年代后期，许多教育家和心理学家逐渐发现决定教学（学习）效果的变量是极其复杂的，要设计最优的教学过程，必须将系统方法引入教学过程之中，由于教学系统方法的形成及其在各层次教学系统中的应用，使教学设计的理论与方法体系得以建立。20 世纪 70 年代以来，认知心理学、系统科学等相关理论的研究，技术在教育中的应用研究等成果被吸收到教学系统设计中，建立起教学系统设计的理论与方法体系，进而逐渐发展成为一门独立的学科。

二、教学系统设计的概念及特点

（一）基本概念

教学系统设计作为一个独立的研究领域尽管已经有了几十年的历史，但是在对教学系统设计内涵的理解上还存在着不同观点，归纳起来大致有如下一些说法：

1. "计划"说。把教学设计界定为用系统的方法分析教学问题，研究解决问题的途径，评价教学结果的计划过程或系统规划。

2. "技术"说。鲍嵘在《教学设计理性及其限制》一文中认为，教学设计是一种"旨在促进教学活动程序化、精确化和合理化的现代教学技术"。

3. "方法"说。把教学设计看作一种"研究教学系统、教学过程和制订教学计划的系统方法"。而这种方法与过去的教学计划不同，其区别在于"现在说的教学设计"有明确的教学目标，着眼于激发、促进、辅助学生的学习，并以帮助每个学生的学习为目的。

4. "过程"说。认为"教学设计是运用系统方法分析教学问题和确定教学目标、建立解决方案、评价试行结果和对方案进行修改的过程。它以优化教学效果为目的，以学习理论、教学理论和传播学为理论基础"。这种观点在我国有较大的影响，代表人物是乌美娜。

5. "操作程序"说。认为"教学设计就是运用系统方法和步骤，并对教学结果做出评价的一种计划过程与操作程序"。

根据对教学系统设计内涵的不同理解，不同的学者对教学系统设计做出了不同的界定。

加涅在《教学设计原理》中将教学系统设计定义为："一个系统化（有系统的）规划教学系统的过程。教学系统本身是对资源和程序做出有利于学习的安排。"后来，加涅进一步指出："教学是以促进学习的方式影响学习者的一系列事件，而教学设计是一个系统化规划教学系统的过程。"

肯普把教学系统设计界定为一种"运用系统方法分析研究教学过程中相互联系的各部分的问题和需求，确立解决它们的方法步骤，然后评价教学成果的系统计划过程"。

史密斯（P.Smith）等则把教学系统设计定义为"运用系统方法，将学习理论与教学理论的原理转换成对教学资料、教学活动、信息资源和评价的具体计划的系统化过程"。

梅瑞尔（David M. Merril）在其新近发表的《教学设计，回归科学研究》（"Reclaiming Instructional Design"）一文中将教学设计界定为："教学是一门科学，而教学设计是建立在教学科学这一坚实基础上的技术，因而教学设计也可以被认为是科学型的技术（Science-Based Technology）。教学的目的是使学生获得知识技能，教学设计的目的是创设和开发促进学生掌握这些知识技能的学习经验和学习环境。"

帕顿在《什么是教学设计》一文中提出："教学设计是设计科学大家庭的一员，设计科学各成员的共同特征是用科学原理及应用来满足人的需要。因此，教学设计是对学业业绩问题（Performance Problem）的解决措施进行策划的过程。"

何克抗教授认为："教学设计是运用系统方法，将学习理论与教学理论的原理转换成对教学目标（或教学目的）、教学条件、教学方法、教学评价等教学环节进行具体计划的系统化过程。"

教学系统设计是为达到特定目标而由各要素按照一定互动方式组织起来的结构和功能的集合体。它以促进学习者的学习为根本目的，运用系统方法，将学习理论、教学理论、系统理论、传播理论等原理，对教学目标、教学内容、教学方法、教学策略、教学评价等环节进行具体计划，创设有效的教学与系统的"过程"或"程序"。它可以是指学校的全部教学工作，也可以是一门课程、一个单元或一节课的教学，以及为达到某种教学目的而实施的、有控制的教学信息传递过程。

（二）教学系统设计的特点

教学系统设计综合多种学术理论而自成体系，是一种以实现优化学习为目的的特殊的设计活动，这种设计活动具有以下特点：

1. 教学系统设计的系统性

教学系统设计首先是把教育教学本身作为整体系统来考察的，并用系统方法来设计、开发、运用和管理，即教学系统作为一个整体来进行设计、实施和评价，使之成为具有最优功能的系统。因此将系统方法作为教学系统设计的核心方法是教学系统设计发展过程中研究者和实践者所取得的共识。无论是宏观教学系统设计，还是微观教学系统设计，都强调系统方法的运用。

2. 教学系统设计的理论性和创造性

教学系统设计作为设计科学的子范畴，既有一般设计活动的基本特征，同时教学情境的复杂性和教学对象丰富的个体差异性，又使教学系统设计具有自己的独特性。教学系统设计是理论性和创造性的结合，在实践中既要依据教学系统设计理论来进行教学系统设计，又不能把理论看作教条，而应该在实践中创造性地运用、发展教学系统设计理论。

3. 教学系统设计过程的计划性与灵活性

教学系统设计过程具有一定的模式，这些模式往往用流程图的线性程序来表现，需要按照既定的环节流程来进行教学系统设计。然而，按照系统论的观点，这些要素之间的关系是非线性的，是相互影响、相互补充的。因此，在实践中要综合考虑各个环节，有时甚至要根据需求调整分析与设计的环节，并要在参考模式的基础上创造性地运用模式。

三、教学系统设计模式

教学系统设计模式是在教学系统设计的实践当中逐渐形成的一套程序化的步骤，其实质是说明做什么，怎样去做，而不是为什么要这样做。教学系统设计过程模式指出了以什么样的步骤和方法进行教学系统的设计，是关于设计过程的理论。

由于教学系统设计实践中所涉及的教学系统的范围和任务的层次有很大的差别，而且设计的具体情况和针对性也不完全一样，再加上设计人员教学工作环境（不同地域、不同教育层次）和个人专业背景（学科专家、教学设计专家、媒体专家、教师、评价专家等）的差异，使他们对教学设计的理解和认识不尽相同，因而出现了众多的教学设计过程模式。

（一）以"教"为主的教学系统设计模式

1. 肯普模型——ID1（基于行为主义学习理论）的代表模式

这一模式由肯普（J.E.Kemp）在 1977 年提出，后来又经过多次修改才逐步完善，该模式的特点可以用三句话概括：在教学系统设计过程中应强调四个基本要素，需要解决三个主要问题，要适当安排十个教学环节，如图 6.4 所示。

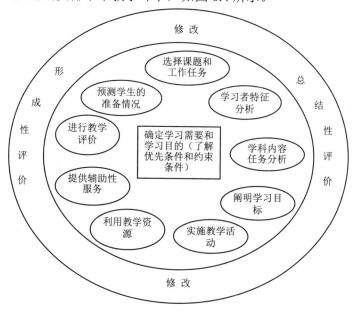

图 6.4　肯普模式

（1）四个基本要素。它是指教学目标、学习者特征、教学资源和教学评价。肯普认为，任何教学设计过程都离不开这四个基本要素，由它们即可构成整个教学设计模式的总体框架。

（2）三个主要问题。一是学生必须学习到什么（确定教学目标）；二是为达到预期的目标应如何进行教学（即根据对教学目标的分析确定教学内容和教学资源，根据对学习者特征的分析确定教学起点，并在此基础上确定教学策略、教学方法）；三是检查和评定预期的教学效果（进行教学评价）。

（3）十个教学环节。一是确定学习需要和学习目的，为此应先了解教学条件（包括优先条件与限制条件）；二是选择课题与任务；三是分析学习者特征；四是分析学科内容；五是阐明教学目标；六是实施教学活动；七是利用教学资源；八是提供辅助性服务；九是进行教学评价；十是预测学生的准备情况。

2. 史密斯—雷根模型——ID2（基于认知主义学习理论）的代表性模式

这一模式是由史密斯（P.L.Smith）和雷根（T.J.Ragan）于 1993 年提出的，如图 6.5 所示。该模式将教学过程明确分为教学分析、策略与模式设计和教学评价三部分，使各部分内容的安排更具科学性，更强调对学习者认知策略和认知能力分析。

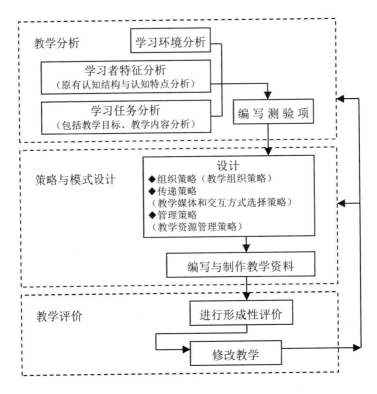

图 6.5　史密斯—雷根模式

3. 一般模式

以"教"为主的教学系统设计一般模式包括学习需要分析、学习者特征分析、学习内容分析、教学目标的阐明、教学策略的制定、教学媒体的选择和运用，以及教学设计成果的评价七个基本组成部分，如图 6.6 所示。

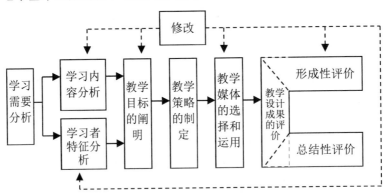

图 6.6　以"教"为主的教学设计一般模式

（二）"以学为主"的教学系统设计模式

基于建构主义的"以学为主"教学系统设计过程模式是何克抗提出的。他在深入分析并吸收西方建构主义者特别强调学习环境设计和自主学习设计等优点，却忽视教学目标分析和教师主导作用等偏向后，提出了"以学为主"的教学系统设计模式，如图 6.7

所示。

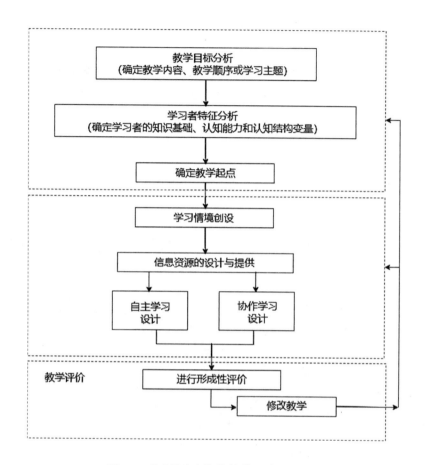

图 6.7 "以学为主"的教学系统设计模式

1. 教学目标分析

对整门课程和各个教学单元进行教学目标分析，以确定当前所学知识的"主题"（即与基本概念、基本原理、基本方法或基本过程有关的知识内容）。

2. 学习者特征分析

学习者特征分析关注学习者的智力因素和非智力因素，其中智力因素分析主要包括学习者的知识基础、认知能力和认知结构变量分析。

3. 学习情境创设

建构主义认为，学习总是与一定的社会文化背景（即"情境"）相联系的，创设与当前学习主题相关的、尽可能真实的情境，有利于唤醒长时记忆中有关的知识、经验或表象，从而使学习者能够利用自己原有认知结构中的有关知识与经验去同化当前学习到的新知识，或者对原有认知结构进行改造与重组。

4. 信息资源的设计与提供

信息资源的设计是指确定学习本主题所需信息资源的种类和每种资源在学习本主题过程中所起的作用。对于应该从何处获取有关的信息资源，如何去获取（用何种手段、方法去获取），以及如何有效地利用这些资源等问题，如果学习者遇到困难，教师应及时给予帮助。

5. 自主学习设计

自主学习设计是整个"以学为主"教学系统设计的核心内容。在以学为主的建构主义学习环境中常用的教学方法有支架式教学法、抛锚式教学法和随机进入教学法等。根据所选择的教学方法的不同，对学习者的自主学习应做不同的设计。

6. 协作学习设计

协作学习设计的目的是在个人自主学习的基础上，通过小组讨论、协商，进一步完善和深化对当前主题的意义建构。整个协作学习过程均由教师组织引导，讨论的问题也由教师提出。

7. 学习效果评价设计

学习效果评价设计包括小组对个人的评价和学习者本人的自我评价。评价内容主要围绕两个方面，即自主学习能力在协作学习过程中所做的贡献，以及是否达到了意义建构的要求。

（三）"主导—主体"教学系统设计模式

何克抗教授通过对以"教"为主和以"学"为主的教学系统设计模式取长补短，提出了"主导—主体"的教学系统设计模式，如图 6.8 所示。

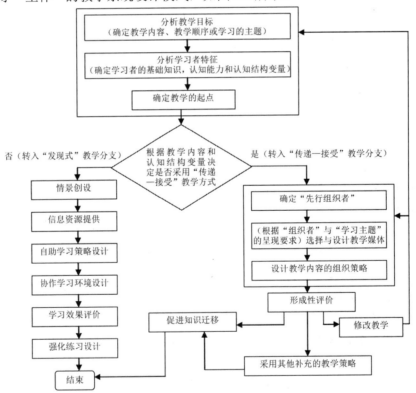

图 6.8 "主导—主体"教学系统设计模式

"主导—主体"的教学系统设计模式具有以下四个特点：

1. 可根据教学内容和学生的认知结构情况灵活选择"发现式"或"传递—接受"教

学分支。

2. 在"传递—接受"教学过程中基本采用"先行组织者"教学策略，同时也可采用其他的"传递—接受"策略（甚至是自主学习策略）作为补充，以达到更佳的教学效果。

3. 在"发现式"教学过程中也可充分吸收"传递—接受"教学的长处（如进行学习者特征分析和促进知识的迁移等）。

4. 便于考虑情感因素（即动机）的影响：在"情境创设"框（左分支）或"选择与设计教学媒体"框（右分支）中，可通过适当创设的情境或呈现的媒体来激发学习者的动机；而在"学习效果评价"环节（左分支）或根据形成性评价结果所做的"教学修改"环节（右分支）中，则可通过讲评、小结、鼓励和表扬等手段促进学习者三种内驱力的形成与发展（视学习者的年龄与个性特征决定内驱力的种类）。

"主导—主体"教学设计模式从方法和步骤上来说，是以"教"为主和以"学"为主的教学设计方法和步骤的结合，双主教学设计强调既要发挥教师在教学中的主导作用，又要体现学生在学习中的主体地位。在实际教学中，需根据学科特点和具体教学内容的特点选择相应的教学设计模式。

需要说明的是，教学系统设计的模式既有一定的稳定性，但也是开放、灵活的，因此在学习借鉴别人模式的同时，还要能够根据具体的实际情景，创造性地运用模式，开发自己的模式。

四、教学系统设计基本要素分析

教学系统设计过程虽然不尽相同，但也可以从中总结出教学系统设计过程的基本要素，包括学习需要分析、学习者特征分析、学习内容分析、教学目标的阐明、教学策略的制定、教学方法的选择、教学媒体的选择和运用及教学系统设计结果的评价八个基本要素。需要说明的是，这里把教学系统设计的过程分解为诸多要素，是为了更加深入地了解、分析及掌握整个教学系统设计过程的技术，而在教学系统设计的实践中，要从教学系统的整体功能出发，对各要素进行综合考虑，使其产生整体效应。

（一）学习需要分析

1. 学习需要分析的概念

学习需要是指学习者在学习方面的目前状况与所期望达到的状况之间的差距，也就是学习者目前水平与期望学习者达到的水平之间的差距，如图6.9所示。

| 期望达到的学习状况 | — | 目前的学习状况 | = | 差距"学习需要" |

图 6.9 学习需要分析的概念

学习需要分析是一个系统化的调查研究过程，这个过程的目的就是借助需要分析法，揭示学习者现状与期望值之间存在的差距，确定学习需要并进一步分析造成差距的真正原因是什么，教学设计是否是解决这个问题的必要途径，通过对现有的资源及约束条件的分析，论证解决该问题的可能性，在此基础上，确定优先解决的问题和要达到的总的教学目标，为后续工作提供依据。因此，学习需要分析属于一种前端分析。

2. 学习需要分析的基本步骤

按照问题解决的一般思维过程，学习需要分析要经过四个基本阶段：规划、收集数据、分析数据及撰写分析报告。图6.10说明了四个阶段下的具体步骤。

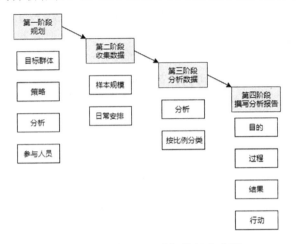

图 6.10　学习需要分析的基本步骤

第一步是规划。它包括确定分析对象、选择分析方法（如内部参照法或外部参照法）、确定收集数据的技术（包括问卷、评估量表、面谈、小组会议及案卷查询）、选择参与学习需要分析的人员。

第二步是收集数据。收集数据不可避免地要考虑样本的大小和结构。样本必须是每一类对象中具有代表性的个体。此外，收集数据还应包括日程的安排以及分发、收集问卷等工作。

第三步是分析数据。对收集到的数据，教学系统设计者必须进行分析，并根据经济价值、影响、某种顺序量表、呈现的频数、时间顺序等对分析的结果予以优化选择和排列。

第四步是撰写分析报告。这份报告应该包括四个部分：概括分析研究的目的；概括地描述分析的过程和分析的参与者；用表格或简单的描述说明分析的结果；以数据为基础提出必要的建议。

3. 学习需要分析的方法

学习需要分析的方法有内部参照需要分析法和外部参照需要分析法。内部参照需要分析法由学习者所在的组织机构内部，以确定的教学目标（或工作要求）对学习者的期望与学习者学习（工作）现状做比较，找出两者之间的差距，从而鉴别学习需要的一种分析方法。外部参照需要分析法根据机构外社会（职业）的要求来确定对学习者的期望值，以此为标准来衡量学习者学习的现状，找出差距，从而确定学习需要的一种分析方法。这种方法揭示的是学习者目前的状况与社会实际要求存在的差距，通常采用对毕业生跟踪调查、现场调研、专家访谈等方式来获得相关的信息。综合以上两种方法，可见其主要区别是参照系不同，以及由此带来的信息收集方法也略有差异。相对来说，内部参照学习需要分析法容易操作，省时省力，但却无法保证机构目标的检测；外部参照学习需要分析法操作上比较难，要耗费大量精力和时间，但却能使系统与社会需求直接发生联系，从而保证系统目标的合理性。在实际运作时，可采取内外结合的方法，如图 6.11 所示，也就是根据外部社会要求调整修改已有的教学目标，并以修改后的目标提出的期望值与学习者现状相比较找出差距。

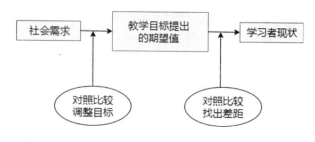

图 6.11 内外结合的方法

4. 学习需要分析应注意的问题

（1）学习需要是指学习者的差距与需要，而不是教师的差距与需要，更不是对教学过程、手段的具体需要。

（2）收集的数据必须真实可靠，避免从"感觉"需要入手。

（3）要以学习行为结果来描述差距，而不是用过程（手段）。

（4）学习需要分析是一个永无止境的过程。

（二）学习者特征分析

教学系统设计的目的是有效促进学习者的学习，而学习者是学习活动的主体，学习者具有的认知、情感、社会等特征都将对学习的信息加工过程产生影响。因此教学系统设计是否与学习者的特征相匹配，是决定教学系统设计成功与否的关键因素。学习者特征涉及很多方面，但对教学系统设计产生重要影响的特征有智力因素和非智力因素两个方面。与智力因素有关的特征主要包括个体认知发展的一般特征、知识基础、认知能力、认知结构变量等；与非智力因素有关的特征则包括兴趣、动机、情感、学习风格、焦虑水平、意志、性格及学习者的文化背景等。

1. 学习者一般特征的分析

学习者的一般特征是指他们具有与具体学科内容无关，但影响其学习的生理、心理和社会等方面的特点，包括年龄、性别、认知成熟度、学习动机、生活经验等内容。在教学设计过程中，分析学生的一般特征，以此作为制定教学策略、选择教学方法和媒体等工作的依据。了解学习者一般特征的主要方法有观察、面试、填写学生情况调查表和开展态度调查、查阅学习者的人事或学习档案等。

2. 初始能力的分析

初始能力是学生在学习某一特定的学科内容时，已经具备的相关知识和技能，以及他们对这些学习内容的认识和态度。分析初始能力的意义在于它可以帮助我们确定教学起点。初始能力包括技能与态度两个方面，而技能又可分为预备技能与目标技能两种。

（1）预备技能分析。学生在开始新的学习之前，已经掌握的知识与技能就是预备技能，它为新的学习提供了必要条件。预备技能分析就是在开始进行新的学习之前，了解学生掌握预备技能的情况，然后根据调查结果适当调整学习起点，在已经安排好的学习内容中，补充学生尚未具备的预备技能，删除他们已经掌握的那些预备技能。

（2）目标技能分析。在教学目标中规定，学生必须掌握的知识和技能就是目标技能。在开始新的学习之前，学生有可能已经掌握了一部分目标技能，有的甚至是全部的目标技能，所以此时有必要对学生进行目标技能分析，以便删除他们已经掌握的那一部分目标技能，这有助于在确定教学内容方面做到详略得当。

（3）学习者的学习态度。教学传递系统的态度或喜好涉及学习者对什么样的教学传递方式更加感兴趣。例如，学习者已经具有了课堂听讲、网上学习和模拟真实问题求解的经历，他们更喜欢网上学习，这反映了他们对教学传递系统的态度。因此了解学习者对所学内容的认识水平和态度，包括他们对教学传递系统的态度或喜好，对选择内容、确定教学方法等重要的影响。判断学习者态度最常用的方法是问卷调查、观察、访谈等。

3. 学习者的学习动机和学习风格分析

（1）学习动机分析。

学习动机、学习兴趣等因素对学习的影响引起了教育界的普遍关注。教师在日常教学中遇到的很多问题，都可以归结为学习动机问题。所谓学习动机，是指直接推动学生进行学习的一种内部动力，是激励和指引学生进行学习的一种需要。有人认为，对知识价值的认识（知识价值观）、对学习的直接兴趣（学习兴趣）、对自身学习能力的认识（学习能力感）、对学习成绩的归因（成就归因），是学生学习动机的主要内容。

动机和学习是相辅相成的关系。学习能产生动机，而动机又能推动学习。一般来说，动机具有加强学习的作用。根据耶克斯—多德森定律，动机中等程度的激发或唤起，对学习具有最佳的效果。动机过强或过弱，不仅对学习不利，而且对保持也不利。

对教学实践有影响的学习动机主要有两种：一是内部动机（对学习本身的兴趣所引起的动机，不需要外部的诱因、惩罚）和外部动机（外部诱因所引起的动机）；二是认知内驱力（是一种要求了解和理解的需要、要求掌握知识的需要以及系统地阐述问题并解决问题的需要）、自我提高内驱力（是个体因自己的胜任能力或工作能力而赢得相应地位的需要）和附属内驱力（是一个人为了保持长者们的赞许或认可而表现出来的把工作做好的一种需要）。学习者的动机水平是成功教学的重要因素，当学习者对学习内容没有兴趣或缺乏动机时，学习几乎是不可能的。

凯勒（1987）开发了一个模型，说明了成功所必需的各类动机，他还对如何利用这些信息来设计有效的教学提出了建议。凯勒的模型叫作 ARCS 模型，其中 A 即注意力（Attention），R 即关联性（Relevance），C 即自信心（Confidence），S 即满足感（Satisfaction）。注意力，对于低年级学生，可以通过卡通片、彩色图片、故事等激发其学习兴趣；对于高年级学生，可以通过提出能引起他们思索的问题激发其求知欲。关联性，教学目标和教材内容应与学生的需要和生活相贴近，为了提高课程目标的贴切性，可以让学生参与目标制定。自信心，为了建立自信心，教学中应提供学生容易获得成功的机会。满足感，每节课都应让学生学有所得，让学生从成功中得到满足；对学生学业的进步多做纵向比较，少做横向比较，避免挫折感。

维勒兰德提出的动机层次模型为教学中的学习动机层次划分、教学活动设计、动机激发与转化提供了理论框架支撑，如图 6.12 所示。

从动机层次模型中可以看出,不同层次的动机之间体现出如下四个方面的作用关系。首先,动机是由三个层次的社会因素共同作用的结果,情境因素可以影响情境动机,语境因素可以影响语境动机,全局因素可以影响全局动机;其次,社会因素对动机的影响通过三个层次上的能力感知(与环境有效互动)、自主性(自由选择自己的行动过程),以及相关性(与他人有联系的感知)来调节;再次,动机的决定效应体现在上一层次的动机对下一层次动机的自上而下的影响,因而全局动机会影响语境动机,语境动机会影响情境动机,但除特定情况外全局动机不会直接影响情境动机;最后,动机的决定因素还体现在独特性效应上,如以特定休闲活动的情境动机为例,它主要受到一个人对休闲活动的语境动机和特定休闲活动进行时的情境因素的共同影响。

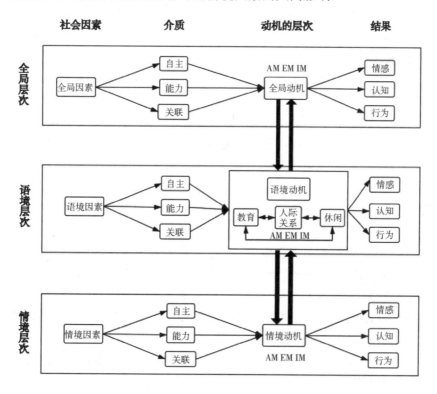

图 6.12　动机层次模型

该模型还指出,动机产生的不同类型的结果可以细分为三点:一是动机产生的结果在本质上既可以是认知的,也可以是情感的和行为的。二是不同的动机以不同的方式影响结果,如更积极的结果是由内在动机产生的,而最消极的结果是由某些类型的外在动机和无动机产生的,因此我们需要以一种自我决定的方式进行激励。三是动机产生的结果普遍存在于全局、语境和情境三个层次上。

(2)学习风格分析。

要对学习风格进行分析,必须要知道什么是学习风格。关于学习风格的定义很多,这里引用基夫(Keefe)和我国学者谭顶良的定义。Keefe 在 1997 年从信息加工的角度界定学习风格,Keefe 认为:"学习风格由学习者特有的认知、情感和生理行为构成,它是反映学习者如何感知信息、如何与学习环境相互作用并对之做出反应的相对稳定的学习方式"。我国学者谭顶良认为,"学习风格是学习者一贯的带有个性特征的学习方式,是学习策略和学习倾向的总和",也就是指对学习者感知不同刺激,并对不同的刺激做出反应这两方面产生影响的所有的心理特征。

学习风格的构成包括生理、心理和社会三个层面。

①生理层面:主要指个体对外界环境中的生理刺激,对一天的时间节律及接受外界信息时对不同感觉通道的偏爱。例如,在生理刺激方面,有的学习者需要绝对安静的学习环境,而有的学习者则喜欢在带有背景音乐的环境中学习;在时间规律方面,有些人喜欢在清晨学习,而有一些人则在晚上或深夜学习兴趣高、精力足。

②心理层面:包括认知、情感和意志动机三个方面。认知要素具体表现在认知过程中信息的顺序加工与同时加工、场依存性和场独立性、分析与综合、深思与冲动等方面。情感要素具体体现在理性水平的高低、学习兴趣或好奇心的高低、成就动机的差异、内控与外控以及焦虑性质与水平的差异等方面。意志动机要素则表现为学习坚持性的高低、言语表达能力的差异、冒险与谨慎等方面。

③社会层面:包括个体在独立学习与结伴学习、竞争与合作等方面所表现出的特征。例如,有些人喜欢独立学习,与其他人一起则难以集中注意力;有些人则相反,喜欢和他人一起学习。对于学习风格的测定,通常需要采用专门的"风格测定量表"来完成。

（三）学习内容分析

1. 学习内容分析的含义及方法

通过对学习需要的分析,确定了教学系统设计的课题和总教学目标。为了保证教学目标能够实现,要求教学必须有正确的、合乎目标的教学内容。所谓教学内容,就是指为实现教学目标,由教育行政部门或培训机构有计划安排的,要求学生系统学习的知识、技能和行为经验的总和。分析教学内容是对学生起始能力转变为终点能力所需要的从属技能进行详细剖析的过程。主要包括选择与组织单元、确定单元学习目标、确定学习任务的类别、分析任务及评价所选内容等步骤。经过对教学内容的选择与组织的评价,确定了教学内容的基本框架后,就要对各个单元的教学内容逐一进行更深入的分析,具体的分析方法有以下几种:

（1）归类分析法。归类分析法主要用于分析言语信息类学习,对言语信息进行分析的最有效的手段是确定信息的主要类别。例如,一个国家的省市名称可按地理区域的划分来归类;人体外表各部位的名称可由上向下,按头、颈、躯干、上肢、下肢分类等。在确定分类方法后,可用图示或列提纲的方式,把需要学习的知识归纳成若干方面,从而确定教学内容的范围。

（2）层级分析法。层级分析法是用来揭示教学目标所要求掌握的从属技能的一种内容分析方法,这是一个逆向分析的过程,即从已确定的教学目标开始考虑,学习者获得教学目标规定的能力,必须具有哪些次一级的从属能力,而要培养这些次一级的从属能力,又需具备哪些再次一级的从属能力,依次类推。可见,在层级分析中,各层次的知识点具有不同的难度等级——愈是在底层的知识点,难度等级愈低（愈容易）,愈是在上层的难度愈大。

（3）信息加工分析法。信息加工分析法由加涅提出，是将教学目标要求的心理操作过程揭示出来的一种内容分析方法，这种心理操作过程及其所涉及的能力构成教学内容。在许多教学内容中，完成任务的操作步骤不是按"1→2→3→…→n"的线性程序进行的。当某一步骤结束后，需要根据出现的结果判断下一步怎么做。在这种情况下，就要使用流程图表现该操作过程。

（4）解释结构模型法。解释结构模型法（Interpretative Structral Modelling Method，简称 ISM 分析法）是用于分析和揭示复杂关系结构的有效方法，它可将系统中各要素之间的复杂、零乱关系分解成清晰的多级递阶的结构形式。解释结构模型分析方法包括以下三个操作步骤：①抽取知识元素——确定教学子目标；②确定各个子目标之间的直接关系，画出目标矩阵；③利用目标矩阵求出教学目标形成关系图。

2. 学习内容分析的步骤

学习内容具有一定的层次结构。教师在进行学习内容分析时，是针对课程、单元及知识点这三个层次的学习内容进行的。不论是哪一个层次的学习内容，一般都采用以下几个步骤进行分析：

（1）确定学习类型。通过对学习需要的分析，已经形成了总的教学目标，为了实现这一总的教学目标，教师在进行教学之前应认真考虑应该向学习者传输哪些知识单元，以及知识单元中有哪些具体的知识结构，从而使学生明确要学习哪些内容。因此，学习内容分析的第一步就是把总的教学目标分成具体的目标，然后利用学习结果的分类方法来确定这些具体目标的类型。例如，要求学习者背一首诗，让学习者证明一个几何定理等，它们是有质的区别的学习内容。

（2）确定教学内容。在选择教学内容时，尽可能多地收集与教学目标有关的教学资料，要注意及时补充相关新内容，要合并相关内容或删除那些过时的或者没有定论的内容。明确了"教什么"之后，再根据课程标准的规定，结合自己的教学经验和本班学生水平分析教学内容中的重点、难点。确定教学重点、难点是为了进一步明确教学目标，以便在教学过程中突出重点、突破难点，更好地为实现教学目标服务。

（3）编排教学内容。教学内容的编排是对已选定的学习内容进行组织安排，使之具有一定的系统性或整体性。在基本确定了学生需掌握的学习内容及其深度和广度之后，就要分析这些内容的内在联系，然后根据学生的特点对内容进行编排。每门课程都有各自的特点，我们在具体组织编排教学内容时，要注意符合以下几个方面的基本原则：

①由整体到部分，由一般到个别，不断分化。

一般来说，从已知的、较一般的整体中分化出细节要比从已知的细节中概括整体容易些。例如，在掌握了植物的概念后，就有利于对树、果树、梨树等包容性较小和越来越分化的概念的掌握。

②确保从已知到未知。

如果学习的内容与学习者认知结构中已有的概念不能产生从属关系，就应采取由浅入深、由易到难、由具体到抽象、由较简单的先决技能到复杂技能的原则，排成一个有层次或有关联的系统，使前一部分的学习为后一部分的学习提供基础，成为后续学习的"认知固着点"。这特别表现在数学等学科领域，因为这类学科的知识结构在序列上极为严密，如果不懂得前一个概念就不可能懂得后一个概念。

③按事物发展的规律排列。

如果学习内容是线性的，则可以通过向前的、进化的、按年代发展或从起源出发的方法来编排。这样的组织方式与研究的社会现象、自然现象的变化顺序和客观事物本身发展的顺序相一致，符合事物的运动变化规律，能使学习者对自然和社会现象的发展过程有比较全面的认识。

④注意教学内容之间的横向联系。

在安排学习内容时，不仅要注意概念纵向发展之间的联系，还要注意从横向方面加强概念原理、单元课题之间的联系，以及知识、技能、情感各部分内容之间的协调衔接，从而促进学习者融会贯通地去学习。有些学习内容虽然是相对独立的，但也不能忽视横向的联系，否则学习者就很难区别相似概念之间的差异，对新的内容含混不清，就会导致遗忘，不利于学习的迁移。

（四）教学目标的阐明

教学目标也称行为目标，是对学习者通过教学以后将能达到何种状态的一种明确的、具体的表述，它是预先确定的、通过教学可以达到的并且能够用现有技术手段测量的教学效果。教学目标具有客观性和主观性并存、动态性和稳定性并存、系统性、层次性和实现性等特点。

1. 教学目标分类理论

美国教育心理学家布鲁姆将教学活动所要实现的整体目标分为认知、动作技能、情感三大领域，并从实现各个领域的最终目标出发，确定了一系列目标序列。

（1）认知学习领域目标分类。布鲁姆将认知领域的目标划分为识记、领会、运用、分析、综合、评价六个等级。

①识记。它是指对先前学习过的知识材料的回忆，包括具体事实、方法、过程、理论的回忆。识记是认知目标中最低层次的能力，其所要求的心理过程主要是记忆，如记忆名词、基本原则等。

②领会。它是指把握知识材料意义的能力。要测量是否对知识领会，可以借助转换、解释、推断三种形式。转换就是用自己的话或用与原先的表达方式不同的方式来表达所学的内容；解释就是对一项信息（如图表、数据等）加以说明或概括；推断就是预测发展的趋势。

③运用。它是指将所学到的规则、方法、步骤、原理、原则和概念等运用到新的情境，解决实际问题的能力。运用的能力以识记和领会为基础。

④分析。它是指把复杂的知识整体分解为几个组成部分，并理解各部分之间的联系的能力，包括部分的鉴别，分析部分之间的关系和认识其中的组织原理。分析代表了比运用更高的智力水平，因为它既要理解知识材料的内容，又要理解其结构。

⑤综合。它是指将所学知识、原理、原则与事实等重新组合，形成一个新的知识整体。它所强调的是创造能力，即形成新的模式或结构的能力。

⑥评价。它是认知目标中最高层次的能力，要求超越原先的学习内容，并需要依据某项标准做出价值判断。

（2）动作技能学习领域目标分类。动作技能在实验课、体育课、职业培训、军事训练等科目中是主要的教学目标，这里介绍辛普森等人于 1972 年提出的分类系统，将动作技能目标分成七级。

①感知。它是指运用感官获得信息以指导动作，主要了解与某动作技能有关的知识、性质、功用等。

②准备。它是指对固定动作的准备，包括心理定向、生理定向和情绪准备（愿意活动）。感知是准备的先决条件，在我国将感知和准备阶段统称为动作技能学习的认知阶段。

③有指导的反应。它是指复杂动作技能学习的早期阶段，包括模仿和尝试错误。通过教师评价或一套适当的标准可判断操作的适当性。

④机械动作。它是指学习者的反应已成习惯，能以某种熟练和自信水平完成动作。这一阶段的学习结果涉及各种形式的操作技能，但动作模式并不复杂。

⑤复杂的外显反应。它是指包含复杂动作模式的熟练操作。操作的熟练性以精确、迅速、连贯协调和轻松稳定为指标。

⑥适应。它是指技能的高度发展水平，学习者能修正自己的动作模式以适应特殊的设施或满足具体情境的需要。

⑦创新。它是指创造新的动作模式以适应具体情境。要有高度发展的技能为基础才能进行创新。

（3）情感学习领域目标分类。情感学习与形成或改变态度、提高鉴赏能力、更新价值观念、培养高尚情操等密切相关，1964 年克拉斯伍（D.R.Krathwohl）等人制定了情感领域的教育目标分类，将情感领域的目标共分为五级。

①接受或注意。它是指学习者愿意注意某特定的现象或刺激，如静听讲解、参加班级活动、意识到某问题的重要性等。学习结果包括从意识到某事物存在的简单注意到选择性注意，是低级的价值内化水平。

②反应。它是指学习者主动参与，积极反应，表示出较高的兴趣，如完成教师布置的作业，提出意见和建议、参加小组讨论、遵守校纪校规等。学习的结果包括默认、愿意反应和满意的反应。这类目标与教师通常所说的"兴趣"类似，强调对特定活动的选择与满足。

③评价。它是指学习者用一定的价值标准对特定的现象、行为或事物进行评判。评价包括接受或偏爱某种价值标准和为某种价值标准做出奉献，如刻苦学习外语等。这一阶段的学习结果所涉及的行为表现出一致性和稳定性，与通常所说的"态度"和"欣赏"类似。

④组织。它是指学习者在遇到多种价值观念呈现的复杂情境时，将价值观组织成一个体系，对各种价值观加以比较，确定它们的相互关系及它们的相对重要性，接受自己认为重要的价值观，形成个人的价值观体系。例如，先处理集体的事，然后考虑个人的事；或是形成一种与自身能力、兴趣、信仰等协调的生活方式等。值得重视的是，个人已建立的价值观体系可以因为新观念的介入而改变。

⑤价值与价值体系的性格化。它是指学习者通过对价值观体系的组织，逐渐形成个

人的品性。各种价值被置于一个内在和谐的构架之中，并形成一定的体系，个人言行受该价值体系的支配；观念、信仰和态度等融为一体，最终的表现是个人世界观的形成。达到这一阶段以后，行为是一致的和可以预测的，如保持谦虚态度和良好的行为习惯、在团体中表现出合作精神等。

目标分类理论对我国的教学研究和实践产生了一定的影响，国内学者为了使教学目标设计更加科学，提出了三维目标体系，即知识与能力、过程与方法、情感态度与价值观三个目标维度，比较全面地概括了教学活动的整体目标，有利于学生的全面发展。

3. 教学目标的具体编写方法

一个规范的教学目标包括四个基本要素：对象（Audience）、行为（Behaviour）、条件（Condition）、程度（Degree），为了便于记忆，把编写教学目标的四个基本要素简称为 ABCD 模式。对象，指教学对象；行为，主要说明通过学习以后，学习者应能做什么；条件，主要说明上述行为在什么条件下产生；程度，规定行为应达到的程度或标准。

例如：初中二年级上学期的学生（A），能在 5 分钟内（C），完成 10 道因式分解题（B），准确率达 95%（D）。

在运用 ABCD 方面编写具体的教学目标时，应注意以下几个方面：

（1）教学目标的行为主体必须是学习者，而不是教师。根据新课程的有关理念，在编写教学目标时，无论是一般的行为目标还是具体的行为目标，在描写时都应写成学生的学习行为而不是教师的教学行为，一般不用来描述教师的教学程序或活动的安排，如"使学生……""让学生……""提高学生……"及"培养学生……"等描述，而用"能认出……""能解释……""能设计……""能写出……""对……作出评价"或"根据……对……进行分析"等描述，要清楚地表明达成目标的行为主体是学生。

（2）教学目标必须用教学活动的结果而不能用教学活动的过程或手段来描述。有时需要表明学生在什么情况下或什么范围内完成指定的学习活动，如"用所给的材料探究……""通过合作学习小组的讨论，制定……""通过自行设计小实验，体验……"等。

（3）教学目标的行为动词必须是具体的，而不能是抽象的。教学具体目标应采用可观察、可操作、可检验的行为动词来描述。而传统应用的"了解""掌握""知道""熟悉"等几个笼统、含糊的，难以观察到的，仅表示内部心理过程的动词，往往难以测量、无法检验。表 6.1、表 6.2、表 6.3 给出了编写具体教学目标时，可供选用的部分动词。

表 6.1　编写认知学习目标可供选用的动词

学习目标层次	特征	可参考选用的动词
识记	对于信息的回忆	定义、列举、排列、说出、复述、背诵、辨认、回忆、陈述、说明、指出……
领会	用自己的语言解释信息	叙述、解释、鉴别、转化、区别、举例说明、预测、猜测、摘要、改写……
运用	将知识运用到新的情境中	运用、计算、演示、阐述、解答、证明、计划、制定、修改、发现、操作、利用……
分析	将知识分解，找出各部分之间的联系	分析、分类、比较、对照、区别、分辨、检查、评析……

学习目标层次	特征	可参考选用的动词
综合	将知识各部分重新组合，形成一个新的整体	编写、写作、设计、创造、提出、归纳、总结、综合、收集、建议……
评价	根据一定标准进行判断	鉴别、比较、评定、判断、说出……价值、衡量、分辨……

表 6.2 编写动作技能学习目标可供选用的动词

学习目标层次	特征	可参考选用的动词
模仿	在原型示范和具体指导下完成操作；对所提供的对象进行模拟、修改等	模拟、重复、再现、例证、临摹、扩展、缩写等
独立操作	独立完成操作；进行调整与改进；尝试与已有技能建立联系等	完成、表现、制定、解决、拟订、测量、尝试、设计、操作、会、能试验等
迁移	在新的情境下运用已有技能；理解同一技能在不同情境中的适用性等	联系、转换、灵活运用、举一反三、触类旁通等
技能动作	进行复杂的动作	演奏、使用、装配、操作、调节
有意交流	传递情感的动作	用动作手势、眼神或脸色表达感情等

表 6.3 编写情感领域学习目标可供选用的动词

学习目标层次	特征	可参考选用的动词
接受或注意	愿意注意某事件或活动	听讲、知道、看出、注意、选择、接受、容忍等
反应	乐意以某种方式加入某事，以示做出反应	陈述、回答、完成、选择、列举、遵守、称赞、表现、帮助、欢呼、记录等
价值判断/评价	对现象或行为做价值判断，从而表示接受、追求某事，并表现出一定的坚定性	接受、承认、参加、完成、决定、影响、区别、解释、评价、辩论、论证、判别等
组织	把许多不同的价值标准组成一个体系并确定它们之间的互相关系，建立重要的和一般的价值观念	讨论、组织、判断、确定、选择、比较、定义、权衡、系统阐述、决定、制订计划等
价值与价值体系的个性化	能自觉控制自己的行为，并逐渐发展为性格化的价值体系	修正、改变、接受、判断、拒绝、相信、解决、要求、抵制、继续、正视等

（五）教学策略的制定

关于教学策略的定义很多，如施良方教授的定义："教学策略是指教师在课堂上为达到课程目标而采取的一套特定的方式或方法。教学策略要根据教学情景的要求和学生的需要随时发生变化。无论是在国内的还是在国外的教学理论与教学实践中，绝大多数教学策略都涉及如何提炼或转化课程内容的问题。"袁振国教授的定义："所谓教学策略，是在教学目标确定以后，根据已定的教学任务和学生的特征，有针对性地选择与组合相关的教学内容、教学组织形式、教学方法和技术，形成的具有效率意义的特定教学方案。教学策略具有综合性、可操作性和灵活性等基本特征。"教学策略是对完成特定的教学目标而采用的教学活动的程序、方法、形式和媒体等因素的总体考虑。目前比较流行的教学策略有以下几种。

1. 以教为主的教学策略

（1）五段教学策略。五段教学策略来源于赫尔巴特学派的"五段教学法"（预备、提示、联系、统合、应用），后经苏联凯洛夫等人的改造而传入我国，是一种接受学习策略。这种教学策略的主要步骤是：激发学习动机→复习旧课→讲授新课→运用巩固→检查效果。该策略的优点是能使学生在较短时间内掌握较多的系统知识，缺点是学生在这种教学过程中往往处于被动地位，不利于他们学习主动性的发挥。

（2）九段教学策略。九段教学策略是美国教育心理学家 R.M.加涅将认知学习理论应用于教学过程的研究而提出的一种教学策略。加涅认为，教学活动是一种旨在影响学习者内部心理过程的外部刺激，因此教学程序应当与学习活动中学习者的内部心理过程相吻合。根据这种观点他把学习活动中学习者内部的心理活动划分为九个阶段，相应地教学程序也包含九个步骤。加涅的九段教学策略如表 6.4 所示。

表 6.4　加涅的九段教学策略

九段教学步骤	过程和方法
引起注意	利用有意注意和无意注意的特点,采用不同的方法唤起和控制学习者注意
阐述教学目标	教师让学习者具体了解学习的目标是什么,包括他们将学会哪些知识,会做什么等,使学习者形成对学习的期望,监控和调整自己的学习活动
刺激回忆	在学习新知识之前,指出学习新技能所需具备的先决知识和技能,以刺激学习者回忆学过的有关知识和技能,为实现有意义接受学习做好准备
呈现刺激材料	教师呈现新知识材料
提供学习指导	教师根据学生对新知识的掌握和领会程度,指导学生对教学内容编码,帮助学生同化新知识
诱发学习行为（反应）	教师通过让学生积极参与教学活动,并对所呈现的信息以各种方式做出真实的反应
提供反馈	在学习者做出各种学习行为和反应后,教师要及时让学习者知道学习结果
评价表现	教师通过各种形式的练习和测试,促使学生进一步回忆和整合所学的知识,并对学生的学习表现做出价值判断
促进记忆与迁移	教师采用间隔复习的方法,增强学生对已习得知识的保持,帮助学生把这些新知识贯穿到后续的学习内容中去

由于"九段教学策略"有认知学习理论做基础，所以不仅能发挥教师的主导作用，还能激发学生的学习兴趣，在一定程度上调动学生的学习主动性、积极性。此外，"九段

教学策略"的实施步骤具体明确，可操作性强，便于编程实现，因此比较适用于 CAI 系统。

（3）示范—模仿教学策略。示范—模仿教学策略特别适合于实现动作技能领域的教学目标，其主要步骤为：动作定向→参与性练习→自主练习→技能的迁移。在"动作定向"阶段，教师既要向学生阐明动作要领和操作原理，也要向学生做示范动作；在"参与性练习"阶段，教师指导学生从分解动作开始做模仿练习，并根据每次练习结果给予帮助、纠正和强化，使学生基本掌握动作要领；在"自主练习"阶段，学生由单项动作与技能的练习转向合成动作与技能的练习，并可逐步减少甚至脱离教师的现场指导；在"技能的迁移"阶段要求学生不仅能独立完成动作技能的操作步骤，还能将习得的技能应用于其他类似的情境。

（4）情境—陶冶教学策略。情境—陶冶教学策略有时也称为暗示教学策略，主要是通过创设某种与现实生活类似的情境，让学生在思想高度集中但精神完全放松的情境下进行学习。其主要步骤为：创设情境→自主活动→总结转化。在"创设情境"阶段，教师通过语言描绘、实物演示、音乐渲染等方式为学生创设一个生动形象的场景，激起学生的情绪；在"自主活动"阶段，教师安排学生加入各种游戏、表演、操作、听音乐等活动中，在潜移默化中从事各种智力活动；在"总结转化"阶段，通过教师启发总结，使学生领悟所学内容的情感基调，达到情感与理智的统一。

（5）假设—推理教学策略。假设—推理教学策略是一种着眼于培养学生逻辑思维能力的教学策略，其主要步骤为：问题→假设→推理→验证→结论。在"问题"阶段，教师应提出难易适中的问题，并使学生明确问题的指向性；在"假设"阶段，教师应运用问题情境引导学生通过分析、综合、比较，努力提出各种假设，并围绕假设进行"推理"，从而逐步形成当前教学目标所要求掌握的概念；在"验证"阶段，应由教师或学生自己进一步提出事实来说明刚获得的概念；在"结论"阶段，由教师引导学生回顾教学活动，分析思维过程，总结学习收获。这种策略的优点是有利于发展学生的逻辑思维能力，不足之处在于比较局限于数理学科的教学内容。

（6）先行组织者教学策略。先行组织者教学策略是指安排在学习任务之前呈现给学习者的引导性材料。奥苏贝尔认为，先行组织者教学策略是能促进有意义学习的发生和保持的最有效策略，可利用适当的引导性材料对当前所学新内容加以定向与引导。这类引导性材料与当前所学新内容之间在包容性、概括性和抽象性等方面应符合认知同化理论要求，即便于建立新、旧知识之间的联系，从而能对新学习内容起固定、吸收作用。这种引导性材料被称为"先行组织者"。先行组织者不仅有助于建立有意义学习的心向，而且能帮助学习者认识到当前所学内容与自己头脑中原有认知结构的实质性联系，从而有效地促进有意义学习的发生和习得意义的保持。

2. 以学为主的教学策略

（1）支架式教学策略。支架式教学策略是对较为复杂的问题通过建立"支架式"概念框架，使得学习者自己能沿着"支架"逐步攀升，从而完成对复杂概念意义建构的一种教学策略。这种教学策略来源于维果斯基的"最邻近发展区"理论。维果斯基认为，在儿童智力活动中所要解决的问题和以儿童的能力所能解决的问题之间可能存在差异，通过教学，儿童在教师的帮助下可以消除这种差异，这个差异就是"最邻近发展区"。换句话说，儿童独立解决问题时的实际发展水平（第一个发展水平）和教师指导下解决问题时的潜在发展水平（第二个发展水平）之间的距离，就是"最邻近发展区"。

建构主义者正是从维果斯基的思想出发，借用建筑行业中使用的"脚手架"（Scaffolding）作为对上述概念框架的形象化比喻。其实质是利用上述概念框架作为学习过程中的脚手架。通过这种脚手架的支撑作用（或称"支架作用"），不停地把学生的智力从一个水平提升到另一个新的更高水平，真正做到使教学走在发展的前面。

支架式教学策略由以下几个环节组成。

①搭脚手架。围绕当前学习主题，按"最邻近发展区"的要求建立概念框架。

②进入情境。将学生引入一定的问题情境（概念框架中的某个节点）。

③独立探索。让学生独立探索。探索内容包括：确定与给定概念有关的各种属性，并将各种属性按其重要性大小顺序排列。在探索开始时要先由教师启发引导（如演示或介绍理解类似概念的过程），然后让学生自己去分析；探索过程中教师要适时提示，帮助学生沿概念框架逐步攀升。起初的引导、帮助可以多一些，以后逐渐减少——愈来愈多地放手让学生自己探索；最后要争取做到学生无须教师引导，自己就能在概念框架中继续攀升。

④协作学习。进行小组协商、讨论。讨论的结果有可能使原来确定的、与当前所学概念有关的属性增加或减少，各种属性的排列次序也可能有所调整，并使原来多种意见相互矛盾且态度纷呈的复杂局面逐渐变得明朗、一致起来，在共享集体思维成果的基础上达到对当前所学概念比较全面、正确的理解，即最终完成对所学知识的意义建构。

⑤效果评价。对学习效果的评价包括学生个人的自我评价和学习小组对个人的学习评价。评价内容包括：自主学习能力；对小组合作学习所做出的贡献；是否完成对所学知识的意义建构。

（2）抛锚式教学策略。抛锚式教学策略也称为"实例式教学策略""基于问题的教学策略"。这种教学策略要求建立在有感染力的真实事件或真实问题的基础上。建构主义者认为，学习者要想完成对所学知识的意义建构，即达到对该知识所反映事物的性质、规律以及该事物与其他事物之间联系的深刻理解，最好的办法是让学习者到现实世界的真实环境中去感受、去体验（即通过获取直接经验来学习），而不是仅仅聆听别人（如教师）关于这种经验的介绍和讲解。

抛锚式教学策略由以下几个步骤组成：

①创设情境。使学习能在和现实情况基本一致或相类似的情境中发生。

②确定问题。在上述情境下，选择出与当前学习主题密切相关的真实性事件或问题作为学习的中心内容（让学生面临一个需要立即去解决的现实问题）。选出的事件或问题就是"锚"，这一环节的作用就是"抛锚"。

③自主学习。不是由教师直接告诉学生应当如何去解决面临的问题，而是由教师向学生提供解决该问题的有关线索（如需要搜集哪一类资料、从何处获取有关的信息资料，以及现实中专家解决类似问题的探索过程等），并要特别注意发展学生的自主学习能力。自主学习能力包括：确定学习内容表的能力（学习内容表是指为完成与给定问题有关的

学习任务所需要的知识点清单）；获取有关信息与资料的能力（知道从何处获取以及如何去获取所需的信息与资料）；利用、评价有关信息与资料的能力。

④协作学习。讨论、交流，通过不同观点的交锋，补充、修正、加深每个学生对当前问题的理解。

⑤效果评价。由于抛锚式教学要求学生解决面临的现实问题，学习过程就是解决问题的过程，即由该过程可以直接反映出学生的学习效果。因此对这种教学效果的评价往往不需要进行独立于教学过程的专门测验，只需在学习过程中随时观察并记录学生的表现即可。

（3）随机进入式教学策略。由于事物的复杂性和问题的多面性，要做到对事物内在性质和事物之间相互联系的全面了解和掌握，即真正达到对所学知识的全面而深刻的意义建构是很困难的。往往从不同的角度考虑可以得出不同的理解。为克服这方面的弊病，在教学中就要注意对同一教学内容，要在不同的时间、不同的情境下，为不同的教学目的，用不同的方式加以呈现。换句话说，学习者可以随意通过不同途径、不同方式进入同样教学内容的学习，从而获得对同一事物或同一问题的多方面的认识与理解，这就是所谓"随机进入教学"。

所谓随机进入式教学策略，是指学习者可以随意通过不同途径、不同方式进入同样教学内容的学习，从而获得对同一事物或同一问题的多方面的认识和理解的一种教学策略。

随机进入式教学策略的基本环节如下。

①呈现基本情境。向学生呈现与当前学习的基本内容相关的情境。

②随机进入学习。依据学生"随机进入"学习所选择的内容，呈现与当前学习主题不同侧面特性相关联的情境。在此过程中，教师应注意发展学生的自主学习能力，使学生逐步学会自己学习。

③思维发展训练。由于随机进入学习的内容通常比较复杂，所研究的问题往往涉及许多方面，因此在这类学习中，教师还应特别注意发展学生的思维能力。其基本方法是：一是教师与学生之间的交互应在"元认知级"进行（即教师向学生提出的问题，应有利于促进学生认知能力的发展而非纯知识性提问）；二是要注意建立学生的思维模型，即要了解学生思维的特点（例如，教师可通过这样一些问题来建立学生的思维模型："你的意思是什么？""你怎么知道这是正确的？""这是为什么？"等）；三是注意培养学生的发散性思维（可提出这样一些问题："还有没有其他的含义？""请对 A 与 B 之间做出比较？""请评价某种观点"等）。

④小组协作学习。围绕依据不同情境所获得的认识展开小组讨论。在讨论中，每个学生的观点在和其他学生以及教师一起建立的社会协商环境中受到考察、评论。同时，每个学生也对别人的观点、看法进行思考并做出反应。

⑤学习效果评价。包括自我评价与小组评价，对学习效果的评价包括学生个人的自我评价和学习小组对个人的学习评价，评价内容包括自主学习能力、对小组协作学习所做出的贡献、是否完成对所学知识的意义建构等。

（4）启发式教学策略。启发式教学策略是指教师在教学过程中根据教学任务和学习的客观规律，从学生的实际出发，采用多种方式，以启发学生的思维为核心，调动学生学习的主动性和积极性，促使他们生动活泼地学习的一种教学指导思想。启发式教学的关键在于设置问题情境。

①设置问题情景。

②创设竞赛情景、操作情景，将学生带入现实生活情景。

③利用评价反馈，给予表扬或批评。

④利用典型事例说明，培养正确的学习动机和勤学好问的态度。

⑤教给学习方法，使学生学会学习。

⑥变换教学方式，多让学生自学思考、活动、讨论，调动学习兴趣，发挥动能性。

（六）教学方法的选择

教学方法是教师和学生为了达到预定的教学目标，在教学理论与学习理论的指导下，借助适当的教学手段（如工具、媒体或设备）而进行的师生交互活动的总体考虑。常见的教学方法有以下几种：

1. 讲授法

讲授法是指教师通过口头语言，辅助以板书、挂图、投影等媒体向学生传递语言信息的方法，是一种教师讲、学生听的活动。讲授法的优点是能在短时间内让学生获得大量系统的科学知识；缺点则是学生比较被动，师生都难以及时获得反馈信息，个别差异也很难全面照顾。

2. 演示法

演示法是教师在课堂上借助实物、图片或使用投影、电视、电影等手段或进行示范性实验，让学生通过观察获得感性认识的教学方法。演示教学能使学生获得生动而直观的感性知识，加深对学习对象的印象，把书本上的理论知识和实际事物联系起来，形成正确而深刻的概念；能提供一些形象的感性材料，引起学习的兴趣，集中学生的注意力，有助于对所学知识的深入理解、记忆和巩固；能使学生通过观察和思考，进行思维活动，发展观察力、想象力和思维能力。

3. 讨论法

讨论法是在教师的指导下，由全班或小组学生围绕某一问题进行交流、切磋，从而相互学习的方法。这种方法既可以发挥教师的主导作用，也可以有效地体现学生的主体地位，是师生交流最为直接的一种方法。学生在群体思考过程中相互启发、相互激励，可以有效地加深学生对所学知识的理解。

4. 训练和实践法

训练和实践法是让学生通过一系列设计好的实践活动来进行练习，运用所学知识解决同类任务，以提高技能的熟练程度或增加新能力的方法。使用这种方法的前提是假设学习者在练习之前已基本掌握了与某种训练有关的概念、原理和技能。现代多媒体技术、人工智能技术和虚拟现实技术可以为学习者创设逼真的学习和实践情境，使学习者在真实的情境中进行练习和实践。

5. 示范模仿法

示范模仿法是以教学示范和学生模仿的方式来促进学生有效地获得某种技能的方

法，适用于动作技能领域的学习。为了让学生加深对动作要领的理解，防止学生机械、盲目地模仿，教师在示范时要给予适当的讲解，只有将示范与讲解相结合，才能有效地促进学习者对技能的学习。

6. 发现法

发现法是指教师向学生提出有关问题，引导学生学习、搜集有关资料，通过积极思考、自己体会，发现概念和原理。它是一种以培养学生独立思考、发展探究性思维为目标，以基本材料为内容，使学生通过再发现的步骤来进行学习的教学方法。

7. 实验法

实验法是学生在教师的指导下，使用一定的设备和材料，通过控制条件的操作过程，引起实验对象的某些变化，从观察这些现象的变化中获取新知识或验证知识的教学方法。在物理、化学、生物、地理和自然常识等学科的教学中，实验是一种重要的方法。通过实验法，既可以让学生把现实知识同书本知识联系起来，以获得比较全面的知识，又能够培养他们的独立探索能力、实验操作能力和科学研究兴趣。

以上介绍的几种教学方法，都有自己的特点、独特的性能、适用范围和条件，但没有一种教学方法是万能的，适用于一切范围和条件。因此，选择教学方法应全面、综合地考虑到教学目标、教学内容、学生特点、教师特点、教学环境和条件等诸多因素，对多种教学方法进行有效组合应用。正是在教学方法的灵活组合下，教师的创造性得到了充分的发挥。

（七）教学媒体的选择和运用

教学媒体是承载和传播教学信息的载体和工具。为了达到预期的教学目标，需要对功能各异的教学媒体进行选择。如何才能选择恰当的、适宜的媒体呢？

1. 教学媒体的选择

为了使在选择教学媒体时所做出的主观判断更为客观、准确，在教学媒体应用实践中还需要借助一些选择媒体的依据、方法或程序。

（1）教学媒体选择的依据。

①依据教学内容。各门学科的性质不同，适用的教学媒体会有所区别；同一学科内各章节内容不同，对教学媒体也有不同要求。例如，在语文、历史等学科的教学中，可以借助图片、录像等媒体向学习者提供一定的情境，使学习者有身临其境的感受，唤起他们对课文中的人物、景象和情节的想象，使之加深理解和体会。

②依据教学目标。任何教学活动都有一定的教学目标，比如要使学生了解某个概念或规则、掌握某项技能、形成某种态度等。为了达到不同的教学目标常需使用不同的媒体去传递教学信息。例如，外语教学中，让学生知道各种语法规则与使学生能就某个题材进行会话是两种不同的教学目标，前者往往采用教师讲解，辅以板书或投影材料，使学生在井井有条的内容安排中形成清晰的语法规则；后者往往采用角色扮演，并辅以幻灯或录像资料，使学生在情景交融的环境中掌握正确的语言技能。但假如是为了纠正学生的外语发音，则最好采用录音教学。

③根据教学对象。教学对象因素包括年龄特征、兴趣爱好、学习能力、学习态度以及群体的规模等，它们都影响着媒体的选择与运用。例如，小学生的认知特点是偏重于

直观形象思维，注意力不容易持久，对他们可以较多地使用幻灯、投影和录像。幻灯、投影片要生动形象、重点突出、色彩鲜艳，每个课时使用的片数不宜过多，解释要尽量详细；使用录像也宜选用短片，动画镜头可以多一些。

④依据教学条件。教学中能否选用某种媒体，还要看具体条件，包括资源、环境状况、经济能力、教师技能、时间、使用环境和管理水平等因素。比如录像教学具有视听结合、文理皆适的优点，但符合特定课题需要的录像片不一定随手可得。语言实验室是一种很有效的外语教学媒体，但并非每个学校都能具备，也并非每堂课都能用得上。又如使用计算机辅助教学前景很好，但也存在需要资金购买计算机、编制软件、培训教师等方面的问题。

（2）教学媒体选择的程序。教学媒体选择工作程序主要分为三个步骤。

①在确定教学目标和知识点的基础上，确定媒体使用目标；创设情境、引发动机；反映事实、显示过程；示范演示，验证原理；提供练习、训练技能等。

②媒体类型的选择。可借助第三章教学媒体的选用原则进行。

③媒体内容的选择。媒体内容是指把教学信息转化为对学习者的感官产生有效刺激的符号成分，具体包括：画面资料、画面组合序列、教师的活动、语言的运用、刺激的强度等内容。媒体内容的选择可通过选编、修改、新制三种途径进行。

（3）教学媒体选择的方法。

①问题表。问题表实际上是列出一系列要求媒体选择者回答的问题，通过对这些问题的逐一回答，来确定适用于一定教学情境的媒体。

②矩阵式。矩阵式通常是两维排列，以媒体的种类为一维，教学功能和其他考虑因素为另一维，然后用某种评判尺度反映两者之间的关系，对照此矩阵图就可以选择出所需要的媒体。

③算法型。算法型是对备选媒体使用的代价、功能特征和管理上的可行性等诸因素都分别给予一个定值，然后按某些公式加以运算，比较备选媒体的效益指数，从而确定优选媒体。

④流程图。流程图建立在问题表模型的基础上，将选择过程分解成一套按序排列的步骤，每一步骤都设有一个问题，由选择者回答"是"或"否"，然后按照逻辑顺序引入不同的分支。回答完最后一个问题，就可确定一种或一组被认为是最适合于特定教学情境的媒体。目前已开发出专门用于多媒体教学的视觉媒体和听觉媒体选择的流程图。此外，美国教学设计专家肯普也提出了针对集体教学、小组教学和个别化教学的相应的媒体选择流程图。

2. 课堂教学中教学媒体的选择和应用

（1）从教学目标入手，选择合适的教学媒体。备课时依据本节课教学目标，选用教学媒体。另外，教学媒体的选择要实用，不一定选择最前沿科技的，只要能够最优化完成教学目标，提高课堂效果，就是一节优质课。

（2）从学科及内容要求着手，选择合适的教学媒体。因为各门学科的知识差异，适用的教学媒体也会有所不同，有些学科适合于一步步去演示，有些学科适合于一张张展示。

（3）从学生的接受能力着手，选择合适的教学媒体。不同年龄阶段、学习能力有差异的学生，对学习内容的接受程度不一样，选用教学媒体时必须考虑学生的差异化。

（4）从学校实际情况出发，选择合适的教学媒体。由于各地区经济发展不均衡，造成每个学校办学条件不同，所以要根据本校的教学资源状况、师生技能、教学环境、管理水平等因素选择合适的媒体。

（八）教学系统设计结果的评价

教学系统设计结果评价的实质是从结果和影响两个方面对教学系统设计活动给予价值上的确认，使教学系统设计工作沿着预定的方向进展。

教学评价是指以教学目标为依据，制定科学的标准，运用一切有效的技术手段，对教学活动过程及其结果进行测量，并给予价值判断。教学评价的目的是确定教学活动是否达到预期的教学目标。因此，评价是教学过程中不可缺少的基本环节，是对教学工作进行改进、完善的重要依据。

1. 教学评价的类型

依据不同的分类角度和标准可以划分出不同的教学评价类型。例如，按照评价基准的不同，教学评价可分为相对评价、绝对评价和自身评价；按照评价内容的不同，可分为过程评价和成果评价；按照评价功能的不同，可分为诊断性评价、形成性评价和总结性评价；按照评价方法的不同，可分为定性评价和定量评价。这里我们介绍诊断性评价、形成性评价和总结性评价。

（1）诊断性评价。诊断性评价也称教学前评价或前置评价，是在教学活动开始之前进行的评价。诊断性评价的目的是了解学生已经具备的知识、技能和能力水平，了解他们对所有学习内容的态度及情感等状况。通过了解学生的实际水平和学习准备的状况，为教学决策提供依据。

教学中的"诊断"含义较广，除了查明、辨认和确定学生的不足和问题外，还包括对各种优点和特殊才能的识别。教学诊断的目的不是给学生贴上标签，证明其在学业上"能"与"不能"，而是根据诊断结果设计适合学生实际的教学方案，即在了解学生的基础上"长善救失"，帮助学生在原有的基础上和可能的范围内获得最大的进步。

（2）形成性评价。形成性评价一般是在教学过程中进行的评价。当教师按照既定的教学方案实施时，要时常检查按照设计方案进行的教学是否有效，是否存在问题。如果发现问题，则及早采取补救措施，调整和改进教学工作。如在学习完一个章节或一个单元后的小测验，形成性评价比较频繁，根据教学目标的不同可多次进行，其目的是利用各种反馈改进教师的教和学生的学，使教学在不断地测评、反馈和改进中趋于完善。

（3）总结性评价。总结性评价也称结果评价或事后评价，是在教学活动进行了一个完整阶段后对教学效果做出结论和评价，如期末考试、年末考试等。总结性评价的目的在于检查和总结在一个阶段教学后学生是否达到了预期的教学目标，并对学生们的学习结果做出总结，对成绩给出等级。

上述三种评价有着各自的特点，如表 6.5 所示。

表6.5　三种评价的比较

项目	类型		
	诊断性评价	形成性评价	总结性评价
评价时间	教学之前	教学过程中	教学之后
评价目的	了解学生实际水平和学习准备情况，以便有针对性地安排教学	了解教学进行的情况，及时获得反馈，调整和改进教学	检查和总结教学结果，评定学生的学习成绩
评价作用	查明学习准备和不利因素	确定学习效果	评定学业成绩
评价方法	观察法、调查法	日常观察、作业、测验等	考试或考查

2. 教学评价的方法

（1）观察法。观察法是指为了达到某种评价的目标，教师专注于学生的行为和所处的环境，并记录所观察的内容，从而获得必要资料的一种方法。观察法是教师在教学过程中经常采用的一种收集信息反馈的方法。如果连续地对学生观察，就会得到许多珍贵的教学信息，从而可以发现教学方案的不足之处，进而加以改进。

观察法可以全面地了解包括教学现场气氛、偶发事件等在内的各种教学情况和问题，还可以不依赖被观察者的语言能力，对各类学生的反应都能做到比较客观的了解。另外，观察法也可以创造性地处理和分析从教学现场中所获得的各种信息，把无规律、不成体系的大量信息按照一定的规律和顺序加以分类和整理，找出问题的原因和解决问题的方法。

在观察时，使用录音机、录像机把观察现场的情况记录下来是十分重要的。因为这种记录是客观的，当观察者的记忆或评价发生问题时，录像、录音资料就可以提供方便。可以反复地观看和监听，使分析更加深入和准确。

（2）调查法。调查法又可分为问卷调查法和访谈法。作为教学数据的收集方法，问卷法更具有工具性质。

问卷法是通过书面形式向回答者提出问题，从答案获取数据的一种方法。问卷法没有预先确定的标准答案或正确答案，一般采用无记名方式，它不受时间和空间的限制，能够在短时间内获得较多的信息，并且比较容易处理和具有真实性。

问卷调查方法主要有两个环节：一是设计问卷调查表，主要是围绕调查的目的来设计调查内容和问卷形式；二是对问卷调查的数据资料进行统计分析，得出调查结论。

（3）测验法。测验法是一种重要的教学评价方法，主要用来评定学生的学习成绩。测验的关键是确定测验的形式及编写测试题。测验的形式一般有两种：考试或考查。考试又可分为闭卷考试和开卷考试。

编制测验的试题就是确定测验的试题类型和测试内容。常见的试题类型大致可以分为主观性试题和客观性试题两大类。

主观题要求学生自己组织材料，采用合适的方式表述答案，主要有论述、问答题、操作题、计算题、证明题、填空题、改错题等。它的优点是可以考查学生的组织、创造与表达的能力；事情容易编写，省时省力；能够促使学生的学习向理解、探究的方向发展。缺点主要表现在评分缺乏客观标准，往往带有主观性，从而造成主观误差；试题取样不广泛，题目少；评定费时费力，使评定的有效性和可靠性受到影响。

客观题是在试题中提供正确和错误的答案，由学生选择，主要有选择题、判断是非题、配对题等。客观题的优点是评分客观准确，不受评分者主观因素的影响，只要比较学生答案和预定的标准答案，就能得出结果；试题取样广泛，数量较大，可以考查学生是否达到各项教学目标的要求和掌握多方面知识的情况。缺点主要是不能考查学生的组织能力、创作能力和文字表达能力。

第三节　信息化教学系统设计

一、信息化教学系统设计的概念

信息化教学系统设计就是在信息化环境中，教育者与学习者借助现代教育媒体、教育信息资源和教育技术方法进行的双边活动。黎加厚教授认为："信息化教学系统设计就是运用系统方法，以学为中心，充分利用现代信息技术和信息资源，科学地安排教学过程的各个环节和要素，以实现教学过程的优化。应用信息技术构建信息化环境，获取、利用信息资源，支持学生的自主探究学习，培养学生的信息素养，提高学生的学习兴趣，从而优化教学效果。"也就是说信息化教学系统设计是"信息化教学"的设计，提倡教师不仅要通晓信息技术，而且需要掌握如何设计以信息技术为支持的教学过程。信息化教学设计的目标是帮助全体教师在教学中充分利用信息技术和信息资源，培养学习者的信息素养、创新精神和问题解决能力，增强学习者的学习能力，提高学业成就，使他们最终成为具有信息处理能力的、主动的终身学习者。

信息化教学系统设计的特点是：以信息技术为支撑；以现代教育教学理论为指导；强调新型教学模式的构建；教学内容具有更强的时代性和丰富性；教学更适合学生的学习需要和特点。信息化教学不仅仅是在传统教学的基础上对教学媒体和手段的改变，而且是以现代信息技术为基础的整体的教学体系的一系列的改革和变化。

二、信息化教学系统设计的要素

信息化教学设计强调发挥学习者在学习过程中的主动性，其核心包括四个方面：教学目标分析、学习问题与学习情境设计、学习环境与学习资源设计和教学活动过程设计。

（一）教学目标分析

分析教学目标是为了确定学生学习的主题，即与基本概念、基本原理、基本方法或基本过程有关的知识内容，对教学活动展开后需要达到的目标做出一个整体描述，可以包括学生通过这节课的学习将学会什么知识和能力、会完成哪些创造性产品以及潜在的学习结果，包括知识与能力目标、过程与方法目标、情感态度与价值观目标。

（二）学习问题与学习情境设计

学习问题（包括疑问、项目、分歧等）是整个信息化教学设计的关键，学习者的目标是要阐明和解决问题（或是回答提问、完成项目、解决分歧），信息化学习就是要通过解决具体情景中的真实问题来达到学习的目标。

（三）学习环境与学习资源设计

从设计的角度看，学习环境是学习资源和学习工具的组合，这种组合实际上是旨在实现某种目标的有机整合。在学习活动发生时，学习环境又被称为学习情境（Learning Context），其中必然包含人际关系要素。学习环境的设计主要表现为学习资源和学习工具的整合活动。在设计时也应考虑人际支持的实施方案，但人际支持通常表现为一种观念而不是具有严格操作步骤的实施法则。由于学习环境对学习活动是一种支撑作用，学习环境的设计必须在学习活动设计的基础上进行。不同的学习活动可能需要不同的学习资源和学习工具。学习环境的设计者必须清醒地认识到所设计的学习环境能支持哪些学习活动以及支持的程度如何。

（四）教学活动过程设计

按照建构主义思想，学习者学习和发展的动力来源于学习者与环境的相互作用。学习者认知机能的发展、情感态度的变化都应归因于这种相互作用。站在学习者的角度看，这种相互作用便是学习活动。因此，学习活动的设计必须作为教学设计的核心设计内容来看待。学习活动可以是个体的，也可以是群体协作的。群体协作的学习活动表现为协作个体之间的学习活动的相互作用。学习活动的设计最终表现为学习任务的设计，通过规定学习者所要完成的任务目标、成果形式、活动内容、活动策略和方法来引发学习者内部的认知加工和思维，从而达到发展学习者心理机能的目的。

三、信息化教学系统设计的原则

信息化教学设计是以多媒体和网络技术为支持，但"信息技术的支持"仅仅是信息化教学设计的表面特征，它还有两个更重要的、更根本的特征：一是以学生为中心，关注学生能力的培养；二是关注学生的学习过程。这两大特征渗透到学生的学习过程的各个要素中，形成了更具指导意义的设计原则。

（一）强调以学生为中心，关注学生能力的培养

教师作为学习的促进者，引导、监控和评价学生的学习进程。在信息化教学中，教师不再（事实上也是不可能的）维持自己作为"专家"的角色，而是通过帮助学生获得、解释、组织和转换大量的信息来促进学生学习，以解决实际生活中的问题（跨学科的真实任务）。在这种模式中，学生承担着自我学习的责任，通过协同作业、自主探索的方式进行主动的知识建构。

（二）充分利用各种信息资源来支持学习

在信息化教学设计中，信息技术工具和信息资源在信息化教学设计中具有不可替代的作用。教师要关注信息技术运用方式的变化，技术的关键任务不是以操练的形式来呈现信息，从而控制学习，而是提供问题空间和探索问题的工具及资源来支持学习。这些工具和资源应当与学生的主题任务相关，能够帮助学生完成问题解决的过程，促进学生

的意义建构。比如提供给学生与教学主题或问题相关的网络资源、典型案例，对学生的学习进行一定的指导和帮助等。

（三）以问题为核心驱动学习

以"任务驱动"和"问题解决"作为学习和研究活动的主线。"任务驱动"是一种建立在建构主义教学理论基础上的教学法，其原则就是：学生的学习活动性质与大的任务或问题相结合，以探索问题来引动和维持学习者的学习兴趣和动机；创建真实的教学环境，让学生带着真实的任务去学习。在这个过程中，学生拥有学习的主动权，教师不断地挑战和激励学生前进，从而使学生真正掌握所学内容，并通过此任务举一反三，从而学习隐含于问题背后的科学知识和解决问题的技能，形成自主学习能力。这样，学习者能够批判性地学习新的思想和事实，并将它们融入原有的认知结构中，能够在众多思想间进行联系，并能够将已有的知识迁移到新的情境中，做出决策并最终解决问题。这就是信息时代倡导的深度学习，这种教学方法符合探究式教学模式，有利于培养学生的创新能力和独立分析问题、解决问题的能力。

（四）强调"协作学习"的重要性

这种协作学习不仅指学生之间、师生之间的协作，也包括教师之间的协作。在信息化教学中，学习者通常是以小组或其他协作的形式展开学习的，在学习过程中，每个学习者都担当一定的角色，承担一定的任务，学习者之间相互协作，共享他人的知识和背景，共同实现组织目标。协作学习的组织形式，把同学当成学习的一种资源，为学习者创设了良好的学习情境，是建构主义学习理论的一种体现。

（五）强调针对学习过程和学习资源的评价

信息化教学设计是一个连续的、动态的过程，在学习过程中，在教师和学生水乳交融的活动中展示评价的总结、矫正、促进和催发的功能是非常重要的。学生成为课堂主体的前提是必须调动学而不厌的主观能动性，使学生有意识、有兴趣、有责任去参与教学活动。通过教学评价激起学生的主体参与性，让学生在课堂中体验成功的喜悦及协作学习的力量。教师通过不断的研究和质量评估，收集数据，使用过程性评价达到改进设计的目的。同时，由于信息化学习资源种类繁多，为了有效地利用信息化学习资源，也必须对资源进行优化选择。

四、信息化教学系统设计的类型

（一）目标导向的信息化教学设计

在现实生活中，人们会为了实现某些目标、达到某些目的而不断地尝试和努力。在认知心理学领域中，大量科学的实验表明，人类的学习过程就是一个不断地尝试失败和模仿别人成功行为的过程，也是人们不断追求目标的过程。由此可见，人类的学习行为本身就具有一定的目标性和导向性。因此，当学习者因受某个学习目标指引而产生学习行为时，这种学习方式便被赋予了一定的目标导向性。

1. 目标导向

在学生的学习过程中，学习目标是整个学习活动过程的决定性因素，它对之后的每个教与学的阶段或环节都起到了重要的导向作用。学习目标是由课程目标转化而来的，它是课程目标具体化的结果。在课程领域中，美国课程论专家舒伯特（W.H.Schubert）认为，学习目标可大致分为三种：行为目标、生成性目标和表现性目标，如表 6.6 所示。

表 6.6 三种学习目标

三种学习目标	
行为目标 （Behavioral Objectives）	主要指向课程与教学过程结束后所引起的学生行为变化。具有精确性、具体性和可操作性，适用于结构化的基础理论知识和基本操作技能的描述
生成性目标 （Evolving Purpose）	在教育教学情境中随着教育过程的展开而生成的课程目标，强调在真实情境中的问题解决和知识建构，以及学习者、教师和情境之间的交互作用，具有过程性、情境性的特征
表现性目标 （Expressive Objectives）	指每一个学生在与具体教育情境的种种"际遇"中所产生的个性化表现，它关注的是学生在活动中表现出来某种程度上首创性的反应形式，而不是事先规定的结果，它主要指向无须结果化的或难以结果化的目标，具有唤起性和开放性

2. 三种目标取向之间的对比

（1）行为目标取向。行为目标取向在本质上是受"技术理性"支配的，它体现了唯科学主义的教育价值观，指明教学过程结束后学生身上所发生的行为变化。行为目标取向以对行为的有效控制为核心，是以具体的、可操作的形式陈述教学目标。它是教师和课程开发者预先强加给学生的，对大部分学生来讲要求是完全相同的，所以它具有精确性、具体性和可操作性。

（2）生成性目标取向。生成性目标取向本质上是对"实践理性"的追求，它强调学生、教师与教育情境的交互作用，因此，生成性目标是在教育情境中，随着教育过程的展开而自然生成的教学目标。这种目标不是课程开发者和教师所强加的目标，也不是一种指向未来的结果，而是教育情境的产物和问题解决的结果，是学生和教师关于经验和价值观产生的"方向感"，所以它最根本的特点是过程性。

（3）表现性目标取向。表现性目标取向本质上是对"解放理性"的追求，是指每一个学生在具体教育情境的种种"际遇"中所产生的个性化表现，它强调学生的个性发展和创造性表现，强调学生的自主性和主体性，尊重学生的个性差异，指向人的自由与解放。当学生的主体性得以充分发挥、个性得以充分发展的时候，它在具体教育情境中的行为表现及所学到的东西就是无法准确预知的。因此，表现性目标所追求的不是学生反应的同质性，而是反应的多元性，这是一种个性化的评价模式。三种目标取向的对比，如表 6.7 所示。

表 6.7 三种目标取向的对比

项目	行为目标	生成性目标	表现性目标
价值取向	技术理性，唯科学主义	实践理性	解放理性
性质	开发者和教师预期的行为结果	预设一种方向,而目标是在问题解决的过程中生成的	预设境遇的形式,追求在其中的个性化表现

续表

项目	行为目标	生成性目标	表现性目标
典型特征	精确，具体，可操作	过程性	不可预知性
学生收获	行为变化	与教育情境的交互过程	学生的个性化表现，提求学生反应的多元性
评价方式	以设定行为是否达成来准确创新目标完成程度	以问题解决的过程来评判	鉴赏式地批评学生的表现，依其创造性和个性特色来评判

3. 目标导向的信息化教学设计的基本方法

目标导向的教学设计可分为三个阶段：教学分析阶段、教学过程设计阶段和教学设计评价阶段。

（1）教学分析阶段。教学分析包括课程目标分析、学习者分析和学习内容分析三个部分。该阶段主要以各学科教学大纲拟出的教学目标和要求为依据，结合学习内容的范围和结构，根据学生的学习特点、相关能力和认知水平等，对教学进行全面综合的分析。此阶段是教师确定教学目标、设计教学活动的基础环节。

（2）教学过程设计阶段。教学过程设计包括教学目标设计、教学策略设计、教学环境设计和学习活动设计四个部分。教学目标是学习活动设计的起点、主线和归宿，教学目标的编写必须体现"以学生为主体"的教学理念；教学策略的设计应该以有利于教学目标的达成为目的，采用适合该学生群体学习的最有效的教学方式和方法；教学环境的设计包括媒体选择的设计、学习资源的设计、学习支持的设计等；学习活动是为达到特定学习目标而进行的师生行为的总和。因此，学习活动的设计应当是以目标为导向的，不同类型的目标应当对应不同的学习活动设计模式。目标决定了活动的任务，依据活动任务的特点，我们应当选择相应的活动组织策略，据此对活动序列做出相应安排，再逐步细化设计每个学习环节。

（3）教学设计评价阶段。教学设计评价包括形成性评价和总结性评价。在实际教学中，应以目标的达成程度为衡量标准进行教学设计的总结性评价。在教学进行过程中，根据学生的反应做出形成性评价，并根据变化随时做出合理的调整。在方案设计完成后，教师或者课程开发者应该进行自我审视和反思，通过试讲和与专家或相关专业人员交流，发现可能存在的问题或者改进措施，对教学设计的流程进行完善和修正。可见，目标导向的教学设计是在分析的基础上提出具有针对性的、可操作的教学目标，然后围绕目标设计一系列为目标达成而展开的教学活动，根据教学目标编制教学检测和教学评价，并根据目标的达成情况来评价教学效果、指导教学反馈，使目标在教学过程中实现其意义和导向功能。

（二）问题导向的信息化教学设计

问题导向（Problem-Based Learning，简称 PBL，也译为基于问题的学习）模式在思想上来源于杜威的教育教学思想，在实践中则产生于医学教学领域。PBL 产生于加拿大的麦克马斯特大学，先后在 60 多所医科学校中推广、修正，是指知识的应用和未来职业技能的培养，并充分体现了建构主义的思想。因此，在 PBL 产生短短的二三十年内，其教学模式已风靡全球，对各办学层次、各学科的教学与培训产生了革命性的影响。

1. 什么是问题

所谓问题，是指在一定情境中，人们为了满足某种需求或完成某一目标所需要面临的未知状态。所谓问题求解，是指人们为处理问题情境而进行的一系列认知加工活动，它泛指有机体对问题情境的适当的反应过程。"以问题为中心"是 PBL 的核心要素，与传统的以教师为中心、学生被动接受的教学方法截然不同。PBL 强调把学习设置到复杂的、有意义的问题情境中，通过让学习者合作解决实际问题，学习隐含于问题背后的科学知识，形成解决问题的技能，并形成自主学习的能力。问题可以分为良构问题和劣构问题两大类。良构问题，也称定义完整的问题，是指限定性条件的问题，它具有明确的已知条件，并在已知条件范围内运用若干规则和原理来获得同一性的解决方法。劣构问题，也称定义不完整的问题，是指具有多种解决方法、解决途径和少量确定性条件的问题，这些条件不仅不易操作，而且包括某些不确定性因素。一般来说，劣构问题存在或产生于特定的情境之中。良构问题和劣构问题并不是完全相互独立的两个实体，而是一个问题系统。在这个问题系统中存在如下性质不同的问题：逻辑问题、算法问题、情节问题、规则运用问题、故障排除问题、诊断问题、策略运用问题、个案分析问题、设计问题和两难问题等。

2. 基于问题的学习

基于问题的学习是指把学习置于复杂且有意义的问题情境中，在学习者彼此协作解决问题的过程中，获得隐含于问题背后的知识，发展学习者的思维能力、解决实际问题的能力以及自主学习能力，同时培养学习者的创新意识和合作精神。

3. 基于问题的信息化学习模式的三个基本要素

要编制一个合理有效的基于问题的信息化教学设计，必须了解基于问题解决的学习模式中的各要素的性质和特点。基于问题的信息化学习模式有三个基本要素，分别为选取与设计问题、团队协作和学生的反思，如表 6.8 所示。

表 6.8　基于问题的信息化学习模式的三个基本要素

项目	选取与设计问题	团队协作	学生的反思
对象	教师	学生之间	问题
基础	源于现实生活、贴近学生熟悉的社会环境	主动参与、积极建构	现有知识和原有知识的区别
特点	作为学习活动的指导者或学生的榜样：鼓励、激发学生思考，使学生持续参与；监控和调整任务的难易程度。调控小组的驱动力、使学习进程顺利进行	作为主动解决问题的行动者：分小组讨论和交流。通过不断地补充、修订，加深每一个学生对当前问题的理解；投入型学习	是一种元认知，能够发展学生的思维能力并帮助学生懂得如何学习，培养其终身学习的能力；问题作为学生处世的挑战和动机

4. 问题导向的信息化教学设计的基本方法

（1）问题的设计，是基于对学习目标、学习内容和学习者进行综合分析而得出的结果，明确问题是基于问题的学习模式的首要步骤，只有明确问题，才能有的放矢。

首先，学习目标是教学活动的出发点和最终归宿，它能为学生的活动指明方向。其次，教师应当对课本中的知识点进行透彻的分析，根据学习者在认知、情感和学习风格等方面的特征，结合学习者以前的经验，选择适合于学生进行自主学习，与学生的实际生活联系紧密，适应于学生个性发展的内容，并对知识点进行适当的扩展，以适应不同学生的学习需要。最后，由于 PBL 课程不同于传统的中心课程，以解决现实生活中的实际问题的逻辑顺序为主线，而不是以学科知识的逻辑结构为主线的，所以问题设计自然成为课程内容设计的核心，是凝聚、汇集和激活学生知识技能的"触发点"。

（2）在明确了问题后，就要通过各种渠道搜索相关学习资源并进行合理的筛选，再通过已有的信息化资源，为学习者创建一个良好的学习环境。这个环境一般应该是一个可以反映真实世界的环境。

（3）在学习活动设计环节中，PBL 课程是以学生活动为主线的，它由学生一系列的活动构成，一般包括活动目标设计、活动组织形式设计和活动内容设计。

（4）在评价阶段，教师要引导学习者总结在解决问题的整个过程中的体会或者收获，反思存在的不足。评价的主要内容要包含学生对自己的评价和对小组成员在解决问题中的表现的评价，此外，教师也要对学生通过小组协作或分别独立完成的作业做出总结与评价。师生间还要共同进行总结性评价，以便为下一次教学提出改进措施。

PBL 是一种新型的学习模式，符合开放教育和终身学习的理念，强调学生个性化学习的特点，具备多种优势，体现出强大的生命力。实践证明，PBL 转变了学生的学习观念，是一种可行的学习模式，操作性强，不仅提高了学生运用知识的能力，而且让学生学会了学习，为其终身学习打下了基础，因此教师要合理地运用该模式进行有效教学。

（三）任务驱动的信息化教学设计

德国教育家第斯多惠曾说："教学的艺术不在于传授本领，而在于唤醒、鼓舞和激励。"这句话的核心在于鼓励教育者针对教育对象求知的需求和个性特点去启发、鼓励和开导受教育者，使受教育者的求知欲和思辨力得到充分释放，让"学"成为一种自觉、主动、独立的行为。如果把学生的热情激发出来，那么学校所规定的功课就会被学生当作一种礼物来领受。

1. 任务驱动教学法的内涵

任务驱动教学法，是一种建立在建构主义学习理论基础上的教学法，它将以往以传授知识为核心的传统教学理念转变为以解决问题、完成任务为核心的多维互动式的教学理念。任务驱动教学法将再现式教学转变为探究式学习，使学生处于积极的学习状态，每一位学生都能根据自己对当前问题的理解，运用共有的知识和自己特有的经验提出方案、解决问题。

在学习的过程中，学生在教师的帮助下，紧紧围绕一个共同的任务，在强烈的问题动机的驱动下，通过对学习资源积极主动的应用，进行自主探索和互动协作的学习。在完成既定任务的同时，教师要引导学生形成一种学习实践活动，任务驱动教学法如图 6.13 所示。

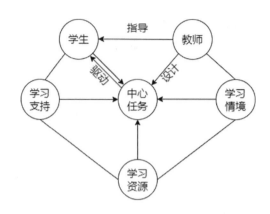

图 6.13 任务驱动教学法

任务驱动教学本质上就是通过"任务"来诱发、强化和维持学习者的成就动机。成就动机是学生学习和完成任务的真正动力系统。"任务"是作为学习的桥梁而言的，而"驱动"学生完成任务的不是教师也不是"任务"，而是学习者本身，更进一步说，是学习者的成就动机。因此，任务并不是静止的和孤立的，它的指向应是学习者成就动机的形成，即任务是一个由外向内的演化过程，以成就动机的产生为宗旨。"任务驱动"就是通过"任务内驱"走向"动机驱动"的过程。

2."任务"的特点

"任务驱动"教学法要求在教学过程中，以富有趣味性、能够激发学生学习动机与好奇心的情境为基础，以与教学内容紧密结合的任务为载体，使学习者在完成特定任务的过程中获得知识与技能的一种教学法。其中的情境既可以是完成任务的一种结果，也可以是通过运用理论知识上开展实践活动而最终形成的一个作品。任务是知识与技能的载体，能够有效组织教学目标，形成具有趣味性的学习过程。因而"任务驱动"教学法体现了以任务为明线，以增强学生的知识与技能、情感态度价值观为暗线，以教师为主导、学生为主体的教学思路。因此在教学过程中的任务具有以下特点，如表 6.9 所示。

表 6.9 任务驱动中"任务"的特点

特点	含义
真实性	在教学活动中，任务应是具有实际意义的，不应该是虚构的，只有符合实际，贴近学生生活经验的任务才能更有效地激发学生学习和探索的欲望。虚构的任务不仅抽象不易理解，还容易让学生产生抗拒心理，影响教学任务的完成
整体性	任务应该以若干个子任务为中心，通过完成任务的过程，介绍和传授基本的知识与技能任务一般不要太琐碎，应是一个能够分成几个子任务的整体任务
开放性	开放性是指在学习环境、学习内容及学习方法等方面不再追求相同的结果，而是倾向于多元化。任务一般涵盖要学习的知识技能，但完成任务的方式可以多种多样，最后的产品也可以是多姿多彩的。在学生完成任务的过程中，学生以探究质疑的自主学习为主，是一种师生互动的开放教学形式，它不受时间和空间的限制，任务的开放性给学生提供了一个创造的空间，也真正实现了学习资源的开放性
可操作性	学生可以按照具体的任务要求去完成
适当性	任务难易程度要适当，太易或太难都会影响学生完成任务的积极性

3. 任务驱动的信息化教学设计的基本方法

（1）"任务驱动"教学模式设计以任务为核心，该任务是由学习目标、学习内容和学习者特征共同决定的。对学生进行分析，有利于教师设计出适合学生能力与知识水平的任务，为其提供恰当的帮助与指导，并设计出符合学生个性和专业知识水平的学习资源。

（2）设计学习任务是整个教学模式的核心与重点，为学习者提供了明确的目标和任务。在设计任务时，要注意应该设计开放式、能够多元解决问题的任务，任务要涵盖教学目标所定义的知识，可以比其复杂，但是不能比之简单，同时需要符合学习者的特征。完成任务的目的不是期望学生一定能够给出完美的答案，而是鼓励学生参与。

（3）一个任务往往代表着连续性的复杂问题，教师在教学过程中，要帮助学习者对所学知识进行全方位的认识，并指导学生制定子任务，这样做有助于任务的简化和可行性方案的提出。在此环节中，教师要充分发挥主导作用，注意把握学生的学习能力并提供完成任务的思路。

（4）在"任务驱动"教学模式设计中，学习环境设计包括学习情境设计和学习支持设计。学习情境要求学生在真实的情境下进行学习，减少知识与解决问题之间的差距，强调对学生迁移知识能力的培养。因此，要将教学中的知识点还原于现实生活，为学生提供一个完整的、真实的任务背景，以此为支撑来启动教学，恢复知识点的生动性和丰富性，使学生产生学习的动力和兴趣，达到学生自主建构知识意义的目的。

在信息技术学习环境中，学习支持能够指引扩充使用者思维过程的心智模式和设备，用于引导和促进学习者的认知，学习者可以利用它来进行信息与资源的获取、任务的建构、创新方案的制作等。

（5）"任务驱动"教学模式设计中的学生学习活动设计包括学习资源设计和学习策略设计。为了了解任务的背景与含义、提出任务的假设，建构自己的任务模式并了解任务与现实生活之间的联系，教师需要为学习者提供必要的预备知识。因此在子任务的教学设计中，需要详细考虑学生要完成任务所需要的学习资源。例如，文本、图形、音频、视频和动画等，引导学生通过网络获取资源，使得学生的自主学习、任务建构能在大量信息的基础之上进行。在资源的准备过程中，要注意避免信息污染，要发挥教师的主导作用，建立有效的信息资源系统，为学生提供有效查询资源的方法。

学习策略是指为了支持和促进学生有效学习而安排学习环境中的各个元素的模式和方法，其核心是要发挥学生学习的主动性和积极性，充分体现学生的认知主体作用。

（6）评价是根据某些标准对学习者进行鉴定或价值判断，有助于教师和学生进行反思和改进。评价通常包括形成性评价和总结性评价。形成性评价用于教学过程中，总结性评价用于任务完成之后，前者重视过程，后者重视结果。在任务驱动教学模式中，重视形成性评价比重视总结性评价更有实际意义。

（四）翻转课堂的信息化教学设计

1. 翻转课堂的内涵

所谓翻转课堂，就是在信息化环境中，教师提供以教学视频为主要形式的学习资源，学生在上课前完成对教学视频等学习资源的观看和学习，师生在课堂上一起完成作业答疑、协作探究和互动交流等活动的一种新型的教学模式。

翻转课堂作为一种新兴的教学模式，颠覆了传统的教学过程，它将"知识传递"过程置于课堂外，学生借助于教师制作的教学视频和开放网络资源自主完成知识的建构，而课堂则成为他们完成作业、探讨问题或得到个性化指导的地方。因此，在翻转课堂中，学生摆脱了被动接受知识的角色，成为整个教与学过程中的主体，所有的知识都需要学生在自主学习和动手的过程中获得。翻转课堂与传统课堂模式对比，如图 6.14 所示。

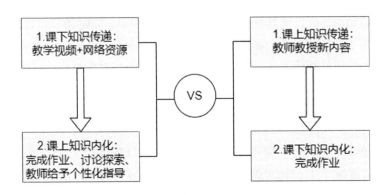

图 6.14　翻转课堂与传统课堂模式对比

2. 翻转课堂与传统课堂的比较

翻转课堂与传统课堂的比较，如表 6.10 所示。

表 6.10　翻转课堂与传统课堂的比较

项目	翻转课堂	传统教学
教学流程	课上：学生的作业答疑、小组的协作探究、师生间深入交往 课后：知识传授、在上课前完成对课程内容的自主学习	课上：知识传授 课后：完成作业和练习
师生角色	教师：教学活动的"导演"和学生身边的"教练" 学生：教学活动的参与者	教师：知识的拥有者和传播者 学生：处于被动接受知识的地位
教学资源	短小精悍的教学视频	书本，演示文稿
教学环境	学习管理系统	传统教室
课堂内	展示交流、协作探究、科学实验、完成作业、教师巡视、一对一个性化指导	新课导入、知识讲解、布置作业
课堂外	自主学习、自定进度、整理收获，提出问题	完成作业（含复习和了解性预习）

3. 翻转课堂的信息化教学设计的基本方法

翻转课堂教学设计的内容主要包括前期分析、课下知识获取和课堂知识内化三部分。

（1）前期分析。前期分析部分主要包括：教学目标分析、教学内容分析和学习者特征分析。首先，教学目标是否明确、具体和规范，直接影响到教学能否沿着预定的、正确的方向进行。其次，教学设计的目的是促进学习者的学习，所以要了解学生原有的知识水平、原有的心理发展水平以及学习风格，在设计时必须考虑学习者的哪些因素或特征会影响他们的学习过程和结果，这样才能使方案具有针对性和实用性。最后，要结合学习目标和学习者特征选定教学内容，以便进行下一步教学资源的设计。

（2）课下知识获取阶段。这部分主要包括：教学资源整合设计、自主学习环境设计、课下自主学习设计、学习效果检测设计、发现知识盲点和学习帮助设计。

首先，在翻转课堂中，学生获取新知识的主要来源是教师整合的教学资源，主要采取以教学视频为主，其他资源为辅助的形式，所以教师对教学资源的整合是否能够帮助学生学习尤为重要。其次，在翻转课堂中，学生获取新知识的主要渠道是其课下的自主学习过程，因此有必要对其自主学习的环境进行设计，帮助学生顺利完成课下的"知识获取"。最后，教师应该运用一切有效的技术手段，对学生的学习活动过程进行测量，给予价值判断，这样做的作用是，一方面让教师了解学生对知识掌握的情况，另一方面帮助教师发现学生的学习盲点，以便教师有针对性地设计学习支持资源，达到有针对性地帮助学生解决问题的目的，同时也为教师节省精力，避免做无用功。

（3）课堂知识内化。这部分内容主要包括：课堂情境设计和课堂活动设计。为了促进学生知识的内化，促使学生将自己的探究结果以及在探究过程中收获的心得与全班同学进行交流，实现思想的碰撞升华。教师需要根据学生课前知识的获取成果，设计有探究意义的问题情境和相对应的课堂活动，供学生在课堂上探究学习。

五、信息化教学系统设计的过程模式

信息化教学系统设计的过程模式，如图 6.15 所示。

（一）研读课程标准

基础教育课程改革纲要（试行）提出："国家课程标准是教材编写、教学、评估和考试命题的依据，是国家管理和评价课程的基础。应体现国家对不同阶段的学生在知识与技能、过程与方法、情感态度与价值观等方面的基本要求，规定各门课程的性质、目标、内容框架，提出教学和评价建议。"课程标准阐述了课程性质、课程理念、设计思路和实施建议，这就使得教师既能够从课程结构上把握课程，也能够从宏观理念上理解课程。

（二）明确课程理念和总目标

课程教学设计的第二步是明确课程理念和总目标。课程理念是课程标准制定者提出的对课程实施具有哲学指导意义的观念，它应该被渗透到课堂教材编写、课程教学等各个环节当中。如《科学》（初中）课程的理念是："面向全体学生，立足学生发展，体现科学本质，突出科学探究，反映当代科学成果。"课程目标包括课程总目标和分目标。课程总目标是对学生学完本课程后应达到的各方面能力水平要求的总体描述。课程分目标从知识与技能、过程与方法、情感态度和价值观等方面对学生应能达到的能力水平进行概括性描述。课程理念和目标是进行后续教学设计步骤的出发点和归宿，起到方向性指导作用。

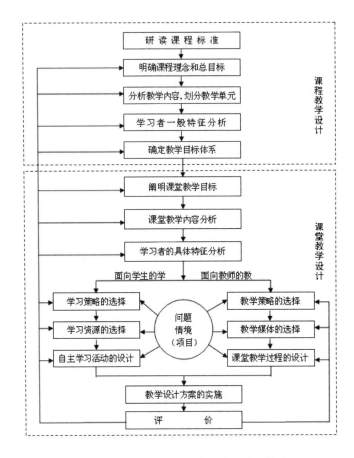

图 6.15 信息化教学系统设计的过程模式

（三）分析教学内容，划分教学单元

教学内容是指为了实现教学目标，要求学习者系统学习的知识、技能和行为规范的总和。分析教学内容的工作以课程目标为基础，旨在规定教学内容的范围、深度和揭示教学内容各组成部分的联系，以保证达到教学最优化的内容效度。课程标准中已经明确规定了内容标准，罗列出了教学内容体系。教师通过研读这部分内容，进一步明确、理顺教学内容各组成部分的联系，为教学单元划分、教学顺序的安排奠定基础。

教学单元作为一门课程内容的划分单位，一般包括一项相对完整的学习任务。通过选择与组织单元，可以确定课程内容的基本框架，这又为后续的课堂教学设计的内容选择奠定基础。

（四）学习者一般特征分析

学习者是学习活动的主体，学习者具有的认知的、情感的、社会的等特征都将对学习的信息加工过程产生影响。因此教学设计应该与学习者的特征相匹配，做到因材施教，才有可能取得理想的教学效果。学习者一般特征分析主要包括认知发展特征分析、学习者的总体水平分析、兴趣爱好分析等。目的在于对学生整体情况有一个大概了解，使教师在教学设计过程中做到心中有数。

（五）确定教学目标体系

课程总目标对于整门课程的教学设计和教学实施起到指导作用。在课程目标的指引下我们进行了教学内容分析，划分了教学单元。为了使课堂教学更加有针对性，仅使用课程总目标对课堂教学要求进行高度概括是远远不够的，因此，需要对每个单元、每堂课甚至每个知识点制定明确的目标，从而构成一个完整的教学目标体系。

教学目标体系不仅在教学设计过程中起到指导教学内容选择的作用、激发学习者学习动机的作用，还可以作为学习效果评测依据。教学目标体系的建立在一定程度上保证了教学设计的科学性，有效避免了教学的经验性和随意性。

1. 阐明课堂教学目标

分析教学目标是为了确定学生学习的主题，即与基本概念、基本原理、基本方法或基本过程有关的知识内容，对教学活动展开后需要达到的目标做出一个整体描述，可以包括学生通过这节课的学习将学会什么知识和能力、会完成哪些创造性产品以及潜在的学习结果，包括知识与技能、过程与方法、情感态度和价值观。

2. 课堂教学内容分析

教学内容分析的任务有三个：一是评价教学内容是否直接为课堂教学目标服务；二是分析教学内容（知识点）间的相互关系，确定教学顺序；三是分析教学内容的类型、特点，为后续制定教学策略、选择教学媒体、制定学习策略和提供学习资源等步骤提供依据。

（六）问题情境（项目）

信息化教学是基于问题驱动的学习，提出有意义与有价值的问题，是信息化教学设计模式的核心和重点。学习问题可以是一个问题、案例、项目或分歧，它们都代表连续性的复杂问题。提出问题的原则：一是问题要有意义，是真实情景下的问题；二是问题解决要隐含所要传授的知识；三是问题要有一定的复杂性与歧义性；四是问题要有开放性；五是问题要与学习对象的认知特征相匹配，要结合学生的最临近发展区；六是学习主题具有可挑战性，问题具有可争论性。

（七）教学策略的选择

信息化教学设计的最基本策略，是教学情境的创设和信息资源的开发。

1. 教学情境的创设

建构主义认为，个体、认知和意义都是在相关环境中交互、协作完成的，不同的环境能够给学习者带来不同的活动效果。设计环境是信息化教学设计最重要的内容之一，通过与实际经验相似的学习情境的创设，来还原知识的背景，恢复其生动性、丰富性，从而使学生能够利用原有认知结构中有关的知识、经验及表象去"同化"或"顺应"学习到的新知识。利用现代化信息技术和信息资源，创设接近真实情境的方式很多，其使用的方法也因不同的学科和内容有很大差异。根据创设的作用和一般方法的相似性可以有：创设故事情境、创设问题情境、创设模拟实验情境、创设协作情境等。

（1）创设故事情境。创设故事情境根据教学内容、教学目标、学生原有认知水平和学生无意识的心理特征，通过各种信息技术和信息资源，以"故事"的形式展现给学生，尽可能多地调动学生的视听觉感官，进而理解和建构知识。实验心理学告诉我们，获取信息的途径来自视觉、听觉等多种感官，并且多感官的刺激有利于知识的保持和迁移，能够引起学生积极情绪反应的形象整体。

（2）创设问题情境。创设问题情境是在教学内容和学生求知心理之间设置疑问，将学生引入一种与问题有关的环境。问题环境的设计可激发学生的探求欲望，引导学生多角度、多方位地对环境内容进行分析、比较和综合，进而建构新的认知结构。在信息化教学中，设计问题环境的方式多种多样，教师可以通过故事、模拟实验、图像、音像、活动等多种途径设置问题。

（3）创设模拟实验情境。创设模拟实验情境首先设计与主题相关的尽可能接近真实的实验条件和实验环境，然后利用各种信息资源实现。设计模拟实验环境，就是设计与主题相关的尽可能接近真实的实验条件和实验环境，可以解决实验条件不足带来的困惑。恰当的实验可以使学生将学习内容所反映的事物尽量地与自己已知的事物相联系，并通过联系加以认真思考，从而建构起所学知识的意义。

（4）创设协作情境。协作情境与外部世界具有很强的类似性，有利于高级认知能力的发展、合作精神的培养和良好人际关系的形成。在这种环境中，学习者的角色可以进行隐藏，教师的角色也发生了转变。教师要掌握的不仅仅是教学内容的逻辑序列和目标的合理安排，且更多的是学生的协作情况、学习过程的规划设计。设计协作环境利用网络多种交流工具，如 BBS、QQ、电子邮件等，通过竞争、协作、伙伴和角色扮演等方式进行学习，针对某一个问题展开讨论交流，共同完成学习任务。信息化协作学习环境实现了时间和空间上的连续，使交互变得更加容易控制。

2. 信息资源的开发

信息化教学设计的另一个基本策略是信息资源的开发。在信息化教学中，教师不仅拥有更多的知识，还应该具备设计、开发、利用和评价信息资源的能力。为了避免学生低效的探究活动，在学生自主学习过程中，教师应该适时地提供帮助，当学生在学习新的或困难的任务时，教师为他们提供帮助的各种材料，包括教师演示文稿、学生范例、单元问题、学习指南或向导，这些更多的是以电子文档形式出现的，由此构成了丰富的信息资源。学生借助于教师开发或链接的信息资源，通过调查、搜索、收集、处理信息后获得知识和技能，并提高信息素养，使学习不再是被动地接受。信息化教学设计如果忽视了信息资源的开发，教学情境将成为"空中楼阁"，教学情境的创设与信息资源的开发是相辅相成的。

（八）教学媒体的选择

教学媒体是指教师在教学过程中为了教学需要而使用的媒介和工具。教学媒体选择的依据、原则、方法、程序等参见前面所介绍的内容。

（九）课堂教学过程的设计

课堂教学过程是师生在实现教学任务中的活动状态变换及其时间流程，由教师、教学内容、教学环境（包括教学媒体、学习资源等）和学生四个要素的相互作用构成。精心设计课堂教学过程可以保证科学、合理的教学进度和优化的教学效果。

（十）学习策略的选择

在设计学生自主学习活动时，可以为学生选择资源型学习、探究型学习、研究型学习、协作型学习等各种自主学习模式。在自主学习中，最常使用的学习方法有支架式、抛锚式和随机进入式等几种。支架式由搭"脚手架"、进入情境和独立探索等几个步骤组成；抛锚式由创设情境、确定问题和自主学习等几个步骤组成；随机进入式由呈现基本情境、随机进入学习和思维发展训练等几个步骤组成。

不论是哪种自主学习方法，都离不开教师和学生的共同活动。教师的作用在于提出问题，对学生的学习给以指导和帮助；学生则充分发挥认知主体的作用，主动进行探索、发现和提高。

（十一）学习资源的选择

学习资源包括所有能够支持学生进行学习、锻炼能力和发展思维的工具、材料、设施、人员、机构等，从传统的教科书、印刷品，到各种现代教学媒体，以至网站、社会文化机构。在教学设计中应尽可能给出不同种类的资源，以便学习者根据自己不同的条件去选择、利用。

（十二）自主学习活动的设计

自主学习活动的设计是教师根据教学目标、教学内容，以及教学对象的具体情况而对学生学习活动的过程和结构事先做出的假设和计划，包括学生应阅读的材料、教师和学习资源中心能给予学习者必要支持的类型和内容，以及关于学习活动的方式、过程、进度、预期的结果和建议等。但是，由于学生群体的差异性、教师预计不足等各种原因，学生的学习活动往往会偏离教师设计的方案，但是只要能够朝着预定的教学目标前进，教师应当尽可能不去干预学生的学习活动。

（十三）教学设计方案的实施

这一步骤主要是按照事先做好的教学设计方案对学生进行教学实践。

（十四）教学评价

信息化教学评价是指在信息化教学理念的指导下，依据信息化教学的目标，运用现代信息技术手段对信息化教学进行测量和价值判断的活动。信息化教学评价是为了收集反映学生所掌握的知识和技能的数据、监测学生的学习行为并不断地改进教与学。信息化教学评价可以让教育者了解教学设计的目标是否达到，并为修正教学系统提供实际依据。

1. 信息化教学评价的特点

为了实现信息化教学的培养目标，信息化教学评价必须与各种相关的教学要素相适应。与传统的教学评价相比，信息化教学评价具有以下几个特点：

（1）评价学生应用知识的能力。在信息化教学中，评价是基于学生的表现的，用于评价学生运用知识的能力。其关注的重点不再是学生学到了什么知识，而是他们在学习过程中获得了什么技能。这种评价通常不是正式的，而是建议性的。

（2）学生参与评价标准的制定。信息化教学强调学生的个别化学习，学生在如何学、学什么等方面有一定的决定权，教师则起到督促和引导的作用。在信息化教学中，评价的标准往往是由教师与学生根据实际问题及学生先前的知识水平、兴趣和经验共同制定的。

（3）更注重对学习资源的评价。在信息化教学中，学习资源的来源十分广泛，特别是互联网在学习中的介入更加丰富了学习资源。如何选择适合学习目标的资源不仅仅是教师的重要任务，也是学生所要必须具备的能力之一。因而，在信息化教学评价中，对学习资源的评价更受人们的重视。

（4）学生将获得自我评价能力。在信息化社会中，面对不断更新的知识，期望他人像传统教学中的教师一样适时地对自己的学习提供评价几乎是不可能的。因而，要想成为一个合格的终身学习者，自我评价将是一个必备的技能，培养学生的这种技能本来就是信息化教学的目标之一，也是评价工作的任务之一。

（5）评价贯穿于整个教学过程。在信息化教学中，培养自我评价的能力和技术一直以来都是教学的目标之一，评价具有指导方向、给予激励的作用，正是有了评价的参与，学生才有可能达到预期的学习效果。因此，评价镶嵌在真实任务之中，评价的出现是自然而然的，是一个进行中的、嵌入的过程，也是整个学习不可分割的一部分。

2. 评价工具和方法

（1）档案袋评价。档案袋的英文"Portfolio"的语义有"代表作选辑"，其最初多由画家及摄影家把自己有代表性的作品集汇起来，向预期的委托人展示。后来应用到教育中，主要用于汇集学生作品的样本和内容，展示学生的学习和进步状况。档案袋中可以包含各种形式的学习材料，如录像带、文章、图画、获奖证书等。一个典型档案袋的基本结构主要包括三个部分：观察的信息资料群、作业实绩的标本群、考试信息群。信息资料群主要根据观察来收集学生每天的学习情况，一般由教师来收集。典型的档案袋中一般包括三个记录观察信息的文件：观察记录手册、调查表、师生交谈记录。作业实绩的标本群包括作业、教师自做的小问题和试题、学生伙伴间制作的课题、小组作业、学习反省日记等。考试信息群包括三个方面：简单的评价课题、比较大的场面课题及长期的评价课题。

（2）研讨式评定。学生的"参与"和"课堂讨论"中的表现作为学生评定的一个部分。研讨式评定方法起源于大教育家苏格拉底的教育理念，最根本的是要让学生学会更有效地思考并为自己的见解提出证据。这种问题研讨可以采用不同的方式来实施，既可以把它作为毕业学业的展示，也可以作为课堂评价的一部分，还可以当作结业作业的展示，无论什么方式，都需要一个巧妙的问题设计，一套配套的评价准则和评判规则。该评定方法对教师提出了很高的要求，对教师提出的引导问题有很高难度要求。目前这种评定主要适用于对学业成绩的评定，并且还处于引进摸索阶段，但对于学生能力发展的评定有可借鉴之处。

（3）学生表现展示型评定。表现展示评定通过学生实际演示某些结果以说明其是有价值的，并由此证明学生已经掌握了这些结果。展示的内容可以是一次科学试验，也可以是一次科学展示会，还可以是一次活动、一次表演，或者一次论文和方案设计展示。在这种评价方式中通过详细的评分规则提供了让学生成为自我评价者的机会，并为师生之间就学生的学业成就和进步情况开展对话打出了一条通道。同样，这种评价方式也是从关注结果开始的，学生在一开始就明确自己的任务。

（4）概念地图。概念地图是思维可视化的绝佳认知工具和评价工具。作为评价工具，概念地图可以方便地表征课、单元或某一知识领域的知识结构。学生可以沿着空间或时间纬度创建概念地图，以此识别、澄清和标识概念间的关系。在实际应用中，教师可以和学生在进行"头脑风暴"的基础上共同"织"就概念地图，也可以让学生凭借自己的回忆和理解就某一知识单元或某一主题自己"织"就概念地图。这一显示主题和有关子主题的"网"对于学习活动的进行和评价有重要的意义，有助于学生以具体和有意义的方式表征概念，促进思维外化和学习反思。教师也可以将学生所绘制的概念地图与理想的概念地图进行比较，从中不但能发现学生理解上的问题所在，还可以发现学生的学习风格和思维习惯。

（5）量规。量规是目前使用比较普遍的一种评价工具。这种评价工具的产生源于"任务驱动"的学习活动的结果常常是多种形式的，如电子作品、调查报告、观察心得、真实作品等，这就要求评价工具不但要关注学习过程，还要具有操作性好，准确度高、能够比较全面地评价学生的学习过程和学习成果等特点，而设计良好的量规可以达到上述要求。对学生网站的评价量规如表 6.11 所示。

表 6.11 对学生网站的评价量规

评价项目	分数	评价标准
界面友好性	10	区域划分清晰，易于理解，包括恰当明了的、加了标签的链接
高效合理性	10	图片下载迅速，相关文本易读，背景服从文本与图片
页面审美性	10	图片吸引人、动画新颖并富有创意
内容准确性	10	信息准确、完整、有保留价值
内容有用性	10	内容有意义，对学习有指导作用
内容丰富性	10	信息丰富，具有重读价值
内容综合性	10	多种内容或学科的有机结合，能充分体现学生的发散思维
学习思考性	10	鼓励学生思考、讨论、假设、对比、分类等
过程吸引性	10	通过网站学习的过程能够吸引学生
个性发展性	10	有效地将多学科的智力或潜能开发融于一体

评价说明：对学生网站评价标准有如上 10 个方面，每个项目为 10 分。30 分以下为浪费时间，30～50 分为一般，50～70 分为非常好，70～90 分为优秀。

（6）学习契约。学习契约，又称学习合同，是学习者与帮助者（专家、教师或学友）之间的书面协议或者保证书，主要有自学式学习契约和同伴辅导学习契约两种。这种评价方法来源于真正意义上的契约或合同，其意义与实施方法与现实合约相差无几。

（7）评估表。评估表是以问题或评价条目组成的表单，对评价表进行适当地设计以帮助学习者通过回答预先设计好的问题来产生某种感悟，有效地启发学习者的反思，从而增强他们自主学习的能力。

第四节 信息化教学系统设计方案的撰写与案例

信息化教学设计方案主要有两种编写格式，即叙述式和表格式。不管哪种格式的教学设计方案都包括教学目标或学习目标、教学内容、学生的行为、教师的活动、教学媒体和时间分配等方面的描述。

一、基本信息

信息化教学设计方案的基本信息包括设计本教学方案的设计摘要、教学题目、所属学科、学时安排、年级以及所选教材等，如表 6.12 所示。

表 6.12　教学设计方案基本信息表

基本信息				
设计摘要				
基本信息				
教学题目				
所属学科		学时安排		年级
所选教材				

二、教材分析

信息化教学设计方案中的教材分析主要描述教材作用地位及主要内容、教学重点与难点、课时要求，这里以"欧姆定律"为例来描述教材分析的写作技巧，如表 6.13 所示。

表 6.13　教材分析表

教材分析	
作用地位及主要内容	"欧姆定律"是人教版高中物理选修 3-1 第二章第三节的知识，是电学内容的核心，它所揭示的电流、电压和电阻三者间的内在联系是电路计算的基础定律，并为学习闭合电路欧姆定律、电磁感应定律、交流电等内容做了铺垫。本节课中分析实验数据的两种基本方法，设计实验的思想、规范接线，科学读数等，将在后续电学实验中多次应用。因此也可以说，不管是知识还是方法，本节课都是后续课程的学习准备
教学重点与难点	教学重点： （1）电阻的定义； （2）欧姆定律的实验设计、实验过程及学生对实验数据的分析、归纳并得出结论； （3）利用欧姆定律分析、解决实际问题。 教学难点： （1）电阻的定义及其物理意义； （2）数据处理曲线拟合； （3）伏安特性曲线的物理意义
课时要求	第三节需要 2 课时，本节课是第一课时，通过对本课的学习，学生能……

三、学习者特征分析

信息化教学设计方案中的学习者特征分析应从以下几个方面来分析。

（1）知识和技能。对即将学习的知识和技能，学习者目前的状态如何？已有的经验如何？可能存在哪些误解？已经掌握了多少术语？学习者的学习技能水平如何，需要多少外部的指导和反馈？学习者能否使用相关的教学媒体，能否运用新的学习方式进行学习？

（2）过程与方法。对即将学习的过程和方法，学习者目前的状态如何？已有的经验如何？可能存在哪些误解？已经掌握了多少术语？学习者已具备的过程和方法如何，需要多少外部的指导和反馈？

（3）情感态度与价值观。学习者对学习任务的一般态度如何？对哪些任务可能存有喜好或反感的情绪？学习者喜欢什么样的学习风格？学习者喜欢什么样的学习方式、教学组织形式和教学媒体？学习者喜欢什么样的评价方式？

（4）其他。学习者的焦虑水平如何？学习者的一般认知发展水平如何？

这里以"力的合成"为例来描述学习者特征分析，如表 6.14 所示。

表 6.14 学习者特征分析表

学习者特征分析	
知识基础	学生已经学习了重力、摩擦力、拉力、支持力等，并能计算二力在一条直线上的合力；对多力作用于物体的生活实例也接触较多；有的学生在初中也学习了多力合成的定则，因此，对"力"已有较多感性认识。在前几节内容中，学生在初中原有基础上又深化学习了几种常见的力（重力、弹力、摩擦力），从而具备了学习力的合成所需要的基本物理知识。此外，学生在数学中已经学习了直角三角形和平行四边形的知识，为学习做好了相关知识的准备。但对于力的矢量合成的过程和方法，作为刚接触高中物理的绝大部分高一学生有一定的难度
认知能力	学生思维活跃，抽象思维能力发展较好；具有较强的分析、概括和归纳能力；能够开展自主学习和合作学习
学习动机	对新鲜事物有强烈的好奇心，具有较强的求知欲；对于以教育技术支持物理问题解决具有浓厚的学习兴趣
学习风格	喜欢多媒体技术和网络技术支持的学习环境；具有良好的独立思考能力和自控能力，不易受外界影响，焦虑水平适中

四、教学目标分析

教学目标分析，是指根据教学设计的前期分析，将期望学习者达到的结果性或过程性目标加以明确化和具体化的过程。这里以"原子的核式结构"为例来说明教学目标的描述，如表 6.15 所示。

表 6.15　教学目标分析

教学（学习）目标与任务阐明	
1. 学习目标描述（知识与技能、过程与方法、情感态度与价值观）	
知识与技能	（1）说出原子物理学发展的历史背景、有关科学家及原子模型发展的过程； （2）阐述汤姆生原子枣糕结构的依据、成功及不合理之处的分析； （3）知道卢瑟福设计 α 粒子散射实验的思想、实验现象及结论； （4）解释卢瑟福提出的原子核式模型且运用该模型求解某些问题； （5）使用猜想、推理、类比，提出模型
过程与方法	（1）通过作品展示、表演，观察现象、收集证据； （2）通过自行设计制作原子结构模型，尝试科学研究方法
情感、态度与价值观	（1）在原子模型发展的过程，领略锲而不舍、严谨务实的科学进取精神； （2）体会科研的艰辛和分享成功的喜悦
2. 学习内容与学习任务说明（学习内容的选择、学习形式的确定、学习结果的描述）	
学习内容的选择	本节内容比较抽象，如果按传统教学讲起来比较枯燥乏味，可以通过对大量的图片资料分析，让学生掌握其内容
学习形式的确定	课堂可以采用讨论法、讲授法
学习结果的描述	让学生分组讨论总结，最后老师点评

五、学习环境与学习资源设计

学习环境是影响学习者学习的外部环境，也是促进学习者主动建构知识意义和促进能力生成的外部条件。主要包括以下几个方面：

1. 物理学习环境设计

这里的物理与硬件学习环境由自然因素和人为因素组成。自然因素包括网络自主学习者学习的自然环境、噪音、空气、光线等。这些环境影响着学习者的情绪与学习动机。人为因素包括网络环境、使用计算机硬件以及整个网络的运行状况。

2. 资源学习环境

学习资源是指那些与学习内容相关的信息，比如教材、教案、参考资料、书籍、网络资源等，这些信息资源可以以不同媒体和格式存储和呈现，包括印刷、图形图像、音频视频、软件等形式，还可以是这些形式的组合。

对于课堂教学来说，完全依靠学生自己来查找学习资源是缺乏可行性的。在互联网上的信息资源浩如海洋，学生的学习时间和精力，以及学生检索信息的能力有限，且学习资源的质量也良莠不齐，这些因素都对学生的学习产生巨大的干扰。因此，教师应把相关的学习资源进行整理、数字化，优化整合信息资源，以提高其易用性和共享性，围绕学生需要合理组织信息资源，保证资源、信息的及时供给。并把自己设计的有针对性的学习资源放到网络上，供学生在活动过程中共享。这个网络可以是广域网，也可以是局域网。

3. 技术学习环境

技术学习环境主要有学习过程中学习者可自由选择学习理论，支持系统要有良好的界面设计，能够激发学习者学习兴趣，各功能模块有良好的导航机制，便于学习者在学习过程中能根据学习进程进行任意的学习跳跃，同时该环境可以支持学生进行小组讨论和协作学习。

4. 情感学习环境

情感学习环境主要由三部分组成：心理因素、人际交互和策略。学习者的学习观念、学习动机、情感、意志等心理因素对学习动机的激发，学习时间的维持和获得良好的学习效果有着直接的影响；人际交互（包括自我交互）的顺畅也同样对学习者的自主学习起着不可小觑的作用；教学策略和学习策略直接影响着学习者的学习效果。学习环境选择与学习资源设计，如表 6.16 所示。

表 6.16　学习环境选择与学习资源设计

学习环境选择与学习资源设计		
1. 学习环境选择（打√）		
（1）Web 教室	（2）局域网　√	（3）城域网
（4）校园网	（5）因特网	（6）其他
2. 学习资源类型（打√）		
（1）课件	（2）工具	（3）专题学习网站
（4）多媒体资源库	（5）案例库　√	（6）题库
（7）网络课程	（8）其他	
3. 学习资源内容简要说明（说明名称、网址、主要内容）		
本节课在多媒体教室上，所需要的资源来自学校的电教资源		

六、学习情景创设

教学情境是指在课堂教学中，根据教学的内容，为落实教学目标所设定的，适合学习主体并作用于学习主体，产生一定情感反应，能够使其主动积极建构性学习的具有学习背景、景象和学习活动条件的学习环境。教学情境可以贯穿于全课，也可以是课的开始、课的中间或课的结束。

在传统课程的教学中，课堂教学强调以教学大纲为纲，以教材为本，基本以教材安排的内容和顺序进行，学生以被动接受式学习为主，教师基本不需要或很少创设与教材不同的教学情境。新课程的实施，课程功能和目标的调整，使传统教学模式面临着变革。基于问题情境，以问题研究为平台的建构性教学成为课堂教学主流，教师的"创设教学情境能力"也随之成为重要的教师专业能力。创设情境的途径有以下几种：

（一）生活展现情境。即把学生带入社会，带入大自然，从生活中选取某一典型场景，作为学生观察的客体，并以教师语言的描绘，鲜明地展现在学生眼前。

（二）实物演示情境。即以实物为中心，略设必要背景，构成一个整体，以演示某一特定情境。在以实物演示情境时，应考虑到相应的背景，如"大海上的鲸""蓝天上的燕子""藤上的葫芦"等，可通过背景激起学生丰富的联想。

（三）图画再现情境。图画是展示形象的主要手段，用图画再现课文情境，实际上就是把课文内容形象化。课文插图、特意绘制的挂图、剪贴画、简笔画等都可以用来再现课文情境。

（四）音乐渲染情境。音乐的语言是微妙的，也是强烈的，给人以丰富的美感，往往使人心驰神往。它以特有的旋律、节奏，塑造出音乐形象，把听者带到特有的意境中。用音乐渲染情境，并不局限于播放现成的乐曲、歌曲，教师自己的弹奏、轻唱以及学生表演唱、哼唱都是行之有效的办法。关键是选取的乐曲与教材的基调上、意境上以及情境的发展上要对应、协调。

（五）表演体会情境。情境教学中的表演有两种，一是进入角色，二是扮演角色。"进入角色"即"假如我是课文中的××"；扮演角色，则是担当课文中的某一角色进行表演。由于学生自己进入、扮演角色，课文中的角色不再是在书本上的，而就是自己或自己班集体中的同学，这样，学生对课文中的角色必然产生亲切感，很自然地加深了内心体验。

（六）语言描述情境。情境教学十分讲究直观手段与语言描绘的结合。在情境出现时，教师伴以语言描绘，这对学生的认知活动起着一定的导向性作用。语言描绘提高了感知的效应，情境会更加鲜明，并且带着感情色彩作用于学生的感官。学生因感官的兴奋，主观感受得到强化，从而激起情感，促进自己进入特定的情境之中。学习情景创设，如表 6.17 所示。

表 6.17　学习情景创设

学习情境创设	
1. 学习情境类型	
（1）真实情境	（2）问题性情境
（3）虚拟情境	（4）其他
2. 学习情境设计	
（1）通过教师提供计算机病毒的起源的小资料，让学生了解计算机病毒的起源，归纳计算机病毒的概念。	
（2）通过学生阅读书中有关"黑客"和网络安全防护措施的资料，归纳出如何负责任地使用网络并做好网络安全防护措施	

七、学习活动的组织

学习活动的组织主要包括自主学习和协作学习两种。

自主学习是与传统的接受学习相对应的一种现代化学习方式。以学生作为学习的主体，学生自己做主，不受别人支配，不受外界干扰，通过阅读、听讲、研究、观察、实践等手段，使个体可以得到持续变化（知识与技能、方法与过程、情感与价值的改善和升华）的行为方式。自主学习的基本模式主要抛锚式、支架式、随机进入式等。

协作学习是一种通过小组或团队的形式组织学生进行学习的一种策略。小组成员的协同工作是实现班级学习目标的有机组成部分。小组协作活动中的个体（学生）可以将其在学习过程中探索、发现的信息和学习材料与小组中的其他成员共享，甚至可以同其他组或全班同学共享。协作学习的基本模式主要有七种，分别是竞争、辩论、合作、问题解决、伙伴、设计和角色扮演。学习活动的组织的表格样式如表 6.18 所示。

表 6.18　学习活动的组织

学习活动的组织				
1．自主学习设计（填写相关内容）				
类型	相应内容	使用资源	学生活动	教师活动
（1）抛锚式				
（2）支架式				
（3）随机进入式				
（4）其他				
2．协作学习设计（填写相关内容）				
类型	相应内容	使用资源	学生活动	教师活动
（1）竞争				
（2）伙伴				
（3）协同				
（4）辩论				
（5）角色扮演				
（6）问题解决				
（7）设计				
（8）其他				

八、教学过程设计

教学过程设计是教学设计方案写作的核心，具体包括引入主题与导入新课、教师总结、作业布置等几个环节，在每个环节中都要兼顾教师活动和学生活动，并说明设计意图及相关资源准备情况。教学过程设计，如表 6.19 所示。

表 6.19　教学过程设计

教学结构流程的设计			
老师导入，学生阅读资料及教材→分组讨论了解的计算机病毒并归纳计算机病毒的概念→分组阅读书中有关"黑客"和网络安全防护措施的内容→根据教材及自身生活经验分组讨论如何安全使用网络，截断病毒传播途径→老师归纳总结			
教学环节	教师活动	学生活动	设计意图及资源准备

教学结构流程的设计			
引出主题与导入新课	[导入新课]：同学们，大家可能在一些媒体中经常听到有些病毒泛滥导致计算机瘫痪，网络阻塞，那么计算机病毒是如何起源的，什么是计算机病毒？如何防范？那么让我们一起愉快地上完这节课，大家就都明白了		创设情景，引入课题
分组讨论	[布置任务]：在服务器上下载并阅读有关计算机病毒起源的小资料，然后阅读书上资料，按小组讨论你所知道的病毒，并记录下来，写在书上的任务表中（一人记录），其他人讨论，然后归纳计算机病毒的概念。[提问]：请各组派代表到前面写出本组的信息	小组讨论：一人记录，其他人讨论；学生到前面写出"病毒"名称	
老师讲解	计算机病毒是一组计算机指令或者程序代码，能自我复制，通常嵌入在计算机程序中，能够破坏计算机功能或者毁坏数据，影响计算机的使用。在背景资料中让学生学习我国颁布实施的与信息安全相关的法律法规。介绍几个影响较大的病毒，以此为学生起到警示作用	学生在书上做标记并理解学生思考	
分组合作	快速阅读书上的"黑客"入侵和网络安全防护措施的内容，然后学生根据教材内容和自身经验分组讨论预防病毒、截断病毒传播途径主要采取哪些措施	分组合作回答问题	协作学习能力语言表达能力
教师总结	1."黑客"（Hacker）是指那些尽力挖掘计算机程序功能的最大潜力的计算机用户。而今天"黑客"一词已被用于指代那些专门利用计算机和网络搞破坏或恶作剧的人。引导学生合理利用自己的聪明才智。2. 安装杀病毒软件和网络防火墙是大家防范病毒的常用方法，常用的杀毒软件有金山毒霸、瑞星、KV、天网防火墙、卡巴斯基、木马克星等。3. 对待计算机病毒应当采取以"防"为主、以"治"为辅的方法，书上向我们提供了七条建议	学生思考	
课堂小结	[提问]：通过这节课的学习，你们都学到了哪些知识？掌握了哪些技能？	总结本课的收获	
板书设计			
作业布置			

九、信息化教学评价

学习设计评价常用的方法有：档案袋评价、概念图、问卷调查法、访谈法、观察法、作业与测验法等。学习评价设计，如表 6.20 所示。

表 6.20 学习评价设计

学习评价设计		
1. 测试形式与工具（打√）		
（1）课堂提问	（2）书面练习	（3）达标测试
（4）学生自主网上测试	（5）合作完成作品	（6）其他
2. 测试内容（这部分要具体写出来）		

十、教学反思

（一）"教学反思"反思什么

1. 我在教学之前的设计或期望是什么？实际的教学情境如何？期望与实际情境之间是否存在差距？为什么存在差距？学生学会了什么？

2. 根据学生与课标要求，我的教学目标是什么？今天的教学是否达到了预期的目标？为什么？

3. 今天采用哪些教学方法？有哪些创新？安排了哪些教学活动，优缺点各是什么？

4. 今天是否设置了特殊的教学情境，目的是否达到了？为什么？在今天的课堂中，给我印象最深的是什么？

5. 在今天的教学中，我用了哪些方法来评价学生的学习情况？这些方法好吗？为什么？

6. 在教学中发生的主要的事件是什么？为什么会发生？我是如何解决的？效果如何？怎么做会更好？

7. 知识点上有什么新的发现？组织教学中有什么新的招数？哪些地方应该调整？

（二）如何写"教学反思"

1. 成功之处。如为达到教学目标的一些做法；课堂中临时应变的得当的措施；教学方法上的改革与创新等。

2. 不足之处。如情境的设计不能很好地为教学服务；任务设计的不当，小组的分工与合作是否流于形式；评价的实施等。

3. 学生创新。如学生精彩的回答、见解、作品等。

4. 我的分析及再次教学设计的思考等。

参考文献

[1] Bob Bates. 王春易，林森，刘赛男，译. 简明学习理论（原书第 2 版）[M]. 上海：上海教育出版社，2022.

[2] Joyce，B. R. & Well，M. Models of Teaching［M］. Englewood Cliffs，N. J.：Prentice-Hall，1972；Joyce，B. R.，et al. Models of Teaching（9th）［M］. Boston：Pearson，2015.

[3] 巴班斯基. 教学过程最优化——一般教学论方面[M]. 北京：人民教育出版社，1994.

[4] 陈向阳. 全自动课程录播教室系统设计和建设[J]. 兰州教育学院学报，2014（2）：115-117.

[5] 陈振宇. 多媒体录播教室建设与应用研究——以宁波大红鹰学院为例[J]. 信息与电脑，2016（3）：151.

[6] 杜娟. 当代教育技术前言跟踪与教育应用[M]. 长春：吉林大学出版社，2021.

[7] 傅钢善. 现代教育技术（第 2 版）[M]. 北京：高等教育出版社，2021.

[8] 顾明远. 教育大辞典[M]. 上海：上海教育出版社，1990.

[9] 顾小清，郝祥军. 从人工智能重塑的知识观看未来教育[J]. 教育研究，2022，（9）：138-149.

[10] 何克抗，李文光. 教育技术学[M]. 北京：北京师范大学出版社，2009.

[11] 何克抗，林君芬，张文兰. 教学系统设计（第 2 版）[M]. 高等教育出版社，2016.

[12] 何克抗，吴娟. 信息技术与课程整合（第 2 版）[M]. 北京：高等教育出版社，2019.

[13] 何仁生. 教学系统设计概论[M]. 长沙：湖南大学出版社，2014.

[14] 胡小勇，许婷，曹宇星，等. 信息化促进新时代基础教育公平理论研究：内涵、路径与策略[J]. 电化教育研究，2020，41（9）：34-40.

[15] 胡艺龄，赵梓宏，顾小清. 教育生态系统视角下 AI 驱动的学生核心素养发展模式研究——基于系统动力学方法[J]. 现代教育技术，2022，32（12）：23-31.

[16] 黄俊生，林晓宏. 极简微课设计与制作[M]. 广州：暨南大学出版社，2021.

[17] 黄荣怀，李敏，刘嘉豪. 教育现代化的人工智能价值分析[J]. 国家教育行政学院学报，2021（09）：8-15+66.

[18] 黄荣怀. 加快教育数字化转型 推动学校高质量发展[J]. 人民教育，2022（Z3）：28-32.

[19] 黄威荣，刘军，卓毅. 现代教育技术应用[M]. 北京：教育科学出版社，2015.

[20] 焦建利. ChatGPT 助推学校教育数字化转型——人工智能时代学什么与怎么教[J]. 中国远程教育，2023，43（04）：16-23.

[21] 焦丽珍，钟晓流，宋述强，等. 技术促进教育高质量发展研究前沿和重要议题——兼

论《现代教育技术》2022 年选题策划[J]. 现代教育技术，2021，31（12）：5-11.

[22] 教育部. 人工智能时代需要培养学生怎样能力[EB/OL].（2018-5-18）[2023-12-22]. http://www.moe.gov.cn/jyb_xwfb/moe_2082/zl_2018n/2018_zl36/201805/t20180518_336435.html.

[23] 金建，王国杰. 多媒体课件与微课制作[M]. 北京：人民邮电出版社，2022.

[24] 金久仁. 信息技术促进教育公平的耦合可能与限度约束[J]. 现代远程教育研究，2022，34（04）：55-64.

[25] 李克东. 新编现代教育技术基础[M]. 上海：华东师范大学出版社，2002.

[26] 李世荣，等. 现代教育技术（第 2 版）[M]. 北京：清华大学出版社，2020.

[27] 李志刚. 高清全自动录播系统的建设[J]. 兰州教育学院学报，2015（4）：75-78.

[28] 李志河. 现代教育技术（第三版）[M]. 北京：清华大学出版社，2020.

[29] 廖平. 教育理论基础[M]. 北京：科学出版社，2021.

[30] 刘邦奇，吴晓如. 智慧课堂：新理念新模式新实践[M]. 北京：北京师范大学出版社，2019.

[31] 刘繁华，于会娟，谭芳. 电子书包及其教育应用研究[J]. 中国电化教育，2013（1）：73-85.

[32] 刘凤娟，郑宽明，龙英艳. 现代教育技术[M]. 北京：科学出版社，2020.

[33] 柳海民. 教育学原理（第 2 版）[M]. 北京：高等教育出版社，2019.

[34] 麓山文化. Photoshop CS6 实战基础培训教程[M]. 北京：人民邮电出版社，2020.

[35] 麓山文化. 会声会影 X10 实战从入门到精通[M]. 北京：人民邮电出版社，2019.

[36] 罗伯特·米尔斯·加涅（Robert Mills）. 教学设计原理（第 5 版修订本）[M]. 王小明等译. 上海：华东师范大学出版社，2018.

[37] 罗文浪，戴贞明，邹容. 现代教育技术[M]. 北京：北京理工大学出版社，2015.

[38] 南国农，李运林. 电化教育学（第二版）[M]. 北京：高等教育出版社，1998.

[39] 南国农，李运林. 教育传播学（第 2 版）[M]. 北京：高等教育出版社，2010.

[40] 南国农. 教育信息化建设的几个理论和实际问题（上）[J]. 电化教育研究，2002（11）：3-6.

[41] 潘洪建，刘华，蔡澄. 课程与教学论基础[M]. 镇江：江苏大学出版社，2023.

[42] 潘巧明. 现代教育技术[M]. 北京：电子工业出版社，2019.

[43] 彭保发，郑俞. 微格教学与教学技能训练[M]. 南京：南京大学出版社，2018.

[44] 钱慎一，石月凤. 微课设计与制作标准教程[M]. 北京：清华大学出版社，2023.

[45] 钱慎一，王曼. PPT 多媒体课件制作标准教程[M]. 北京：清华大学出版社，2021.

[46] 史蒂芬·道恩斯，肖俊洪. 联通主义[J]. 中国远程教育，2022（02）：42-56+77.

[47] 宋光辉，张鸿军，陈冬花，等. 现代教育技术[M]. 南京：南京大学出版社，2020.

[48] 苏秋萍，李运福. 现代教育技术[M]. 西安：西安交通大学出版社，2021.

[49] 涂涛，张煜明. 面向 STEM 教学过程的学习动机序列模型建构与应用[J]. 现代远程教育研究，2021，33（02）：104-112.

[50] 汪基德. 现代教育技术[M]. 北京：高等教育出版社，2021.

[51] 王道俊，郭文安. 教育学（第七版）[M]. 北京：人民教育出版社，2016.

[52] 王利绒. 现代教育技术发展与应用[M]. 长春：吉林人民出版社，2020.

[53] 文杰书院. Adobe Audition CC 音频编辑基础教程[M]. 北京：清华大学出版社，2020.

[54] 乌美娜. 教学设计[M]. 北京：高等教育出版社，1994.

[55] 吴军其，吴飞燕，文思娇，等. ChatGPT 赋能教师专业发展：机遇、挑战和路径[J]. 中国电化教育，2023（05）：15-23+33.

[56] 吴永和，许秋璇，颜欢，等. 数字化赋能未来教育开放、包容与高质量发展[J]. 开放教育研究，2023，29（03）：104-113.

[57] 徐福荫，李运林，胡小勇. 教学媒体的理论与实践（第二版）[M]. 北京：北京师范大学出版社，2010.

[58] 杨九民，范官军. 教学系统设计原理[M]. 武汉：湖北科学技术出版社，2015.

[59] 杨刘庆，王俊生，李智鑫. 现代教育技术[M]. 北京：清华大学出版社，2021.

[60] 杨现民，赵瑞斌. 智能技术生态驱动未来教育发展[J]. 现代远程教育研究. 2021，33（2）：13-21.

[61] 杨宗凯. 教育信息化十年发展展望——未来教室、未来学校、未来教师、未来教育[J]. 中国教育信息化，2011（9）：14-15.

[62] 叶澜. 新编教育学教程[M]. 上海：华东师范大学出版社，2006.

[63] 尹俊华. 教育技术学导论[M]. 北京：高等教育出版社，1996.

[64] 张丹丹，毛志超. 中文版 Photoshop 入门与提高（CS6 版）[M]. 北京：人民邮电出版社，2021.

[65] 张刚要，李艺. 教学媒体：由技术工具论、工具实在论到具身理论的范式转换[J]. 中国电化教育，2017，（04）：17-23.

[66] 张学新. 对分课堂：心理学推动教育变革的可能[N]. 文汇报，2017-01-13（6）.

[67] 张一春. 信息化教学设计[M]. 北京：高等教育出版社，2018.

[68] 张轶，曹莹. 大数据背景下数字化教学资源的多元化共建与共享[J]. 江苏高教，2017，（11）：71-73.

[69] 中共中央国务院. 关于全面深化新时代教师队伍建设改革的意见[EB/OL]. （2018-01-20）[2023-12-22]. http://www.gov.cn/zhengce/2018-01/31/content_5262659.html.

[70] 中华人民共和国教育部（2010）. 国家中长期教育改革和发展规划纲要（2010—2020年）[EB/OL].（2010-07-29）[2023-11-6]. http://www.moe.gov.cn/srcsite/A01/s7048/201007/t20100729_171904.html.

[71] 中华人民共和国教育部. 关于全面深化改革若干重大问题的决定[EB/OL].（2013-11-12）[2023-11-15]. http://www.moe.gov.cn/jyb_xxgk/moe_1777/moe_1778/201311/t20131115_159502.html.

[72] 中华人民共和国教育部. 关于印发《教育信息化 2.0 行动计划》的通知[EB/OL].（2018-4-18）[2021-04-18]. http://www.moe.gov.cn/srcsite/A16/s3342/201804/t20180425_334188.html.

[73] 中华人民共和国教育部. 教育部办公厅关于开展人工智能助推教师队伍建设行动试

点 工 作 的 通 知 [EB/OL]. （2018-8-7 ） [2023-12-22]. http://wap.moe.gov.cn/srcsite/A10/s7034/201808/t20180815_345323. html.

[74] 中华人民共和国教育部. 教育部等六部门关于推进教育新型基础设施建设构建高质量教育支撑体系的指导意见[EB/OL]. （2021-7-1）[2023-12-24]. http://www.moe.gov.cn/srcsite/A16/s3342/202107/t20210720_545783.html.

[75] 中华人民共和国教育部. 教育部等五部门关于印发《教师教育振兴行动计划（2018—2022 年）》的通知[EB/OL]. （2018-2-11）[2023-12-22]. http://www.moe.gov.cn/jyb_xwfb/xw_zt/moe_357/jyzt_2018n/2018_zt15/zt1815_yw/201803/t20180323_331063. html.

[76] 中华人民共和国教育部. 教育部关于实施第二批人工智能助推教师队伍建设行动试点 工 作 的 通 知 [EB/OL]. （2021-9-7 ） [2023-12-22]. http://www.moe.gov.cn/srcsite/A10/s7034/202109/t20210915_563278.html.

[77] 中华人民共和国教育部. 中共中央、国务院印发《中国教育现代化 2035》[EB/OL]. （2019-02-23）[2023-12-23]. http://www.moe.gov.cn/jyb_xwfb/s6052/moe_838/201902/t20190223_370857.html.

[78] 中华人民共和国中央人民政府. 教育部等十一部门关于促进在线教育健康发展的指导意见[EB/OL]. （2019-09-30）[2023-12-24]. http://www.gov.cn/xinwen/2019-09/30/content_5435416.html.

[79] 中华人民共和国中央人民政府. 中共中央关于制定国民经济和社会发展第十四个五年规划和二〇三五年远景目标的建议[EB/OL]. （2020-11-3)[2023-12-23]https://www.gov.cn/zhengce/2020-11/03/content_5556991.html.

[80] 钟启泉. 教学设计[M]. 上海：华东师范大学出版社，2022.

[81] 朱小蔓，朱曦. 小学素质教育实践：模式建构与理论反思[M]. 南京：南京师范大学出版社，1999.